华中农业大学公共管理学院学科建设经费资助

土地整治助推绿色发展
——基于湖北省的实证

胡银根 等 著

本书为国家自然科学基金面上项目（41671173）"宅基地有偿退出与有偿使用策略对农户决策行为的影响机理、响应阈值与政策优化"和国家自然科学基金面上项目（41271191）"城乡统筹背景下建设用地优化配置的动力、绩效与配套机制研究"成果。

科学出版社

北 京

内 容 简 介

基于典型调研资料，在系统梳理湖北省"十二五"土地整治总体情况的基础上，剖析土地整治助推"四化同步"、美丽乡村建设、一二三产业融合发展及其典型案例，从微观和宏观两个层次进行论证，并对土地整治助推绿色发展的制约因素进行探讨，借鉴国内外成功经验，从理念、制度、技术、资金四个层面提出"十三五"土地整治助推绿色发展的建议。全书始终贯穿绿色发展理念，倡导生态型规划与设计，坚持耕地数量、质量与生态并重原则，统筹山水林田湖草系统治理，实施绿色土地整治模式，为科学谋划"十三五"土地整治工作提供决策参考。

本书可供从事土地资源管理、城乡规划、乡村地理学等相关专业的专家、学者及实践工作人员阅读。

图书在版编目（CIP）数据

土地整治助推绿色发展：基于湖北省的实证 / 胡银根等著. —北京：科学出版社，2019.2
　ISBN 978-7-03-057562-3

Ⅰ. ①土… Ⅱ. ①胡… Ⅲ. ①土地整理–研究–湖北 Ⅳ. ①F321.1

中国版本图书馆 CIP 数据核字（2018）第 112484 号

责任编辑：邓　娴／责任校对：李　影
责任印制：张　伟／封面设计：无极书装

科 学 出 版 社 出版
北京东黄城根北街 16 号
邮政编码：100717
http://www.sciencep.com

北京虎彩文化传播有限公司印刷
科学出版社发行　各地新华书店经销

*

2019 年 2 月第 一 版　开本：720×1000　B5
2019 年 2 月第一次印刷　印张：15
字数：292 000

定价：120.00 元
（如有印装质量问题，我社负责调换）

课　题　组

湖北省国土整治局

局　长：陈新华

副局长：帅文强　　王远燃　　吴　鹏

参与人员：（按姓氏笔画排序）

左艳红　杨　帆　吴新群　陈德平

赵小灿　黄　宁　魏　昭

华中农业大学

主　持　人：胡银根

参与人员：陈中江　胡小芳　焦云清　　朱凤凯　　王丹秋

章晓曼　王　聪　吴　欣　董文静　余依云

前　言

　　长期以来，我国经济增长建立在资源高投入、能源高消耗等基础上，这给自然生态环境造成了巨大压力，我们也为之付出了巨大代价。针对部分地方出现的资源约束趋紧、环境污染严重、水土流失、盐碱化和生态系统退化等问题，习近平总书记多次强调经济发展"既要金山银山，也要绿水青山"，关键要解决好经济发展同生态环境之间的矛盾，用好生态环境的红利，将其转化为经济长期增长的动力。

　　在习近平新时代中国特色社会主义思想的指引下，绿色发展必将成为我国经济发展方式转型的迫切需要，资源节约、环境友好必将成为主流的生产生活方式，经济增长和社会发展必须注重发展质量和可持续性，必须以"绿色"替代"褐色"和"黑色"，确保自然资产继续为可持续发展提供必要的资源与环境服务，确保经济发展走资源消耗低、经济效益高、污染少、绿色、低碳、循环可持续发展的道路。

　　党的十八届五中全会提出了"创新、协调、绿色、开放、共享"的新发展理念。其中，"绿色"就是要实现经济发展"既要看速度，也要看增量，更要看质量"的可持续增长。《全国国土规划纲要（2016—2030年）》明确要求珍惜每一寸国土，优化国土空间开发格局，全面促进资源节约，加大自然生态系统和环境保护力度，加强生态文明制度建设。《全国土地整治规划（2016~2020年）》中指出，按照生态文明建设要求，实施山水林田湖综合整治，加强生态环境保护和修复，大力建设生态国土。丘陵山地区，将土地整治与生态环境保护相结合，在开发中保护，在保护中开发，实现绿色发展。这意味着土地整治将在实施山水林田湖草系统性保护与修复工程、建设生态国土、助推绿色发展方面发挥先行示范作用。《中共中央　国务院关于深入推进农业供给侧结构性改革　加快培育农业农村发展新动能的若干意见》（2017年中央一号文件）提出要推进农业供给侧结构性改革，加快高标准农田建设，提高建设质量；允许通过土地整治增加的耕地作为占补平衡补充耕地的指标在省域内调剂，按规定或合同约定取得指标调剂收益；加强重大生态工程建设。推进山水林田湖整体保护、系统修复、综合治理，加快构建国家生态安全屏障。全面推进大规模国土绿化行动。按照田地平整、土壤肥沃、路渠配套的要求，加快建设旱涝保收、高产稳产的高标准农田。习近平总书记在中国共产党第十九次全国代表大会的报告中指出，要实施乡村振兴战略，要统筹山水林田湖草系统治理，坚定走生产发展、生活富裕、生态良好的文明发展道路，建设美丽中国，为人民创造良好生产生活环境。

为此，基于典型调研资料，在系统梳理湖北省"十二五"土地整治的总体情况、主要类型、实施模式与资金投入状况等内容的基础上，深入剖析土地整治助推"四化同步"及其典型案例、土地整治助推美丽乡村建设及其典型案例、土地整治助推一二三产业融合发展及其典型案例，从微观和宏观两个层次对"十二五"期间土地整治助推绿色发展的成效进行论证，对土地整治助推绿色发展的制约因素进行探讨，并借鉴国内外土地整治助推绿色发展的成功经验，从理念、制度、技术、资金四个层面提出"十三五"土地整治助推绿色发展的建议。全书始终贯穿绿色发展理念，倡导生态型规划与设计，坚持耕地数量、质量与生态并重原则，统筹山水林田湖草系统治理，实施绿色土地整治模式，修复土地健康，最大限度地节约资源和创造生态环境绩效，为科学谋划"十三五"土地整治工作提供决策参考。

本书由湖北省国土整治局立项，在局领导与各个部门的关心和大力支持下完成数据收集、区域调研和资料整理工作。本书由华中农业大学负责组织撰写，人员分工如下：第一章由胡银根和王丹秋撰写；第二章由焦云清和胡银根撰写；第三章由吴欣撰写；第四章由余依云、董文静、王聪、吴欣撰写；第五章由胡小芳和胡银根撰写；第六章由朱凤凯和胡银根撰写；第七章由王聪和胡银根撰写；第八章由陈中江和章晓曼撰写；第九章由余依云、董文静、胡银根撰写；第十章由胡银根、王聪、吴欣撰写；由胡银根总纂定稿。

在课题调查过程中，得到了各地国土资源管理部门领导、相关人员和部分企业的大力支持，在此表示感谢。尤其感谢垄上频道赵承卫，十堰市国土资源局邹书强、刘峰，竹溪县国土资源局程宏钦、陆树宝、陈文富，竹山县国土资源局章伟，房县国土资源局付勇、袁双成，郧阳区国土资源局李茂勇、翁平、周涛，丹江口市国土资源局李拥军、王玉钧、陈勇刚，神农架林区国土资源局张永胜，神农架林区人力资源和社会保障局高开峰，荆门市国土资源局杜礼新、李祖华，钟祥市国土资源局王世俊，沙洋县委杨宏银，沙洋县国土资源局宁良军、墙师军，沙洋县毛李镇三坪村杜龙兵，沙洋县官垱镇全昌国，沙洋县李市镇寇正平，潜江市国土资源局董尚华、刘辉、徐青，宜昌市国土资源局郭少华，宜都市国土资源局曾谊、张家龙，当阳市国土资源局王春、胡平、张明林，襄阳市国土资源局刘玉忠、李宝琴、朱俊峰，襄州区国土资源分局魏浩然、田义军，宜城市国土资源局尚显联、杜青松，谷城县国土资源局王宏坤、袁红军、张波、吕波、司鹏，老河口市国土资源局许兴志、刘波、宋玉鑫，随州市国土资源局周元华、刘红玲，随州市高新技术产业园区国土资源分局曾晖，曾都区国土资源分局姜珑、杨宇飞、龚硕，随县国土资源局汪祖国，广水市国土资源局卢宏建，孝感市国土资源局胡华、刘琪、李迎迎，应城市国土资源局代树平、高志雄、王亚辉，监利县委办公室邹海滨，仙桃市国土资源局尹梅，嘉鱼县国土资源局吕清义，蕲春县国土资源局赵秀、王晓峰，红安县国土资源局吴昀、张宏峰、陈乾涛，大冶市国土资源局黄小容，阳新县国土资源局明祥富、陈淦梅、陈静，鄂州市国土资源局汤国斌，武汉市黄陂区城建投资开发有限公司阮诗军，武汉市江夏区国土资源和规划局张德礼、冯仕斌等给予我们实地调查时的帮助和支持，挂一漏万，敬请原谅。

本书的调查与撰写始终得到了湖北省国土资源厅、省国土整治局及全省各地土地整治机构的关心、关怀与支持，感谢华中师范大学洪建国博士、中南财经政法大学谢建豪博士给予的指导和帮助，在此深表感谢。衷心感谢中国地质大学（武汉）李江风教授、华中师范大学卢新海教授、武汉大学唐祥云教授、湖北省国土资源研究院余海教授级高级工程师、华中农业大学张海涛教授等专家提出的宝贵修改建议。

在撰写过程中，参阅了众多学者的文献，引用了国土资源管理部门各处室的大量数据、资料或图件，在此深表感谢，版权归原著者所有。

限于作者的能力和水平，书中难免存在不足之处，敬请各位领导、同行和广大读者不吝赐教。

胡银根

2018 年 3 月于武汉

目　　录

第1章 绪 论

1.1 研究的背景

1.1.1 土地整治的背景

土地是人类赖以生存和发展的物质基础，是社会生产的劳动资料，是农业生产的基本生产资料，是一切生产和一切存在的源泉。在不同的历史时期和不同的地区，人类对土地的需求与土地利用的方式是不同的。随着中国特色社会主义进入新时代以及土地环境与土地供需状况的变化，我国社会主要矛盾已经转化为人民日益增长的美好生活需要和不平衡不充分的发展之间的矛盾。

2017年4月，国土资源部发布的《2016中国国土资源公报》指出，2015年全国耕地平均质量等别为9.96等①。其中，优等地面积为397.38万公顷，占全国耕地评定总面积的2.9%；高等地面积为3 584.60万公顷，占全国耕地评定总面积的26.5%；中等地面积为7 138.52万公顷，占全国耕地评定总面积的52.8%；低等地面积为2 389.25万公顷，占全国耕地评定总面积的17.7%。尽管通过土地整治、高标准农田建设等耕地质量建设工作，弥补了耕地占补过程中的耕地质量损失，保障了全国耕地质量水平的总体稳定，中等地占比超过一半，但优等地、高等地占比仍不到30%。

《关于全面深化农村改革加快推进农业现代化的若干意见》明确提出："把饭碗牢牢端在自己手上，是治国理政必须长期坚持的基本方针。综合考虑国内资源环境条件、粮食供求格局和国际贸易环境变化，实施以我为主、立足国内、确保产能、适度进口、科技支撑的国家粮食安全战略。任何时候都不能放松国内粮食生产，严守耕地保护红线，划定永久基本农田，不断提升农业综合生产能力，

---

① 全国耕地评定为15个等别，1等耕地质量最好，15等耕地质量最差。1~4等、5~8等、9~12等、13~15等耕地分别划为优等地、高等地、中等地、低等地。

确保谷物基本自给、口粮绝对安全。"

"保障国家粮食安全的根本在耕地，耕地是粮食生产的命根子"。由于土地整治是优化土地利用结构、加强耕地和生态保护、提高节约集约用地水平、促进新型城镇化和美丽宜居乡村建设的重要手段和工作平台，是落实最严格的耕地保护制度和最严格的节约用地制度，走向生态文明新时代，建设美丽中国的重要举措[①]，因此，土地整治势在必行。

1.1.2 土地整治助推绿色发展的背景

近年来的调查数据表明，我国当前有相当一部分农业生产产能是以牺牲生态环境为代价换取的"有毒产能"，表现在"以过量使用化肥、农药等现代投入产品为代价换取的产能，以严重超采地下水为代价换取的产能，以侵占湿地为代价换取的产能，以水土流失为代价换取的产能，以利用污染土壤、影响食品安全为代价换取的产能"（郧文聚，2016）等方面。面对我国土壤、大气、水资源等污染问题给自然生态环境造成的巨大压力，习近平在中国共产党第十九次全国代表大会上的报告《决胜全面建成小康社会夺取新时代中国特色社会主义伟大胜利》中指出"必须树立和践行绿水青山就是金山银行的理念，坚持节约资源和保护环境的基本国策，像对待生命一样对待生态环境，统筹山水林田湖草系统治理"。

经济新常态下，实现绿色发展，让资源节约、环境友好成为主流是我国经济发展方式转型的必然选择。这些要求我们必须走资源消耗低、经济效益高、污染少、绿色、低碳、循环可持续发展的道路。就土地整治而言，《全国土地整治规划（2016~2020 年）》明确指出，要按照生态文明建设要求，开展山水林田湖综合整治。坚持绿色发展理念，加大损毁土地复垦力度。丘陵山地区，将土地整治与生态环境保护相结合，在开发中保护，在保护中开发，实现绿色发展。这意味着土地整治将在实施山水林田湖系统性保护与修复工程、建设生态国土、助推绿色发展方面发挥先行示范作用。因此，土地整治成为助推绿色发展的重要手段和途径。

1.2 土地整治的目的与意义

纵观国内外土地整治的发展及党和政府对土地整治的要求，土地整治从简单

---

① 《全国土地整治规划（2016~2020 年）》编制的背景. http://www.mlr.gov.cn/wszb/2017/tdzz/zhibozhaiyao/201702/t201702151440221.htm.

的未利用地开发、废弃和破坏土地的复垦到低效利用、不合理利用土地的整治，从农用地的整治到农村建设用地的整治，再到城镇建设用地的整治，是土地整治内涵不断充实和内容逐渐丰富的过程，是对土地整治认识的不断深化和对其功能不断拓展的过程，是土地整治为国民经济与社会发展服务领域不断完善、服务效益不断提升的过程。当代的土地整治已经涵盖对土地资源进行开发、利用、治理和保护的各种行为或活动，是国土整治的核心，是协调人口、经济发展与土地资源、生态环境的重要手段，是达到促进国民经济发展、提高土地质量和利用效率、提高人民物质与文化生活水平、改善生态环境和一个国家或地区实现一定时期国民经济发展目标的重大战略措施。

1.2.1　践行人与自然和谐共生、实现可持续发展的重大举措

践行人与自然和谐共生，必须树立和践行"绿水青山就是金山银山"的理念，坚持节约资源和保护环境的基本国策，像对待生命一样对待生态环境，统筹山水林田湖草系统治理，实行最严格的生态环境保护制度，形成绿色发展方式和生活方式，坚定走生产发展、生活富裕、生态良好的文明发展道路，建设美丽中国。

践行人与自然和谐共生，其精髓就是努力实现人与人之间关系的协调和努力把握人与自然之间关系的平衡，根本方法是统筹兼顾，根本目的是实现可持续发展。

土地整治一方面通过开发未利用地，提高土地利用率，获取土地效益；另一方面通过改造低效利用的土地，提高土地产出能力，获取财富。因而土地整治是在土地资源不可能增加的条件下能够兼获经济、生态与社会效益的根本措施。科学合理的土地整治不仅能缓解当代人在经济发展过程中对土地资源的需求问题，不会对后代人利用土地造成威胁，还能使土地质量进一步提高，为后代人利用土地创造更好的条件。

1.2.2　保护耕地、实现粮食安全战略的必然选择

生存与发展是人类最基本的目标，吃饭问题是人类生存最基本的问题，一要吃饭，二要发展。吃饭与发展本不矛盾，但在人多地少的事实面前，如何处理保护耕地和增加建设用地之间的关系，却成了两难问题。尽管我国用不到世界 7% 的耕地养育了占世界将近 22% 的人口，但不能说明人多地少、人均耕地少、耕地总体质量差、耕地后备资源不足而制约农业发展和社会经济发展的问题已经解决。在未来 10 年，我们将面临人口继续增长、耕地可能进一步减少的问题，粮食问题面临双重压力。增加粮食产量，一要靠土地整治确保耕地占补平

衡；二要靠土地整治提高耕地质量、大幅度改造中低产田、提高其生产能力；三要靠加强农田基本建设、改善粮食生产条件、提高耕地生产力；四要靠科学技术特别是生物技术的发展。可见，在保障粮食安全方面，土地整治肩负着重要的历史使命。

1.2.3　推进农业现代化、加快美丽乡村建设的有效途径

农业是国民经济的基础产业，农村是土地整治的主战场，没有农业和农村的现代化，就不可能有国家的现代化。大力开展土地整治，可以为农业和农村的发展奠定坚实的根基，从多方面加快美丽乡村建设的步伐。一是土地整治立足于田、水、路、林、村综合整治，使农田基础设施全面改善、生产成本降低、耕地产出率提高，达到既稳定粮食生产又增加农业收入的目的。二是高标准农田的建设和水利、道路等基础设施条件的改善，有助于农业生产摆脱自然条件的不利影响。农业结构调整步伐进一步加快，多种经营和特色农业发展空间拓宽，将推动解决目前农业品种单一、附加值低的现状，促进农业产业化发展。三是土地开发整理为农业的规模化、集约化发展创造了条件，可以加快农业现代化建设的步伐。四是土地整治有利于先进生产管理技术的推广应用。

1.2.4　支撑未来城镇化、实施城乡融合发展的基础平台

城市的发展和扩大必然要占用一定的土地，而社会的进步又必将推动城市的发展。未来 10~20 年是城镇化发展的重要时期，城镇人口的增加必然使得就业、居住、基础设施和工业化等方面增加对城镇建设用地的需求。因此，如何处理好城市发展与耕地保护的关系就显得尤为重要。一方面，必须较快地促进城市发展，以适应国家经济社会发展的需要；另一方面，需要切实保护耕地，在城市建设中尽可能少占耕地。因此，解决这一矛盾的唯一方法就是进行土地整治，实现城乡建设用地统筹利用。目前，我国农村地区粗放的用地模式与城镇地区土地资源紧张的局面长期共存，经济建设不是缺乏土地，而是缺乏将农村土地与城镇土地统筹安排、集约利用的途径。实践证明，土地综合整治可以从根本上改变农民生存环境、提高农民生活质量、解决城乡融合发展等问题，使广大农民真正实现"安居、乐业、有保障"，还可以节约、集约、高效利用土地。在不新占耕地和保障农民权益的前提下，为农村城镇化发展腾出新的空间，将有限的建设用地转移到有明显优势的部门、产业和区域，形成规模经济，提高建设用地效益。随着城镇化的发展，城镇人口增加和农村人口减少与城镇建设用地增加和农村建设用

地减少相协调，实现城乡建设用地的"开发（投入）—利用（产出）—再开发（再投入）—再利用（再产出）"的良性循环。因此，土地整治是支撑未来城镇化发展、实现统筹城乡融合发展战略的基础平台。

1.2.5 促进节约集约用地、引导经济发展方式转变的重要手段

加快经济发展方式转变是未来经济发展的重点，转变土地利用方式是引导经济发展方式转变的重要手段，转变土地利用方式要求丰富土地整治内容，需要将土地整治从单一的农用地整治扩大到农村建设用地整治，进而扩展到城市建设用地整治。土地整治本身就是优化土地利用格局，是一个转变土地利用方式、推动国家经济发展方式转变的重要手段，土地利用方式的转变就是从粗放型到节约集约型的转变。土地整治可以实现土地节约集约利用。一是节约用地，就是各项建设都要尽量节省用地，千方百计地不占或少占耕地；二是集约用地，每宗建设用地必须提高投入产出的强度，提高土地利用的集约化程度；三是通过整合、置换和储备，合理安排土地投放的数量和节奏，优化建设用地结构、布局，挖掘用地潜力，提高土地配置和利用效率。因此，土地整治是建设节约型社会的重要内容，对推动经济社会可持续发展具有重要意义。

1.2.6 打造美好生活环境、维护生态安全的关键措施

加强对生态环境的保护和建设，是全面建设小康社会的一项战略部署。发展的根本目的是以人为本，提升人们的生活水平，既要金山银山，也要绿水青山，任何时候都不能以牺牲环境为代价，换取一时的经济发展。同时，生态环境保护的外部性和外溢性决定了只有合理开发利用土地、保护土地，才能实现环境保护。土地整治始终以生态环境的保护和改善为重要任务之一，以有效防止水土流失和土地退化，打造美好生活环境，营造良好的生态空间。

1.2.7 助推乡村振兴、助力脱贫攻坚的重要平台

近年来，国土资源部（现为自然资源部）把土地整治和高标准农田建设作为助推乡村振兴、助力精准脱贫的重要平台。在项目安排、资金分配上向贫困地区倾斜，在贫困地区掀起以土地平整、农田水利、田间道路、生态保持为主要内容的土地整治建设热潮，显著改善了贫困地区的生产生活条件和生态环境。据报道，全国 592 个国家级贫困县均安排了土地整治项目，14 个在建重大工程项目也

向贫困地区倾斜，参加土地整治的农民人均年收入增加了 700 多元，有力促进了农业增效、农民增收和农村发展。另外，贵州、云南、四川等省份将土地整治规划与精准扶贫相结合，将国土资源部联系的乌蒙山片区 38 个县（市、区）全部纳入农用地重点整治区，给予重点支持；甘肃、福建等省份在分配土地整治资金时向贫困地区倾斜，加大对贫困地区的支持力度；福建省自 2012 年以来，每年从中央下达的新增费中拿出 2 000 万元直接定向安排到革命老区长汀县，同时在安排该省留成新增费时向长汀县重点倾斜，支持当地开展山坡地整治工作。调查显示，90%以上受访农户表示土地整治后村容村貌明显改善，家庭收入明显增加，98%的受访农民对土地整治项目感到满意（周怀龙，2016）。

以土地综合整治项目作为精准扶贫的重要抓手，利用土地整治项目规划布局，充分用活国土资源政策，将土地整治项目和资金向贫困村倾斜，通过土地平整、农田水利、田间道路、生态林网等工程建设，将贫困乡镇、村庄的低中产田整治成高标准基本农田，增加耕地面积，改善耕作条件，提高农田产能，增加农民收入，可有效改善贫困村基本生产条件，使群众早日脱贫致富。据悉，"十二五"期间，全国共安排贫困地区土地整治项目 5 200 多个，整治规模 6 100 多万亩①，投入资金940 多亿元（周怀龙，2016）。"十三五"时期，全国土地整治和高标准农田建设项目将进一步向贫困地区倾斜，贫困地区各级国土资源主管部门在当地党委政府的统一领导下，结合自身实际，积极落实土地整治助推脱贫攻坚政策措施，加大土地整治助推精准脱贫的力度。

1.2.8 贯彻土地法规、依法治国战略的具体体现

为了落实合理利用土地和切实保护耕地的基本国策，我国制定了一系列关于土地利用与管理的法律法规、政策和规划，其中有不少与土地整治密切相关，如《中华人民共和国土地管理法》《全国土地整治规划（2016~2020 年）》等。除了相关法律法规外，国务院还专门针对土地整治中的复垦问题颁布了《土地复垦条例》《土地复垦条例实施办法》等，推进土地整治，这既是对土地相关法律法规的贯彻和对土地利用总体规划的落实，也是做到有法必依、实施依法治国战略的重要体现。目前，土地整治法律法规建设总体滞后于发展需要，影响了土地整治事业的健康发展。因此，加快推进土地整治法制化建设，尽快制定土地整治条例等法律法规，建立和完善土地整治规章制度，可以为依法依规开展土地整治工作提供保障。

---

① 1 亩≈666.667 平方米。

1.3　土地整治的目标

在不同区域、不同的社会经济发展阶段，社会对土地整治关注的角度或对土地整理的预期效果是不一样的。但是土地整治的根本出发点是实现耕地总量动态平衡和耕地占补平衡，改善土地利用条件，提高土地利用的集约度和促进土地的充分、合理、有效利用，通过土地整理活动，不断挖掘土地利用潜力，使各生产要素的投入相互匹配。

土地整治是改善农业生产条件、提高农业综合生产能力、保障国家粮食安全的重要措施；是坚守耕地红线、缓解用地矛盾、保障经济社会发展用地的必然选择；是盘活存量土地、强化节约集约用地、适时补充耕地和提升土地产能的重要手段；是促进现代农业发展、实现农民增收的重要推手；是保护生态环境、加快农村人居环境整治和改善农村生产生活条件、促进城乡融合发展和生态文明建设的重要抓手。在我国将土地整治与"三农"（农业、农村、农民）结合，可以把农民从农用地上解放出来，并推动农业生产集约化和农民居住集中化，最终实现农民向市民的转变、传统农业向现代化农业的转变（郭贯成，2015）。特别是土地整治与美丽乡村建设相结合，可以改善农村人居环境、缩小城乡生活差距，从优化农村空间利用格局、配套建设农村基础设施、加强农村环境综合治理等方面，推动营造整洁、舒适的生活环境，将农村建设成为农民安居乐业的美丽家园（张晓燕，2015）。

在土地资源有限的国情背景下，土地整治对促进土地利用由单纯地追求数量向产出、质量、效率、环境和安全五大目标转变，对保障国家粮食安全、促进城乡融合发展和乡村再生、推进新型城镇化、建设资源节约和环境友好型社会、建设美丽中国、治理土地退化、协调和实施优势农产品区域规划及重点区域粮食生产规划等，都有着重大的现实和战略意义。

1.3.1　土地整治的主要目标

1. 提高农业综合生产能力

大力开展农田整治，对耕地、宅基地和集体建设用地进行整理复垦，在增加耕地的同时，建设高标准基本农田。集中连片推进土地平整和农田水利、田间道路、林网等建设，提高农业综合生产能力，实现"田成方、林成网、路相通、渠相连、旱能浇、涝能排、高产高效"的现代农业生产新格局，为农业增效、农民增收、农村增美奠定坚实基础。

2. 优化用地结构布局

依据村镇体系规划和新农村布局建设，适度调整撤并布局分散的自然村，合理开发利用腾退宅基地、村内废弃地、空闲地，改造旧村、建设新村，形成农村人口向城镇和中心村集中、产业向集聚区集中、耕地向规模经营集中的新农村格局。

3. 完善配套设施，改善人居环境

通过实施农村土地综合整治，完善农村路网、供水、通电以及生活垃圾、污水收集和处理等基础设施，健全教育、医疗卫生、文化娱乐、社会养老、商业网点等公共服务设施，推广清洁能源，改变农村"脏、乱、差"状况，实现农村布局优化、景观绿化、环境净化、村庄美化。

4. 发展现代农业，促进农民增收

积极引导土地向规模经营集中，推进农村集体土地流转，优化农业产业布局，推广应用现代农业科技，提高农业产业化水平，促进农村富余劳动力转移，确保农民持续增收。

5. 破解建设项目用地难题，实现城乡融合发展

将农村土地综合整治中的集体建设用地整理纳入城乡建设用地增减挂钩项目，在耕地面积不减少、质量有提高和城乡建设用地总量不增加的前提下，按照"先减后增，增减平衡"原则，把农村节约的建设用地指标，通过有偿转让，调剂到产业集聚区和城镇建设中。通过土地整治改善农村地区的生产和生活条件，振兴乡村地区经济，保护乡村地区的景观和文化，促进生态文明和美丽中国建设，实现城乡融合发展。

1.3.2　绿色土地整治目标

土地资源是无法替代的重要的自然环境资源，它既是环境的组成部分，又是其他自然环境资源和社会经济资源的载体，是社会经济发展的基础。从系统论观点看，土地的本质是土地生态系统和土地经济系统在时空上耦合而成的生态经济系统，它也是实现可持续发展战略的重要物质基础。

土地资源可持续利用是使土地资源得到科学合理的利用、开发、整治和保护，实现土地资源的永续利用与社会、经济、资源环境的协调发展，不断满足社

会经济长期发展的需要，达到最佳的社会、资源、环境和经济效益的重要手段。可持续土地利用在社会上具有公平性和可接受性，在资源环境方面具有可持续性，在经济上具有充分性，即实现绿色土地整治理念。

1. 生态合理性

由于人类不当的土地利用方式或某些不利自然因素的影响，土地生产能力或其他功能衰减，土地生态向简单无序的方向演替。在土地整治中通过一些特殊的基础工程，提高水土保持能力，减少耕地水土流失，保护水土资源，防止水土流失与土地污染，保持土壤肥力，并实现生物多样性的保护。

在整治好的土地上如何衡量农业生产结构和生产设施是否合乎绿色发展、生态文明？这里有几句通俗的描述。

"没有种植业的农业是没有基础的农业"——植物性生产是一切生机的基础。

"没有微生物（沼气池、曝气池、堆肥场等）的农业是不完全的农业"——分解还原是地力可持续发展的前提，也是农业可循环持续的前提。

"没有养殖业的农业是不完善的农业"——动物性生产是提高产出效率和经济效益的重要环节。

农业持续、绿色发展、生态文明正是在相辅相成中达成和实现的。具体体现在土地整治完成后，能完善地建立起两大关键物质性技术保障，即"能流物流有循环通道""分解还原者有库容"，这应成为绿色土地整治中贯穿的生态原理主线。其中，"能流物流有循环通道"——植物有动物来转化、植物动物有微生物来分解，以及生态廊道和生物多样性保护网络的健全，能流物流才能保障循环流畅，不至于产生"肠梗阻"，真正发展低碳循环经济——这些循环正是通过土地整治建立起的良好的生产结构与布局来实现的。

"分解还原者有库容"——沼气池、曝气池、生态氧化塘、污水微动力净化塘、有机肥堆场等分解还原环节与设施应该是配套、健全的。

只有"能流物流循环通道"畅通、"分解还原者库容"强健，农业持续、绿色发展、生态文明才能建立在真正的物质技术基础保障之上。当然不是说要求每一个项目都必须独立建立起完整的物质技术基础保障，但项目本身，或与先期项目，或与后续项目结合来看，其规划设计、目标宗旨要能贯彻建设较为完善的符合生态原理的物质技术基础保障，否则农业持续、绿色发展、生态文明就容易流于形式、止于口号。

2. 经济可行性

绿色土地整治项目的实施可以改善生产条件，提高耕地质量，提高粮食生产能力。通过土地整治，增加有效耕地面积。提高农田集约化利用，加快农业产业结构调整，助力农业丰收。坚持科学规划，通过整合资源，因地制宜地发展现代农业，推进农业产业化进程，实现农村发展、农民致富。

3. 社会可接受性

绿色土地整治保持自然景观的美学价值，保护历史古迹和文化遗产，并且搭建了一个城乡资源交换的平台，使得城市将农用地转换为建设用地，获得了发展的空间，同时将土地级差收入返还到农村，解决了农村发展缺乏资金的问题。通过土地整治，改善了农民生产和生活的条件，推动了社会主义美丽乡村建设，实现了城市资本与农村土地的有效结合，有力推动了城乡融合发展。

1.3.3 《全国国土规划纲要（2016—2030 年）》确定的综合整治目标

《全国国土规划纲要（2016—2030 年）》提出，构建政府主导、社会协同、公众参与的工作机制，加大投入力度，完善多元化投入机制，实施综合整治重大工程，修复国土功能，增强国土开发利用与资源环境承载能力之间的匹配程度，提高国土开发利用的效率和质量。分区域加快推进国土综合整治。以主要城市化地区、农村地区、重点生态功能区、矿产资源开发集中区及海岸带（即"四区一带"）和海岛地区为重点开展国土综合整治。开展城市低效用地再开发和人居环境综合整治，优化城乡格局，促进节约集约用地，改善人居环境；农村地区实施田水路林村综合整治和高标准农田建设工程，提高耕地质量，持续推进农村人居环境治理，改善农村生产生活条件；生态脆弱和退化严重的重点生态功能区，以自然修复为主，加大封育力度，适度实施生态修复工程，恢复生态系统功能，增强生态产品生产能力；矿产资源开发集中区加强矿山环境治理恢复，建设绿色矿山，开展工矿废弃地复垦利用；海岸带和海岛地区修复受损生态系统，提升环境质量和生态价值。

1.3.4 "十三五"全国土地整治规划确定的目标

2016 年 12 月，国务院正式批准《全国土地整治规划（2016~2020 年）》，提出规划期土地整治的主要目标[①]，主要指标见表 1-1。

----
① 资料来源于《全国土地整治规划（2016~2020 年）》。

表 1-1　"十三五"全国土地整治规划控制指标

指标	2020 年
高标准农田建设规模[1]	4 亿~6 亿亩
经整治的耕地质量提高程度	1 个等级
补充耕地总量	2 000 万亩
农用地整理补充耕地	900 万亩
土地复垦补充耕地	360 万亩
宜耕未利用地开发补充耕地	510 万亩
农村建设用地整理补充耕地	230 万亩
农村建设用地整理规模	600 万亩
城镇低效用地再开发规模	600 万亩

1）表示以土地整治为平台，各有关部门共同投入、共同建设

高标准农田建设加快推进。落实"藏粮于地"战略，积极推进高标准农田建设，确保"高标准建设、高标准管护、高标准利用"。在"十二五"期间建成 4 亿亩高标准农田的基础上，"十三五"时期全国共同确保建成 4 亿亩、力争建成 6 亿亩高标准农田，其中通过土地整治建成 2.3 亿~3.1 亿亩，经整治的基本农田质量平均提高 1 个等级，国家粮食安全基础更加巩固。

耕地数量质量保护全面提升。落实最严格的耕地保护制度，努力补充优质耕地，加强耕地质量建设。通过土地整治补充耕地 2 000 万亩，其中农用地整理补充耕地 900 万亩，土地复垦补充耕地 360 万亩，宜耕未利用地开发补充耕地 510 万亩，农村建设用地整理补充耕地 230 万亩；通过农用地整理改造中低等耕地 2 亿亩左右，开展农田基础设施建设，建成排灌渠道 900 万千米，建成田间道路 600 万千米，耕地保护基础更加牢固。

城乡建设用地整理取得积极成效。落实最严格的节约用地制度，稳妥规范推进城乡建设用地整理。有序开展城乡建设用地增减挂钩，整理农村建设用地 600 万亩，使得城乡土地利用格局不断优化，土地利用效率明显提高；稳步推进城镇建设用地整理，改造开发 600 万亩城镇低效用地，促进单位 GDP（国内生产总值）的建设用地使用面积降低 20%，节约集约用地水平进一步提高。

土地复垦和土地生态整治力度加大。落实生态文明建设要求，切实加强土地修复和土地生态建设。按照宜耕则耕、宜林则林、宜草则草的原则，生产建设活动新损毁土地全面复垦，自然灾害损毁土地及时复垦，大力推进历史遗留损毁土地复垦，复垦率达到 45%以上，努力做到"快还旧账、不欠新账"；积极开展土地生态整治，加强农田生态建设，让土地资源得到合理利用，生态环境得到明显改善。

土地整治制度和能力建设进一步加强。落实全面依法治国战略，大力加强土地整治法律制度和基础能力建设。推动制定土地整治条例，完善土地整治规章制度，

使得土地整治制度机制更加健全；加强技术规范标准和人才队伍建设，使得技术标准体系和人才队伍结构更加完善合理、基础能力明显增强、支撑作用更加有力。

根据规划，"十三五"时期中央和地方各级财政，以及社会资本等将计划累计投入土地整治 1.7 万亿元，并提出，鼓励和引导社会资本参与土地整治，按照"政府主动引导、社会积极参与、政策加以保障"的原则；鼓励以政府和社会资本合作（public-private partnership，PPP）模式参与土地整治；鼓励农民合作社、家庭农场、专业大户、农业企业等新型经营农业主体投资农用地整理；鼓励和引导社会资本投资城乡建设用地整理和土地复垦等，拓宽土地整治投资渠道，加快土地整治工作。

《中共中央　国务院关于落实发展新理念加快农业现代化实现全面小康目标的若干意见》（2016 年中央一号文件）提出，大力实施农村土地整治，推进耕地数量、质量、生态"三位一体"保护。加大投入力度，整合建设资金，创新投融资机制，加快建设步伐，到 2020 年确保建成 8 亿亩、力争建成 10 亿亩集中连片、旱涝保收、稳产高产、生态友好的高标准农田。把农田水利作为农业基础设施建设的重点，到 2020 年农田有效灌溉面积达到 10 亿亩以上，农田灌溉水有效利用系数提高到 0.55 以上。李克强总理在 2016 年政府工作报告中进一步明确，全面完成永久基本农田划定并实行特殊保护，加强高标准农田建设，增加深松土地 1.5 亿亩，新增高效节水灌溉面积 2 000 万亩。

《中共中央　国务院关于深入推进农业供给侧结构性改革　加快培育农业农村发展新动能的若干意见》指出，推进山水林田湖整体保护、系统修复、综合治理，加快构建国家生态安全屏障。加强重大生态工程建设。推进山水林田湖整体保护、系统修复、综合治理，加快构建国家生态安全屏障。全面推进大规模国土绿化行动。加快高标准农田建设，提高建设质量。允许通过土地整治增加的耕地作为占补平衡补充耕地的指标在省域内调剂，按规定或合同约定取得指标调剂收益。允许通过村庄整治、宅基地整理等节约的建设用地采取入股、联营等方式，重点支持乡村休闲旅游养老等产业和农村三产融合发展，严禁违法违规开发房地产或建私人庄园会所。

1.3.5 "十三五"湖北省国土资源规划确定的整治目标

根据《湖北省国土资源"十三五"规划》，"十三五"湖北省要整合统筹使用有关部门涉农资金，创新土地整治建设模式，深入推进农业龙头企业、农民专业合作社自建工作试点。将土地整治与土地利用"四项创新试点"、矿山地质环境恢复治理相结合，提升土地综合整治效益。编制《湖北省"十三五"土地整治规划》，大力实施土地整治重大工程和高标准基本农田建设，建成 3 570 万亩高标准基本农田。加快实施"矿山复绿"重大工程，基本完成全省矿山地质环境的恢复治理。严格矿产资源开采的生态环境准入，依法关闭对生态环境破坏严重的矿山。实行矿山企业生产性、过程性恢复治理。建立"政府出资引导、优惠政策扶持、企业依规治理、社会资金参与"的矿山地质环境治理新机制。具体目标包括以下两点。

（1）土地整治工程。落实土地整治规划，推进高标准基本农田建设，到 2020 年，建设高标准基本农田 1 357 万亩。积极争取国家政策和资金支持，力争实施湖北长江经济带江汉平原国家级土地整治重大工程，在武汉市、宜昌市、鄂州市、荆州市、黄冈市、咸宁市、恩施土家族苗族自治州等沿长江市（州）的 33 个涉农县（市、区）及其国有农场建设高标准基本农田 500 万亩，新增耕地 10 万亩。

（2）矿山地质环境恢复治理工程。加快历史遗留矿山的恢复治理进程，以国家级、省级重点矿区和矿山地质环境问题严重的大中型老矿区为重点治理恢复区域，治理面积 40.49 平方千米，促进矿山环境状况明显改善。积极推进重要自然保护区、景观区、居民集中生活区的周边和重要交通干线、河流湖泊直观可视范围（简称"三区两线"）矿山复绿行动，复绿面积 30.48 平方千米，改善生态环境。加快历史遗留损毁土地复垦进程，复垦面积 75 平方千米，矿区土地复垦取得明显成效。

1.4 我国土地整治发展简况

土地整治是人类文明用地的产物，必须从历史的角度，分析我国土地整治发展简况。

我国是世界上开展土地整治最早的国家之一，上古时期，大禹治水改变了黄河中下游文明的格局；商周时期实行井田制，应是我国最早的较为系统的土地综合整治；《周礼·遂人》（战国至西汉初年）中记载："凡治野，夫间有遂（水渠），遂上有径（道路），十夫有沟，沟上有畛（小路），百夫有洫（田间水沟），洫上有涂（水渠），千夫有浍（水渠），浍上有道，万夫有川，川上有路，以达于畿。"[①]曹魏时期的"屯田"、唐宋时期的"均田制"、明清时期的"屯田垦荒"等，历代都积极鼓励劳动人民开发、整治土地，增加耕地面积，提高土地质量。仅清初的一百年里，全国耕地面积就增加了 40%。虽然不同时期土地整治的内容、重点及其形式大不相同，但历史上不少卓越的土地整治典例和一些土地整治工程在生产建设中长期发挥着作用，一直沿用至今。

---

① 据郑玄（东汉末年的经学大师）注：遂，宽、深各二尺；沟，宽、深各四尺；洫，宽、深各八尺；浍，宽二寻、深二仞（这些相当于现代的干支斗农渠和沟）。沟洫上的道路的宽度，径可以让牛马通过，畛可以让大车（车轨宽六尺）通过，涂可以让一辆乘车（车轨宽八尺）通过，道可以让两辆乘车通过，路可以让三辆乘车通过）。

1.4.1　祖国大陆土地整治的发展

在中华人民共和国成立后，党和政府一直高度重视土地整治工作，开展了一场场改天换地的大规模土地整治运动，流域综合治理、农田基本建设、水利灌溉工程、农业综合开发等，在一定意义上都属于土地整治。改革开放后尤其是 2008 年以来，祖国大陆土地整治取得了突破性进展，为我国经济社会发展做出了突出贡献。祖国大陆土地整治工作大致经历了五个阶段。

第一阶段，改革开放前——开荒造地和兴修水利。1950 年，中央人民政府正式颁布了《中华人民共和国土地改革法》，土地整治的主要内容是重新分配土地，实现"耕者有其田"的目标。20 世纪 50 年代后期，通过人民公社化，将土地收归集体集中耕种，土地整治主要是通过"一平二调"实现土地权属关系的变更。20 世纪 60 年代，全国开展"农业学大寨"运动，农业建设得到发展，土地整治工作受到重视，通过开展以开荒造地、修筑梯田、平整土地、合并田块、大力兴修水利设施、解决农业灌溉问题、整理沟渠道路和建设新村为主要内容的土地整理活动，农业生产条件得到较大改善，土地生产能力有较大提高，取得了巨大成就，现在各地多数水库和山塘都是当年土地整治时修建的。通过改田改土运动、平田化、围海造地等，整治出了不少良田沃土，水利和良田建设成果对今天的粮食增产增收仍然发挥着重要作用。知识青年上山下乡，北大荒变成了北大仓，还开发出了不少茶山、果园及经济林场，整理出了不少土地；大江大河流域综合治理、黄土高原综合治理、沙漠治理、黄淮海平原盐碱地整治等土地整治活动，都获得了较好的效果。但是，当时的土地整治，主要是围绕解决吃饭问题而进行的土地开垦、农田水利建设、洪涝灾害治理、中低产田改造等，土地整治功能狭窄，目标单一，未涉及建设用地整治领域，对生态环境保护与绿色发展的理念也没有深入研究，虽有农村居民点建设想法，但终因经济水平低、财力有限而未能实施。

第二阶段，20 世纪 80 年代——退耕还林还草和农民自行整治。该阶段为土地整治的探索时期，以土地权属关系调整为重点、民间土地整治活动大量开展为特征。随着农村家庭联产承包责任制的推广与发展，土地使用权发生了重大变化，土地利用结构和方式也相应产生了巨大变化，土地整治工作的重点转移到土地权属关系的调整上来，但随之而来的是地块破碎和农业基础设施破损严重。这个时期，农民自己对承包地广泛加大投入，自主改善土地生产条件，用地单位或个人依法在采矿、取土后复垦土地，以民间自发、分散、有限的资金投入为特征的土地整理活动大量开展，对一些不合理的土地利用进行了矫正，开展了以退耕还林、退耕还草、退耕还湖、绿化荒山、防治荒漠化和水土流失治理等为代表的生态恢复型土地整治，对前 30 年土地开发利用过程中的不合理行为进行了整治和纠偏。

第三阶段，20 世纪 90 年代——以"土地整理"概念为标志，农村土地综合整治与重点治理相结合。1987 年，全国首次土地开发经验交流会在辽宁省本溪市召开，号召加强土地开发，保持全国耕地面积相对稳定。1988 年，德国巴伐利亚州农林饮品部土地整理局和汉斯·赛德尔基金会在山东青州南张楼村开展了"土地整理与村庄革新"试验。1997 年，《中共中央、国务院关于进一步加强土地管理切实保护耕地的通知》（中发〔1997〕11 号）发布，要求"积极推进土地整理，搞好土地建设"，土地整理的概念第一次被正式写入中央文件，并明确了土地整理的内涵，即按照土地利用总体规划的要求，通过对田、水、路、林、村进行综合整治，搞好土地建设，提高耕地质量，增加耕地有效面积，改善农业生产条件和环境。

第四阶段，20 世纪末至 21 世纪初——以"土地开发整理"概念为标志，保护耕地和落实土地利用总体规划阶段。此阶段是我国土地整治的发展壮大阶段，也是我国土地整治的全面推进期，以农地整治为主要内容，以增加耕地面积、提高耕地质量为主要目标，并开始探索农地整理与村庄土地整治相结合的良方。在此期间，我国在土地整治方面的发展主要包括以下内容。

1998 年成立了国土资源部土地整理中心，这是国土资源部专门负责土地整治工作的直属单位。之后，土地整治逐步实现了从自发、无序、无稳定投入到有组织、有规范、有比较稳定投入的转变。1999 年，《中华人民共和国土地管理法》明确提出"国家鼓励土地整理。县、乡（镇）人民政府应当组织农村集体经济组织，按照土地利用总体规划，对田、水、路、林、村综合整治，提高耕地质量，增加有效耕地面积，改善农业生产条件和生态环境"。并规定开征新增建设用地的土地有偿使用费、耕地开垦费、土地复垦费等，从法律层面解决了土地整理资金来源问题。2000 年通过了《国家投资土地开发整理项目管理暂行办法》和《土地开发整理项目资金管理暂行办法》。2003 年通过了《国家投资土地开发整理项目实施管理暂行办法》、《国家投资土地开发整理项目竣工验收暂行办法》、《关于做好土地开发整理权属管理工作的意见》和《土地开发整理若干意见》。2004 年，《国务院关于深化改革严格土地管理的决定》（国发〔2004〕28 号）发布，"鼓励农村建设用地整理，城镇建设用地增加要与农村建设用地减少相挂钩"，为城乡建设用地布局调整提供政策依据。同年，财政部、国土资源部印发《用于农业土地开发的土地出让金使用管理办法》。随后又相继通过 2005 年的《关于加强和改进土地开发整理工作的通知》、2006 年的《关于适应新形势切实搞好土地开发整理有关工作的通知》和 2007 年的《财政部、国土资源部关于调整中央分成的新增建设用地土地有偿使用费分配方式的通知》。2006 年，根据《国务院关于加强节能工作的决定（国发〔2006〕28 号）》，国土资源部部署城乡建设用地增减挂钩试点，开始探索农地整理与村庄土地整治相结合的实施途径。

第五阶段，2008 年至今——以"土地整治"概念为主要标志，进入城乡统筹与服务"三农"阶段。我国在土地整治的综合发展阶段开始了大规模的土地整治工作。《中共中央关于推进农村改革发展若干重大问题的决定》提出，"大规模实施土地整治，搞好规划、统筹安排、连片推进，加快中低产田改造，鼓励农民开展土壤改良，推广测土配方施肥和保护性耕作，提高耕地质量，大幅度增加高产稳产农田比重"。根据中央精神，在总结土地整治经验的基础上，国土资源部提出把土地整治与城乡建设用地增减挂钩有机结合，搭建城乡融合发展平台。土地整治从单纯的农地整理向农地整理与村庄土地整治相结合的综合整治转变，成为建设社会主义新农村、统筹城乡发展的重要抓手。工矿废弃地复垦利用，是将历史遗留的工矿废弃地以及交通、水利等基础设施废弃地加以复垦，改善矿山环境。试点城乡建设用地增减挂钩，盘活和合理调整建设用地，确保建设用地总量不增加，耕地面积不减少、质量有提高。2008 年以来，珠三角地区开始探索以"三旧"（旧城区、旧厂矿、旧村镇）改造为主要内容的城市建设用地整治，土地整治在范围上开始由农村土地向城镇工矿用地延伸；2012 年 2 月 27 日，全国低丘缓坡未利用地开发利用试点现场观摩会在昆明召开，研究部署 7 省（自治区、直辖市）低丘缓坡未利用地开发利用试点工作，并要求以科学发展观为统领，按照"台地工业、坡地镇村"的总体思路，充分发挥低丘缓坡土地资源优势，实施土地差别化管理，探索低丘缓坡土地综合开发利用的政策支撑体系，推动低丘缓坡土地规范有序开发利用，提高土地资源利用的经济、社会和生态综合效益，增强土地资源对经济社会发展的保障能力。

随着 1999 年实施的《中华人民共和国土地管理法》提出"国家鼓励土地整理"，土地开发整理、土地整理复垦开发、土地整理复垦、土地整治、土地综合整治、农村土地整治、土地开发整理复垦等概念陆续出现，甚至不同的概念在中央文件里同时出现，造成了概念和理解上的混乱。《全国土地整治规划（2011~2015年）》中，首先在概念上进行了统一，即选择了"土地整治"这一术语。因而，以"土地整治"概念为主要标志，土地整治进入了城乡统筹与服务"三农"阶段。

1.4.2 祖国大陆土地整治的特点

在祖国大陆，从土地开发整理到土地整治，不仅仅是概念上的变更，其内涵和外延也发生了深刻的变化，土地整治呈现出以下特点：①从内容上，已由以农用地整理为主，转向农用地、农村建设用地、城镇工矿建设用地、未利用地开发与土地复垦等综合整治活动。②在范围上，已由相对孤立的、分散的土地开发整理项目向集中连片的综合整治转变，从农村延伸到城镇。③在内涵上，已由增加耕地数量为主向增加耕地数量、提高耕地质量、改善生态环境并重转变。④在目标上，已由单纯的补充耕地数量向保护耕地数量、质量和生态管护与推进美丽乡村建设和城乡融合发展相结合转变。⑤在手段上，已由以项目为载体向以项目、工程为载体结合城乡建设用地增减挂钩、工矿废弃地复垦调整利用等政策的运用转变。⑥在功能上，从服务经济发展向服务区域经济社会发展转变。⑦在科技上，新科技研究与应用在土地整治中的地位和作用越来越突出。

2015 年全国国土资源工作会议全面论述了新常态下国土资源工作的六大趋势性变化[①]：①从国土资源需求看，生产性需求趋于减少，生活性、生态性需求显著增加，总需求仍然居高不下。②从国土资源供给看，建设用地从增强扩张为主转向盘活存量与做优增量并举、矿产资源供应从过高对外依存转向立足国内用好"两种资源两个市场"的调整势在必行。③从国土资源配置方式看，将进一步打破各种形式的条块分割和行政干预，国土资源市场正朝着公开透明、竞争有序、统一开放的方向加快转变。④从资源环境约束看，承载力正逼近"天花板"，严格保护和节约利用国土资源是大势所趋。⑤从矛盾积累情况看，过度依赖"土地财政"和"资源经济"不可持续，防范和化解风险的意识和能力需要进一步增强。⑥从国土资源管理方式看，正在从侧重于行政手段向综合运用多重管理手段转变，处理好"放"与"管"的关系成为紧迫课题。

会议提出了五个"更加注重"新导向，即更加注重资源环境保护，更加注重提高耕地质量，更加注重资源节约集约，更加注重创新驱动，更加注重维护群众权益。

1.4.3　台湾地区土地整治的发展

我国台湾地区的农村土地整治是伴随着土地改革和经济社会发展的需求而进行的，20 世纪 60 年代以来进行了 4 次大规模的土地整治。

第一次，土地改革——实现"耕者有其田"。台湾地区第一次土地改革主要是打破"大地主、小佃农"的局面，建立自耕农制度，实现"耕者有其田"。然而，这种以小私有制为基础的一家一户的"单打独斗"和小本经营模式，农产品成本高，农业抗灾能力弱，生产发展潜力有限，与以后大规模发展的加工出口工业不相适应。特别是进入 20 世纪 70 年代后，随着世界经济的复苏，农产品竞争加剧，台湾原有的小规模家庭经营格局在市场经济中明显缺乏竞争力。

第二次，农地重划——地尽其利、地利共享。针对第一次土地整治后出现的种种问题，台湾当局进行了具有决定意义的第二次土地改革。与第一次土地改革相比，前者将土地"化整为零"，打破了"大地主、小佃农"的局面，后者则将土地"化零为整"，培养"小地主、大佃农"的经营格局。土改战略的调整，一

---

① 全国国土资源工作会议在京召开. http://www.gtzyb.com/yaowen/20150115_79975.shtml.

方面实现了农业生产的专业化、企业化和机械化，解决了农业生产发展中小农户与大市场的矛盾。另一方面使更多农民摆脱了土地束缚，实行较大规模的农业生产，实现了农业劳动力向非农产业的转移，促进了农村经济的发展。土地改革中的农地重划是在土地整治中尊重农民意见、重视农民权利的一个典型。台湾的农地重划始于 1979 年底，台湾当局提出："推动第二阶段农地改革，更进一步实现'地尽其利、地利共享'，把加速办理农地重划作为农业工作的重点，力争扩大农场经营规模，提高农民收益，确保主要粮食的自给自足。"

第三次，富丽新农村运动——"三农"与"三生"（生产、生活、生态）协调。20 世纪 90 年代，台湾提出了建设"富丽新农村"的目标。所谓"富丽新农村"建设，是指在农村建设和发展中结合农村景观生态、产业布局、社区文化、环境建设等，发展农村公共设施、交通系统、商业文化中心及观光休闲事业，加快农村社区更新和新市镇建设，建设人文、产业、休闲、生态兼备的新农村。"富丽新农村"建设的目标是使"三农"和"三生"协调均衡发展。

第四次，新农业运动——"三力"农业。2006 年，台湾提出"新农业"运动，这是一个应对经济全球化和知识化而实施的农业施政目标，是富丽新农村运动的继续，旨在通过对"创力农业""活力农业""魅力农业"的"三力农业"建设，促进"三生"永续发展。为了实现"富丽新农村"的发展目标，台湾当局在土地整治过程中十分重视村容村貌的整治与改善，相继出台了一系列政策措施，主要内容及特点表现为以下几个方面：①将农村的农业资源进行整体规划。包括调整原有的产业布局，加强基础设施改造、景观建设和社区多元文化场所的建设。②把休闲农业与"富丽新农村"建设进行有机结合。通过对重点区域的休闲农业进行评审和专门辅导，提高休闲农业的经营效率和景观水平。③实施"台湾健康社区六星计划"。这一计划重在为"富丽新农村"建设与规划培训相关人才，以确保农村生态环境和村容村貌得到不断优化。可见，台湾的土地综合整治非常注重综合效益，包括工程效益、经济效益和满足粮食需求等。工程效益方面，基本实现农场标准化，方便农机耕作和现代化；经济效益方面，促进农民所得的增加，减小区域经济上的差距，有助于经济平衡发展；满足粮食需求方面，农地重划后，粮食单产和总产量普遍提高。

1.5　土地整治项目类型

土地整治是指以提高土地利用效率、保障土地资源可持续利用为目的，对未合理利用土地的整治、对因生产建设破坏和自然灾害损毁土地的修复以及未利用土地的开发等活动。土地整治对象和方式不同，则目标也存在差异，包括农用地整治、农村建设用地整治、城镇工矿建设用地整治、土地复垦、宜耕后备土地资源开发等。

1. 农用地整治

农用地整治，是指在以农用地（主要是耕地）为主的区域，通过实施土地平整、灌溉与排水、田间道路、农田防护与生态环境保护等工程，增加有效耕地面积，提高耕地质量，改善农业生产条件和生态环境的活动。

2. 农村建设用地整治

农村建设用地整治，是指对农村地区散乱、废弃、闲置和低效利用的建设用地进行调整改造，完善农村基础设施和公共服务设施，提高农村建设用地节约集约利用水平，改善农村生产生活条件的活动。

3. 城镇工矿建设用地整治

城镇工矿建设用地整治，是指对低效利用的城镇工矿建设用地进行改造，完善配套设施，加强节地建设，拓展城镇发展空间，提升土地价值，改善人居环境，提高节约集约用地水平的活动。

4. 土地复垦

土地复垦，是指对生产建设活动和自然灾害损毁的土地，采取整治措施，使其达到可供利用状态的活动。

5. 宜耕后备土地资源开发

宜耕后备土地资源开发，是指对宜耕后备土地资源采取整治措施，以增加耕地面积、改善生态环境为主要目的的活动。

2015 年全国国土资源工作会议全面论述了新常态下国土资源工作的六大趋势性变化，提出了五个"更加注重"新导向，对耕地占补平衡、土地整治重大工程、高标准基本农田建设、耕地质量建设、城乡建设用地增减挂钩、城镇低效用地再开发、工矿废弃地复垦利用等土地整治各项工作进行了部署。

1.6　土地整治项目的工作流程

随着土地整治项目不断实施，在实践工作中不断摸索和总结，逐步确定了土地整治项目管理工作具体流程，见图 1-1。

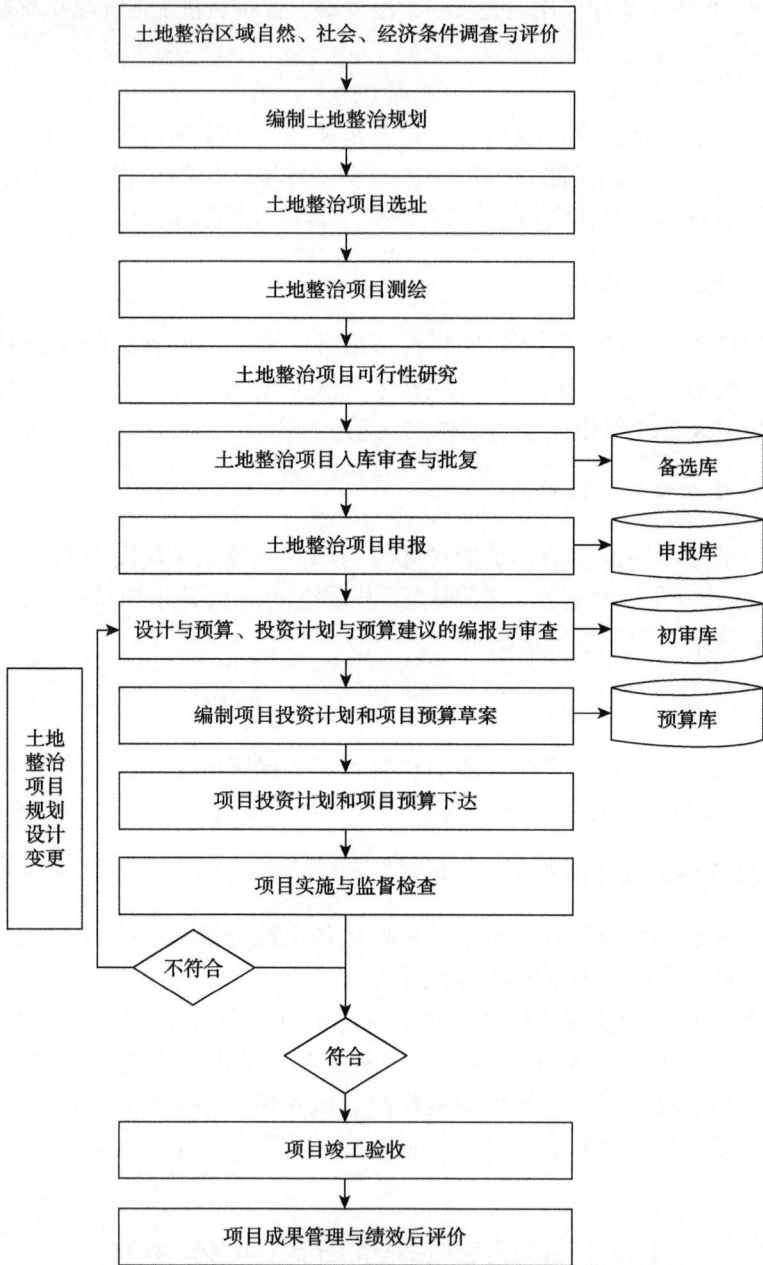

```
┌─────────────────────────────────────┐
│ 土地整治区域自然、社会、经济条件调查与评价 │
└─────────────────────────────────────┘
                 ↓
┌─────────────────────────────────────┐
│          编制土地整治规划              │
└─────────────────────────────────────┘
                 ↓
┌─────────────────────────────────────┐
│          土地整治项目选址              │
└─────────────────────────────────────┘
                 ↓
┌─────────────────────────────────────┐
│          土地整治项目测绘              │
└─────────────────────────────────────┘
                 ↓
┌─────────────────────────────────────┐
│          土地整治项目可行性研究         │
└─────────────────────────────────────┘
                 ↓
┌─────────────────────────────────────┐      ⬭ 备选库
│       土地整治项目入库审查与批复    ────→
└─────────────────────────────────────┘
                 ↓
┌─────────────────────────────────────┐      ⬭ 申报库
│          土地整治项目申报        ────→
└─────────────────────────────────────┘
                 ↓
┌─────────────────────────────────────┐      ⬭ 初审库
│ 设计与预算、投资计划与预算建议的编报与审查 ──→
└─────────────────────────────────────┘
                 ↓
┌─────────────────────────────────────┐      ⬭ 预算库
│    编制项目投资计划和项目预算草案    ──→
└─────────────────────────────────────┘
                 ↓
┌─────────────────────────────────────┐
│      项目投资计划和项目预算下达         │
└─────────────────────────────────────┘
                 ↓
┌─────────────────────────────────────┐
│          项目实施与监督检查            │
└─────────────────────────────────────┘
                 ↓
              ◇ 不符合 ◇ ──→ 土地整治项目规划设计变更
                 ↓
              ◇ 符合 ◇
                 ↓
┌─────────────────────────────────────┐
│            项目竣工验收               │
└─────────────────────────────────────┘
                 ↓
┌─────────────────────────────────────┐
│      项目成果管理与绩效后评价          │
└─────────────────────────────────────┘
```

图 1-1　土地整治项目管理工作具体流程

1.7 研究的技术路线与方法

1.7.1 研究的技术路线

研究的技术路线见图 1-2。

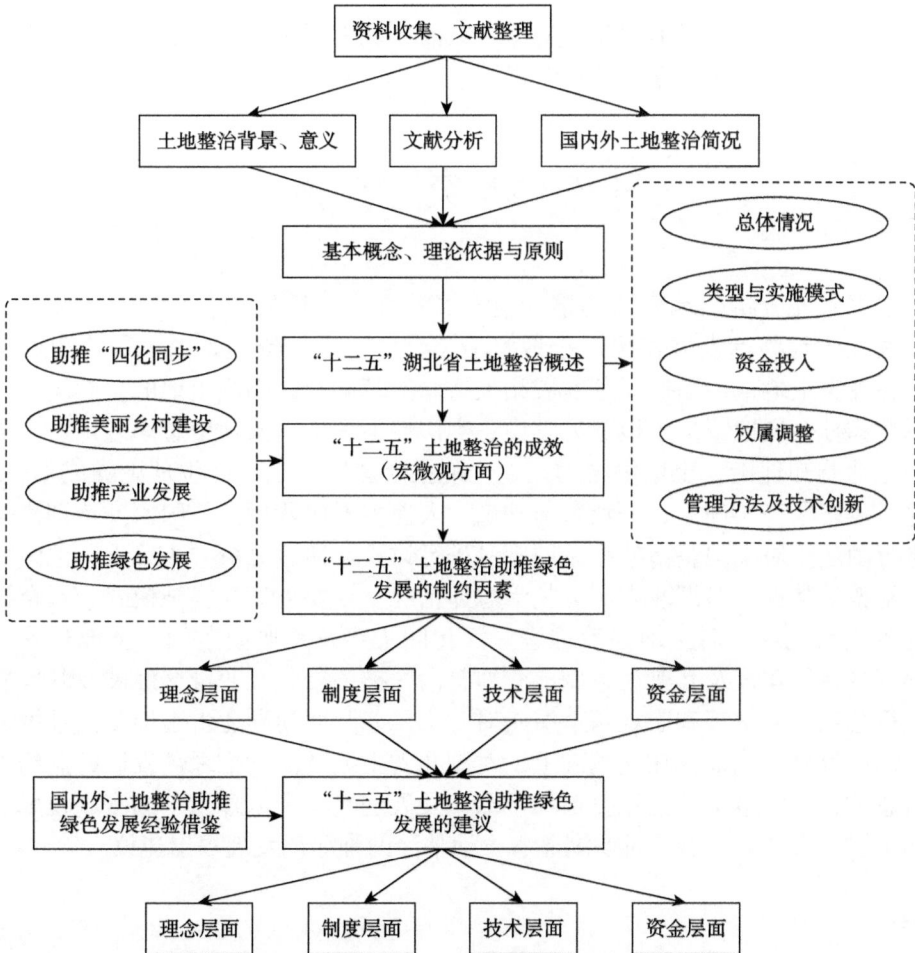

图 1-2 研究的技术路线

1.7.2 研究方法

1. 文献资料法

通过阅读国内外土地整治的相关文献和政策资料，积累相关知识、学习研究方法，为后续研究做好知识储备。

2. 实地调查分析法

对湖北省不同地区不同类型的土地整治项目采用实地访问的形式，对当地土地整治进行调研，并进行初步分析。

1.8 研 究 内 容

本书首先分析土地整治助推绿色发展的背景、目的与意义，对土地整治目标、我国土地整治发展概况、土地整治类型、土地整治项目的工作流程进行介绍。在界定土地整治助推绿色发展相关概念的基础上，围绕土地的自然属性、经济属性和社会属性，从土地肥力学说、生产潜力理论、景观生态学理论、土地伦理与土地感知理论、土地供给理论、土地报酬递减理论、区位理论、成本-效益理论、生态经济学理论、公众参与理论、人地关系协调理论、国家安全理论等方面进行阐述，对土地整治的相关原则等进行讨论。通过分析"十二五"期间湖北省土地整治数据，对湖北省土地整治总体情况、主要类型与实施模式、资金投入状况等进行梳理，对土地整治推进"四化同步"及其典型案例、土地整治助推"美丽乡村"建设及其典型案例、土地整治助推一二三产业融合发展及其典型案例进行总结，从微观和宏观两个层次对"十二五"期间湖北省土地整治助推绿色发展的成效进行论证。在此基础上，对湖北省土地整治助推绿色发展的制约因素进行总结，并借鉴国外土地整治助推绿色发展的经验，从理念、制度、技术、资金四个层面为"十三五"时期湖北省土地整治助推绿色发展提出建议。

第 2 章　土地整治的基本概念、理论依据与原则

2.1　土地整治的基本概念

2.1.1　土地整治的内涵

土地整治，是指对宜农未利用土地进行开垦，对田、水、路、林、村实行综合整治，对废弃工矿区等历史遗留损毁土地和自然灾害损毁土地进行恢复利用，以提高耕地质量，增加有效耕地面积，优化土地利用结构，提高土地利用率，改善农业生产条件和生态环境的活动。

狭义的土地整治，又叫土地治理，是指采取生物、工程技术等综合措施，改变土地的生态环境，以建立新的有利于人类生产活动的生态系统平衡，提高土地利用率和产出率，使土地资源能永续利用。狭义的土地整治侧重于采取有针对性的措施对土地退化现象进行消除与预防，即防和治两个方面，防是指消除可能造成未退化土地发生退化和使已退化土地继续发生退化的各种动力因素；治是指对已退化土地进行建设性改造。对未退化土地而言，土地整治的目的是要维持土地已有的良好性状并使其具有持续的利用能力；对已退化的土地而言，土地整治的目的是要消除其不良性状，恢复土地良好的生产条件，从而提高土地的利用能力。

广义的土地整治，是指为保障土地资源的可持续利用，促进经济和社会的可持续发展，根据土地生态系统平衡的原理，结合土地利用现状，按照土地利用总体规划、城市规划、土地整治专项规划所确定的目标和用途，采用行政、经济、法律、生物、工程技术等直接或间接的手段和措施，对低效利用、不合理利用和未利用的土地进行科学开发利用、建设调整、改良改造和综合治理，对生产建设破坏和自然灾害损毁的土地进行恢复利用，提高土地节约集约利用率和产出率，

改善生产、生活条件和生态环境的活动过程。

简言之，土地整治就是对那些受生态环境、技术条件、社会经济等因素制约和影响的，土地利用率低、质量差、产出不高的土地，采用生物、工程技术等综合措施进行科学开发利用、建设调整、改良改造和综合治理的过程。

土地整治是农业基本建设的重要内容之一。对土地进行科学的整治，有利于合理开发和利用土地资源、提高土地生产力、保持生态平衡、防止水土流失以及土壤沙化和盐碱化。实施土地整治的根本目的在于提高土地利用率和产出率，实现经济、社会、环境三大效益良性循环。在科学发展与可持续利用的历史新时期所讲的土地整治主要是广义的土地整治，它是对土地进行考察、规划、开发、利用、改良、治理、保护等各项措施的总称。

1. 土地开发

从广义上来讲，土地开发是指人类通过采取工程措施、生物措施和技术措施等，使各种未利用土地资源，如荒山、荒地、荒滩、荒水等，投入经营与使用；或使土地利用由一种利用状态改变为另一种状态的活动，如将农地开发为城市建设用地。从狭义的角度理解，土地开发主要是对未利用土地的开发利用，要实现耕地总量动态平衡，未利用土地开发是补充耕地的一种有效途径。未利用土地的开发要统一规划，特别要注意保护生态环境，严禁在生态脆弱的地区进行盲目开发，同时根据开发区域的地域特点、土地适宜性及土地利用总体规划，确定土地的适度开发规模和土地的用途。

土地开发实际上是为合理而有效地利用土地创造必要条件而进行的经济、技术的投入过程。通过土地开发活动，可以有效地扩大土地利用范围，使原来不适合某种用途的土地变为适合该用途的土地。同时，通过土地开发活动，可以有效地改善土地利用条件，提高土地利用率。

2. 土地整理

广义的土地整理是指在一定区域内，按照土地利用规划或城镇规划所确定的目标和用途，采取行政、经济、法律和工程技术手段，对土地利用状况进行综合整治、调整改造，以提高土地利用率和产出率，改善生产、生活条件和生态环境的过程，既包括对现有已利用土地的整理，以提高其利用的集约程度，也包括对未利用土地的开发和对废弃地的复垦，以增加耕地总量。实质是调整土地关系和合理组织土地利用。土地整理的范围广泛，从地域表现形态角度可分为农地整理和市地整理两方面的内容。现阶段我国狭义的土地整理主要指的是农地整理，包括农用地整理和农村建设用地整理。

3. 土地复垦

2011 年 2 月 22 日国务院第 145 次常务会议通过的《土地复垦条例》（中华人民共和国国务院令第 592 号）指出，土地复垦是指对生产建设活动和自然灾害损毁的土地，采取整治措施，使其达到可供利用状态的活动。

生产建设活动应当节约集约利用土地，不占或者少占耕地；对依法占用的土地应当采取有效措施，减少土地损毁面积，降低土地损毁程度。土地复垦应当坚持科学规划、因地制宜、综合治理、经济可行、合理利用的原则。复垦的土地应当宜农则农、宜林则林、宜牧则牧，优先发展农业。

4. 土地治理

土地治理是指通过采取生物、工程技术等综合措施，改变土地的生态环境，以建立新的有利于人类生产活动的生态系统平衡，提高土地利用率和产出率，使土地资源能永续利用的活动。其目的就是要对已利用或未利用的土地进行治理改造，调整土地生态机制，提高土地生产潜力，使其更好地得到利用。

土地整治通过两个途径来进行：一是从自然条件着手，人为改造土地条件，使地形、土壤、水、植被、热量等自然因素处于较好的组合状态；二是从人类活动自身着手，采取有利于保护土地的开发利用技术和方法。

总之，土地整治是人类在土地利用中不断建设、不断调整、不断治理的过程。世界上许多国家都在积极推进这一经济、社会建设的基础性工作。土地整治也是实施土地利用规划的重要手段，土地整治的内涵和外延都十分丰富，不同的国家、不同历史时期，对土地整治都有不同的要求。我国现阶段的土地整治包含了以往进行的土地开发、土地整理、土地复垦、土地治理，但又不等同于这四个方面的简单叠加，其内涵更加丰富，层次更高；不是简单地对某一地块采取单项的物理措施，而是按照经济社会发展的要求，在尊重原有产权和农民意愿，遵循自然规律、市场经济规律的前提下，按照土地利用总体规划重新规划部署，建设美丽家园的一个综合性事业。

现阶段的土地整治是经济社会发展到一定阶段，对土地利用在深度、广度和空间配置方面提出的新要求，是建立在社会主义市场经济基础上的，是经济体制和经济增长方式转变、落实土地基本国策、实现土地资源永续利用的必然选择。

2.1.2　绿色发展的内涵

工业革命以来，人类社会对发展的认识不断深化，在不同发展阶段形成了不同的发展观。工业革命后形成的传统发展观以工业技术革命为依托，以资本主义制度为基础，以物质财富的增加为目标，强调资本积累和高投入、能源和初级产品的高消耗以及增长过程中不加限制的消费增长，形成了增长至上的发展观，甚至是 GDP 崇拜（谢德体，2007）。

传统发展观的功利主义必将导致经济增长逼近甚至是超越生态边界，增长的终结将以一种崩溃的方式发生，人类福利将不可控制地下降。因此，不顾生态边界条件的增长模式必然是不可持续的，而人类社会的发展至今没有完全脱离传统发展模式。1987 年，联合国提出了可持续发展的理念，把可持续发展定义为"既满足当代人的需要，又不对后代人满足其需要的能力构成危害的发展"。在 1992 年联合国环境与发展大会上，可持续发展取得世界共识。与传统发展观相比，可持续发展强调人力资本投资、减贫，主张经济发展应当充分考虑自然资源的承载能力。尽管可持续发展的理念具有进步性，但是可持续发展仍旧是人类中心主义的发展观，强调修正人类控制自然的模式，对传统发展观只是一种被动的、修正式的调整。随着国际社会对全球气候变化的关注，绿色发展逐步成为新的发展共识（刘洋，2015）。

党的十八大报告明确指出，面对资源约束趋紧、环境污染严重、生态系统退化的严峻形势，必须树立尊重自然、顺应自然、保护自然的生态文明理念，把生态文明建设放在突出地位。党的十八届五中全会强调，实现"十三五"时期发展目标，破解发展难题，厚植发展优势，必须牢固树立并切实贯彻创新、协调、绿色、开放、共享的发展理念。"绿色发展"在党的十八届五中全会上被重点提出，它是指导我国"十三五"时期发展，甚至是指导长远发展的科学发展理念和发展方式。绿色发展是经济、社会、生态三位一体的新兴发展道路，以合理消费、低消耗、低排放、生态资本不断增加为主要特征，以绿色创新为基本途径，以积累绿色财富和增加人类福利为根本目标，以实现人与人之间和谐、人与自然和谐为根本宗旨。

绿色发展，在狭义上，就是要发展环境友好型产业，降低能耗和物耗，保护和修复生态环境，发展循环经济和低碳技术，使经济社会发展与自然相协调。从广义上来看，绿色发展是可持续发展的升级版，是具有中国特色的可持续发展，它是指一个国家在遵循自然规律、有利于保护地球生态环境的基础之上，经济发展不以降低环境承载能力、透支生态服务功能、危害人类健康和牺牲国民福祉为代价，而是生产、生活与生态的共生共赢。绿色发展主要体现以生态文明为主导的社会价值系统、以人与自然和谐发展为标志的人类生命支持系统、以适应气候变化为核心的可持续发展能力建设系统，核心要素就是"节约、低碳、循环"。

2.1.3　绿色土地整治的内涵

绿色土地整治是以全面节约和合理利用国土资源、减少开发利用对生态环境的破坏与影响为理念，以高标准基本农田建设为重点，实施山水林田湖生态保护和修复工程，构建生态廊道和生物多样性保护网络，提升自然生态系统稳定性和生态服务功能，重构农用地、建设用地、生态用地整体格局，改造旧村庄和低效利用的建设用地，优化城乡土地利用空间布局和结构，提升郊野地区生态空间功能（郧文聚，2016）。

绿色土地整治，一方面，要树立空间均衡的理念，把握人口、经济、资源环境的平衡点推动发展，使人口规模、产业结构、增长速度不超出当地水土资源承载能力和环境容量。另一方面，提高水土资源环境承载能力，逐步修复受损的国土功能、提升国土空间利用效率、优化国土空间结构，进一步改善人居环境。因此，绿色土地整治是实现生产高效、生活宜居、生态美好的国家目标强有力的助动器，是决胜全面小康、建设富裕美丽中国的重要内容。

绿色土地整治，应因地制宜地发展地方特色产业。在具体实践中，可以按照"强化产业对接、促进主导产业壮大、推进优势生态农业集群发展"的建设思路，按照"因地制宜、宜林则林、宜园则园、宜耕则耕"的发展模式，通过抓住规划设计指导、设立产业审核要素、加强技术服务保障、落实后期管护责任等举措，重点把土地流转、产业结构调整发展规划作为土地整治项目的立项条件，引领发展各种特色产业。通过采取土地流转、"公司+基地+农户"等多种方式，着力强化产业对接，集中连片调整种植结构，推动形成一定规模、特色种植、特色产业基地，通过一、二、三产业融合，极大促进现代生态农业的发展。

2016 年 6 月 25 日是第 26 个全国"土地日"，浙江大学土地与国家发展研究院、国土资源部土地整治中心、上海市规划和国土资源管理局、江苏省土地开发整理中心等 20 多家单位在沪发布了《绿色土地整治上海宣言》（以下简称《宣言》）。《宣言》指出，土地整治工作者最应该而且能够成为大地生命景观的"绿色工程师"，绿色土地整治更是一种最直接而有效的共生途径。《宣言》倡议，打造绿色土地整治研究与实践持续对话的交流平台和学习示范基地，复兴土地整治的"绿色发展"文化；建构绿色土地整治模式，最大限度地节约资源和创造生态环境绩效，修复土地健康，携手建设山水林田湖生命共同体；通过创新、开放、共享，强化绿色土地整治工程技术发展，建设绿色土地整治监测网，共同培养绿色土地整治工程技术人才（杨玉红，2016）。这表明绿色土地整治的新时代正在到来。

2.1.4　美丽乡村的内涵

美丽乡村，就是指经济、政治、文化、社会和生态文明协调发展，生产发展、生活富裕、乡风文明、村容整洁、管理民主，宜居、宜业的可持续乡村

（包括建制村和自然村）。建设美丽乡村，是落实中国共产党第十六届五中全会提出的建设社会主义新农村的重大举措，是在农村落实"四个全面"战略布局的总抓手。

美丽乡村建设，需要加快农村地区基础设施建设，加大环境治理和保护力度，营造良好的生态环境，加大农村地区经济收入，促进农业增效、农民增收、农村增绿。具体而言，美丽乡村建设包括以下内容。

1. 村庄环境整治

围绕"房前栽花、屋后种树、洁净农院、扮靓农家"的思路，引导农民群众开展庭院绿化、净化、亮化活动。整治后的乡村实现与城镇等值化发展，使农民感受到土地整治带来的好处。

2. 村民文化设施建设

以"生产生活相对集中、荒废地块合理利用、满足群众公共需求、引领健康娱乐风尚"的思路，对晒谷场、村头屋边废弃地进行适当绿化、美化、亮化、设施化，铺设绿茵草坪、设置休闲凉亭、修建漫步小径、设立健身器材，丰富农村文化生活，促进形成和谐文明的村风村貌。

3. "乡村人文景观"建设

围绕"挖掘历史人文资源、传播现代人文精神、弘扬地域文化品牌、引导产业文明发展"的思路，将人文景观与历史、现代文化充分融合。对一些具有民族文化、生态山村等特色的村镇，可以在土地整治中充分考虑其特色文化，在建设高标准基本农田的同时，保持其现有的生态村庄特色，能有效促进当地民族文化的弘扬、传承和生态景观旅游产业发展。

2.2　土地整治的理论依据

2.2.1　基于自然属性的理论

1. 土壤肥力学说

土壤肥力的概念是随土壤科学的发展而逐步充实与完善的。直到 20 世纪初，苏联土壤学家威廉斯在总结前人和自己研究成果的基础上，认为土壤肥力是土壤不断地供给植物矿质养分和水分的能力，对土壤肥力概念作了较全面的表述。

土壤肥力是土壤的基本属性和本质特征，是土壤为植物生长供应和协调养分、水分、空气和热量的能力，是土壤物理、化学和生物学性质的综合反映。

土壤肥力按成因可分为自然肥力和人工肥力。自然肥力是在土壤母质、气候、生物、地形等自然因素的作用下形成的土壤肥力，是土壤的物理、化学和生物特征的综合表现。它的形成和发展，取决于各种自然因素质量、数量及其组合适当与否。自然肥力是自然再生产过程的产物，是土地生产力的基础，它能自发地生长天然植被。人工肥力是指通过人类生产活动，如耕作、施肥、灌溉、土壤改良等人为因素作用所形成的土壤肥力。经济肥力是自然肥力和人工肥力的统一，是在同一土壤上两种肥力相结合而形成的，它是人类生产出充裕农产品的必要条件。仅仅具有自然肥力的土壤，不存在人类过去劳动的任何痕迹，而具有经济肥力的土壤，因为其中包括人工肥力，所以凝结有人类的劳动。人工肥力是凭借人的生产活动形成的，因此人们可以利用一切自然条件和社会条件促使人工肥力的形成，并加快潜在肥力转化速率，使土地尽快投入生产。

2. 生产潜力理论

土地的生产潜力是指在一定自然要素或者经济要素条件下，某种生物产品（粮食、经济作物等）的内在生产潜力，一般用单位土地面积可能达到的生物产量或收获物产量来表示，是反映土地质量高低的一个重要指标。

土地的生产潜力可以分为自然潜力（光、温、气、水、土）和经济潜力（在自然潜力基础上，物质和能量投入、农业技术的作用能实现的产量）。影响土地生产潜力实现的因素包括生态系统因素、技术系统因素、经济系统因素和社会系统因素。其中，生态系统包括光、温、气、水、土和养分；技术系统包括良种、良作、良法；经济系统包括物质投入、劳动投入、技术投入、市场因素等；社会系统是指人类的认知和接受程度。

3. 景观生态学理论

景观生态学是研究在一个相当大的区域内，由许多不同生态系统所组成的整体（即景观）的空间结构、相互作用、协调功能及动态变化的一门生态学新分支。景观生态学是由德国著名植物学家卡尔·特罗尔在《航空图片制作和生态学的土地研究》一文中首次提出的，其新颖之处在于，在景观水平上，将生态学研究的整体观及许多本来缺乏联系的学科在解决景观问题上实现了综合。

景观生态学源于地理学的景观理论和生物学的生态理论。它把地理学家研究自然现象的空间相互作用的横向研究和生态学家研究一个生态区的机能相互作用的纵向研究结合为一体，通过物质流、能量流、信息流及价值流在地球表层的传输和交换，以及生物与非生物和人类之间的相互作用与转化，运用生态系统原理和系统方法研究景观结构和功能、景观动态变化和相互作用的机理，以及景观的美化格局、优化结构、合理利用和保护。

土地整理项目景观生态规划目标包括三个方面：①改善耕地质量，提高土地利用率与耕地利用率，提升粮食作物生产力，最大限度地取得经济效益和社会效益。②保护整理区域环境，改善生态环境，有效开发水土资源，提高气候调节和废弃物处理能力。在原有生态环境基础上，构建新的生态平衡，使得生态系统具有自我调整能力。③营造生态景观，提供参观旅游的景点，激发人们对大自然的憧憬和向往，提升生态系统的文化服务价值。土地整理景观生态学规划设计措施主要包括三个方面：景观生态格局、景观生态斑块和景观生态廊道。

4. 土地伦理与土地感知理论

土地伦理是由美国学者阿尔多·尼奥波尔德于 20 世纪 40 年代提出的。该理论更注重土地的生态学属性，强调人类作为土地群落的一员，在伦理上应尊重并保护土地群落的各分子，维护土地群落的完整性。土地伦理作为土地整理的重要理论，就是要强调土地的生态效益，突出土地的生态功能，不能一味地强调经济社会效益。

土地感知，首先是对土地环境的感知，其次是对土地环境的认识，即对土地环境的感受在头脑中转换为某种概念和认识。即便是在发展很成熟的现代社会，土地资源管理者的土地环境认知也是不完善的，因为面临诸多不确定性，所以需要人类有客观上的理性行为。

2.2.2 基于经济属性的理论

1. 土地供给理论

土地供给是指可利用土地的供给，即地球所能提供给社会利用的各种生产和生活用地的数量，分自然供给和经济供给。其中，自然供给是地球供给人类可利用的土地数量，包括已利用的土地数量和未利用的土地资源。制约因素主要是气候、土壤、水文、交通等条件。土地经济供给是指在土地自然供给的基础上，投入劳动进行开发以后，成为人类可直接用于生产、生活各种用途的土地的供给。影响因素主要有土地的自然供给、利用土地的知识和技能、社会需求、产品价格、土地利用计划、土地供给者的行为等。

其实，《中共中央 国务院关于深入推进农业供给侧结构性改革 加快培育农业农村发展新动能的若干意见》中提出的农业供给侧结构性改革，土地整治是最佳结合点。中央党校徐祥临教授认为，开展农村土地整治属于从"生产端入手"，能够"促进产能过剩有效化解"，能够"增加公共产品和服务供给"，能够"提高（农业农村）供给结构对（非农）需求变化的适应性和灵活性"。同时，土地整治能实实在在地"解决结构性问题"，"在改造城乡二元结构的历史进程中，农村土地整治具有基础性作用"。土地整治是实实在在的"补短板"举措，农业现代化是"四化同步"中的短板，农业的落后、乡村的衰落都与农村土地整治严重滞后直接相关（毛志红等，2016）。

2. 土地报酬递减理论

土地报酬递减规律，是指在技术不变、其他要素不变的前提下，对相同面积的土地不断追加某种要素的投入所带来报酬的增量（边际报酬）迟早会出现下降。

从土地利用的全过程来看，土地报酬会在一定的技术和社会制度条件下，随着单位土地面积上生产要素的追加投入，先是递增，后趋向递减。在递减后，如果出现科学技术或社会制度的重大变革，土地利用将会在生产资源组合基础上进一步趋于合理，从而又会转向递增；技术水平与管理水平稳定后，将会再度趋于递减。此理论对于指导土地整治项目的合理利用资金和成本投入比例及其土地整治规模都有重要指导作用。

3. 区位理论

区位理论是研究特定区域内关于人类经济活动与社会、自然等其他事物要素间的相互内在联系和空间分布规律的理论。德国农业经济学家杜能在其区位论研究中最先将区位与土地利用方式和集约程度联系在一起（利维，2003）。他认为农业土地利用的合理集约度应按土地区位地租的高低即距离市场远近进行配置。此原理为后来的工业区位论、城市区位论、市场区位论等研究区位土地集约利用的分布规律打下了基础。区位理论研究的现实意义就是为土地资源的配置提供了另一种方式，即政府宏观调控机制，依据区位理论中区位土地集约利用的分布规律，在编制土地利用规划或者整治规划时，可以对各种产业结构和用地类型进行合理的空间配置、优化布局和用地结构，以达到土地集约利用的目标。

4. 成本-效益理论

成本-效益理论是经济学中的一个最基本的理论，产生于19世纪50年代的资本主义社会，主要用来分析企业和公共项目的成本收益情况。其基本原理是，首先将项目实施所花费的各种各样的成本，包括直接成本和间接成本，同项目实施后所得到的各种收益，包括直接收益和间接收益，转化为同一的计量单位——货币进行分析，计算项目的经济收益或亏损情况。用此方法进行项目经济效益评价，也存在一些难度：归纳总结花费的各种成本类型及数量，这些在市场经济条件下都可以直接转化为货币单位；而对于收益，由于项目收益包括直接的收益与间接的收益，直接收益许多可以直接量化，并转化为同一货币单位，而对于间接收益，如项目的生态效益和社会效益，由于是隐性的，很难直接量化，也很难直接转化为同一货币单位，所以计算时更多的是强调可以直接量化的经济收益部分。

成本-效益理论在土地整治中的应用主要有两类：一是进行土地整治项目评估；二是进行土地整治项目规划方案择优。其中，项目评价还分为项目前期评估研究与项目实施后效益评价。通过项目前期评估研究，可以为土地整治项目立项提供依据，保证项目决策的科学性；项目实施后效益评价，主要用于土地整治经济效益方面的评价，判定项目实施的效益，为土地整治项目的决策提供依据。

5. 生态经济学理论

生态经济学的研究对象是生态经济系统，它是对传统经济学的一个扩展。传统经济学研究的是经济系统内部各物质部门之间的投入-产出和平衡关系，而生态经济学研究的是经济增长与生态环境之间的投入-产出和平衡关系。正如英国学者爱德华·哥尔德史密斯指出的"他们需要一种新的经济学"，一种"承认现代经济是寄生于（因而也是完全依赖于）生物圈的"、考虑"经济和生物圈之间的相互关系"的经济学，它应该按照"把整个生物圈看成一个单一体系的总模式来考察经济过程"，在经济活动的全部空间联系和时间联系中考察经济过程。

据《中国耕地地球化学调查报告（2015年）》，我国新发现绿色富硒耕地资源5 244万亩，而重金属中-重度污染或超标的点位占比2.5%，覆盖面积3 488万亩；轻微-轻度污染或超标的点位占比 5.7%，覆盖面积 7 899 万亩。地质背景值高、成土过程次生富集和人类活动是造成耕地污染或超标的主要原因。依据生态经济学理论，土地整治必须遵循生态经济学规律，生态良田建设必须从健康土壤做起，要树立全面的耕地质量观，土地整治生态景观建设要树立"生命共同体"理念（毛志红等，2016）。

2.2.3　基于社会属性的理论

1. 公众参与理论

公众参与是指社会群众、社会组织、单位或个人作为主体，在其权利义务范围内进行有目的的社会行动。公众广泛深入地参与土地整治工作，既是国际经验，也是现实需要。充分调动不同利益主体的积极性，已成为土地整治取得预期成效的关键。公众参与是土地整治的重要组成部分，使整治内容能客观地反映项目区经济发展的需求，体现各个利益群体的用地需求，是实现土地利用可持续发展的有力手段。公众参与土地整治还可以增强土地整治的规范性、透明性、公平性、广泛性和前瞻性，使土地整治规划设计内容能广泛接受和具体实施，保障社会公众的切实利益。中外专家认为，土地整治仅靠上层推动难度大，而且成功率不高。只有将群众需求和利益作为核心，村组和群众才能真正以主人翁的姿态去推进土地整治。因此，要充分尊重农民的知情权、参与权、监督权和评价权。

早在 1988 年，山东省青州县南张楼村就开始在德国汉斯·赛德尔基金会的帮助下设立"土地整理与村庄革新"试验项目。1990~1991 年，德国土地专家帮助南张楼村完成了我国第一个土地整理与村庄发展项目规划，并召开全体村民大会，宣传推广德国的土地整理规划和公众参与理念（毛志红等，2016）。

2. 人地关系协调理论

人地关系是指人类与赖以生存的地理环境之间的相互关系，是伴随人类发展而存在的一种客观关系。人类社会的发展离不开地理环境，它是人类赖以生存和发展的基础。人地关系是指人类在利用土地的过程中，为满足自身生存的需要，逐步加大对地理环境的利用和改造，提升适应外部地理环境的能力，改变地理环境的面貌。反过来，地理环境也影响着人类活动。不同的环境条件使人类社会产生不同的地域特征和地域差异，人地关系协调发展的本质就是人与自然之间的平衡，正确处理"顺应自然"和"改造自然"的关系，使得人类社会活动和自然环境协调运行，确保人类活动在环境承载能力范围内进行。土地整治活动是改变不合理利用土地的一种方式，同时将土地节约集约利用和保护生态的理念贯穿其中，是"改造自然"的活动，应该遵循"顺应自然"的原则，做到土地整治活动与自然环境相协调，保证经济、社会、生态的和谐发展，因此土地整治必须遵循人地关系协调理论。

3. 国家安全理论

经济的发展、社会的进步、人民生活水平的提高都需要一个共同的基础，即国家的安全和稳定。而粮食的稳定又是其他一切稳定的基础，古人云"粮稳安天下"。党的十五届三中全会《中共中央关于农业和农村工作若干重大问题的决定》指出："粮食是关系国计民生的战略物资。建立适应社会主义市场经济要求和我国国情的粮食流通体制，对于保证粮食安全、经济发展和社会稳定具有重大而深远的意义。"近年来，国际政治风起云涌，世界经济震荡不断，我国仍保持了经济持续快速增长、人民币汇率稳定和社会安定，这在很大程度上得益于党的农业政策和粮食政策的成功。

目前我国土地利用过程中面临的主要矛盾实质上是建设用地和耕地保护之间的矛盾，换言之，就是经济发展和粮食安全的矛盾。为解决这一问题，国家提出了两项措施：一方面激励各地经济发展的积极性；另一方面确保国家粮食安全，即耕地占补平衡、土地用途管制，以供给来引导和约束需求。而这两项措施的实现手段则是土地开发、整治和复垦。

2.3　土地整治遵循的原则

1. 规划引导原则

严格的土地利用规划或者空间规划是农村土地整治成功的首要前提。开展土地整治必须规划先行。在强有力的规划执行和保障体系下，各种类型的整治工作只是规划的具体执行过程，实际操作中则可以灵活多变，由政府和市场两者结合起来完成。

2. 项目依托原则

土地整治是以具体的项目为依托的，项目的实施就是规划的执行过程和实现途径。项目执行前，需从经济可行性、社会影响和生态影响等各方面对项目进行筛选，保证土地得到最佳利用；在项目筛选中，公众参与机制和市场配置机制是主要的手段。只要是符合土地整治规划的项目，都必须经过充分的市场竞争来决定最终的项目内容。

3. 权益保障原则

权益的保障，不仅提高了农民的积极性和合作意愿，也减少了政府推进规划实施的成本和减轻了自身公共财政的压力。在土地整治中，权利人的权益应该包括规划发言权、项目表决权、全程参与权、项目监督权、合理补偿权、管护知悉权和检举控告权等。

4. 综合效益原则

土地整治不仅可以使产业增产、增收、增效，还能有效地改善生态环境、保护自然景观，同时为人类的休养生息和生产劳动提供优良的环境。所以，土地整治的综合效益是经济效益、生态环境效益、社会效益与景观效益的综合。

5. 产业融合原则

《国务院办公厅关于推进农村一二三产业融合发展的指导意见》要求，统筹实施全国高标准农田建设总体规划，继续加强农村土地整治和农田水利基础设施建设，改造提升中低产田。加强农村产业融合发展与城乡规划、土地利用总体规划有效衔接，完善县域产业空间布局和功能定位。通过农村闲置宅基地整理、土地整治等新增的耕地和建设用地，优先用于农村产业融合发展。

6. 公众参与原则

《国务院关于全国土地整治规划（2011—2015 年）的批复》提出，国土资源部要会同有关部门和地方认真落实《规划》提出的各项任务，不断完善相关规章制度，建立公众参与机制。党的十八大报告在提及加快形成新型社会管理体制时，也对加强公众参与寄予厚望。农民是土地整治活动的直接受益者和重要参与人，应成为公众参与的主体，最大限度地发挥其知情权、参与权、决策权和管理权，实现从"被动参与"到"主动参与"转变，即通过引导农民参与项目区位选址、土地权属调整以及施工建设、竣工验收和后期管护等阶段，鼓励相关农民介入土地整治项目全过程，真正实现广泛性和实质性参与。

7. 因地制宜原则

土地整治具有鲜明的地域性，地区不同，整治的目标、内容和方法也不相同。从大的区域看，如西南地区，山高坡陡，水土流失严重，自然条件恶劣，土地垦殖率相对较高，土地整治的主要任务应是改善农业生产条件和生态环境，提高耕地质量，而不是增加耕地面积；而西北地区，土地利用程度较低，后备资源相对丰富，这一区域土地整治的方向是在保证生态环境得到改善的前提下，通过土地整治，尽量扩大新增耕地面积。从地形地貌看，丘陵山区，整治的重点应该是如何解决灌溉问题以及如何防止水土流失，田块可以规划为梯田，作物可以采取横坡种植方式等；低洼易涝区，土地整治的重点则应放在如何解决排涝排渍问题上，整理过程中首先应该考虑的是确定泄水区，确保沟渠排灌水的畅通，沿河沿江地区还应加固堤防，有条件的还可通过退田还湖、还塘，增加水面面积，以增强区域的滞洪蓄洪能力，保障农业生产的安全与稳定；平原地区，由于地形地势相对较为优越，土地整理的重点除了确保农田基础设施的配套与完善外，有条件的地方应该积极推广机械化，提高农业生产效率，田块设计应该满足土地适度规模经营的要求。除此之外，盐碱地区、风沙地区、沿海沿河滩涂区、旱作区、水田区等，区域不同，土地利用的特点不同，土地整理的措施也不一样。因此，土地整理必须从实际出发，通过对土地利用效率、土地利用的资源环境效应、自然要素的匹配关系等的调查、评价及对比分析，确定整理的目标、内容和方法，切忌"一刀切"的发展模式。

8. 适度迁移原则

进行土地整治必须注意维持生态系统平衡，要处理好近期效益和远景效益、经济效益和生态效益之间的辩证关系，把当前生产与远景规划密切配合，并为有计划地实现远景土地整理规划创造条件。土地整治规划属远景规划范畴，在一定年限内具有指导作用。土地整理规划项目的实现不仅关系到当前生产，对今后较长一段时间的生产和农业基本建设也有着重大影响。这种整理规划的好处是"有一个长远的目标，使人们的眼光不被限制在眼前走出的一步"。在整治过程中，应本着"着眼长远、立足当前、全面组织、分期实施"的精神，正确处理好当前生产与远景发展之间的关系，力争达到当年规划、当年实施、当年受益、当年增产的要求。

土地开发整治工作的进行不可避免地涉及拆迁安置问题，考虑到土地资源的稀缺性、多用途性，本着节约土地资源、盘活存量土地的思想，要对分散的农村居民进行政策引导，将其迁入集中规划的村镇，使人均宅基地面积有所下降，但迁建的适度性应以充分合理利用土地资源为准则。同时，对山区居民进行迁移，也能够在一定程度上解决贫困和水土流失问题。一方面，可以使得其原有的坡耕地得以顺利地退耕还林；另一方面，平坦的新开耕地无论是质量、灌溉条件还是交通市场条件都要比山区的好，因而单位面积作物产量也会更高，这对于部分仍处于贫困线以下的山区人民来讲，不失为解决贫困问题、实现脱贫的一个有效途径。

第3章 "十二五"时期湖北省土地整治概述

　　土地整治是国家支农、惠农的民心工程、民生工程,是一项功在当代、利在千秋的事业。近年来,湖北省国土资源系统以科学发展观为指导,以农民增收、农业增效、农村发展为目标,围绕省委、省政府美丽乡村建设、城乡融合发展、现代农业发展等"三农"工作重点,聚合资金、集中力量大规模实施土地整治,走出了一条具有湖北特色的土地整治之路,有力地促进了农村经济社会的持续发展。

　　湖北山川秀美,土地富饶,自古有"湖广熟,天下足"的美誉。湖北是基本农田保护的发祥地,是全国13个粮食主产区之一。如今的湖北正伴随着全面建设小康社会的步伐,由农业大省向着农业强省奋进。然而随着经济的快速发展,用地需求大增,工业用地、城市建设用地、交通和电力等大型基础设施建设用地及农民建房用地逐年增加,外加国家实行退耕还林政策等,用地矛盾十分突出,而且农业基础设施比较薄弱,抗灾能力不强,农田整体质量不高,中低产田面积占耕地总面积的 73.40%,这些问题已成为制约全省农业、农村经济持续发展的瓶颈。针对这种状况,近些年来湖北省大规模开展了以田、水、路、林、村为重点的土地综合整治,改善了农业基础条件,提高了粮食生产能力,实现了以土地整治促进耕地保护,有力地推进了湖北省高产农田建设、四化同步、美丽乡村建设和城乡融合发展。

　　2001~2015 年,湖北省共实施土地整治项目(含子项目)21 051 个,建设规模3 567.33万亩,投入资金662.84亿元①。湖北省按照"突出重点、培植亮点、集中连片、整体推进"的思路,在深度和广度上不断推进和拓展土地整治工作,实施了高产农田建设工程、"仙洪"试验区土地整治工程、城乡一体化土地整治工程、脱贫奔小康土地整治工程、血防"兴地灭螺"土地整治工程、低丘岗地改造

---

　　① 本章数据全部来源于湖北省国土整治局。

工程等。此外，还安排实施了美丽乡村建设试点乡镇、三峡"移土培肥"和坡改梯、丹江口库区移民安置等土地整治工程，以及湖北省南水北调汉江沿线土地开发整理重大工程和整体推进农村土地整治示范工程。湖北是全国为数不多的既有重大工程又有示范建设项目的省份之一。

经过多年的努力，湖北省土地整治取得了明显成效，在增加耕地面积、提高耕地质量的同时，夯实了农业基础，提高了农业生产能力，促进了农民增收致富。其成效主要包括以下方面：一是进行土地平整，规整田块，实行格田化布局，极大地促进了农业机械化耕作；二是开展农田水利建设，修建各类渠、沟、涵、闸、泵、坝等，项目区农田有效灌溉率达到 85%以上，排涝能力达到能抵御 20 年一遇的洪灾，实现了"旱能灌、涝能排"，增强了抗灾能力；三是建设田间道路工程，修建田间道和生产路，完善交通路网，极大地方便了农产品的运输；四是结合城乡建设用地增减挂钩试点和村庄环境综合整治，实行迁村腾地和中心村建设，美化了农村人居环境，促进了民生改善，使土地整治真正实现了田、水、路、林、村的综合整治；五是连续 13 年保持全省耕地占补平衡，确保了耕地保有量目标的实现，保障了城镇社会经济发展用地和公路、铁路、电力等大中型基础设施建设用地的需要。因此，湖北省通过土地整治，不仅为国家粮食安全做出了贡献，还实现了社会效益、经济效益与生态效益的统一和城乡和谐发展。

3.1 湖北省土地整治总体情况

3.1.1 "十二五"与"十五""十一五"期间土地整治情况比较

"十二五"期间，湖北省以科学发展观为统领，紧紧围绕城乡融合发展和美丽乡村建设的总体要求，以打造粮食核心产区和示范区为重点，以土地整理复垦开发和城乡建设用地增减挂钩为平台，统筹规划、整合资源、创新机制、联动推进，努力增加耕地数量，提高耕地质量，优化土地利用结构，提高集约节约用地水平，改善农村生产生活条件，增加农民收入，提高农业现代化水平，推动城乡统筹协调发展。

在土地整治项目规模上，"十二五"期间，湖北省共实施土地整治项目（含子项目）10 164 个，建设总规模 2 260.35 万亩，预算总投资 430.56 亿元，新增耕地面积 431.18 万亩，相较于"十五""十一五"都有明显大幅增长，见表 3-1 和图 3-1。

表 3-1 "十五""十一五""十二五"期间湖北省土地整治总体情况

时期	项目（含子项目）数量/个	建设规模/万亩	投资规模/亿元	新增耕地面积/万亩
2001~2005 年	1 664	172.55	21.61	10.29
2006~2010 年	9 223	1 134.43	210.67	144.67
2011~2015 年	10 164	2 260.35	430.56	431.18
合计	21 051	3 567.33	662.84	586.14

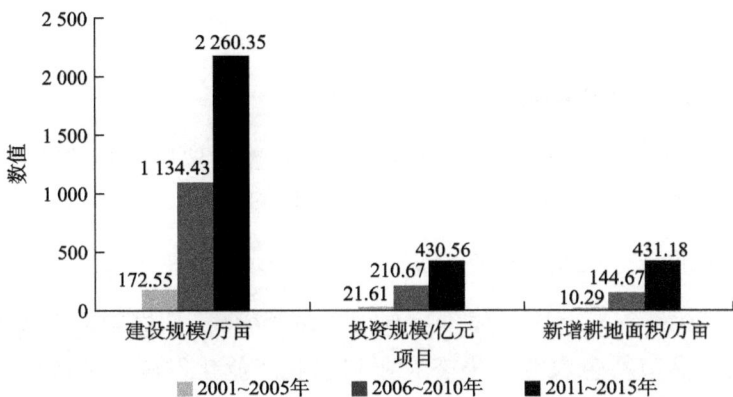

图 3-1 "十五""十一五""十二五"期间湖北省土地整治总体情况

3.1.2 七大土地整治工程

目前通过土地整治，农业基础设施得到有效改善，农业综合生产能力明显提高，有力支撑了湖北省粮食产量"十二连增"，且 2015 年湖北省粮食总产量达到 540.7 亿斤[①]，创历史最高水平。在"十二五"期间，湖北省结合土地整治重大工程和农村土地整治示范省建设，全面实施 7 个层面的土地整治工作。

1. 实施粮食主产区产能建设工程

在国家确定的 33 个粮食增产核心县（市、区）和省政府确定的 46 个粮食主产县（市、区），围绕全省增加 100 亿斤粮食产能目标，实施高产基本农田建设，打造粮食产能核心区。

2. 实施整体推进农村土地整治示范工程

以整乡整村推进、全域综合整治为抓手，创新运用城乡建设用地增减挂钩、农村集体建设用地使用权流转等政策，实施整体推进农村土地整治示范工程。到

———————————
① 1 斤=0.5 千克。

2012 年完成整体推进农村土地整治示范工程，总建设规模 351.56 万亩，投资 61.99 亿元。

3. 实施南水北调汉江沿线土地开发整理重大工程

2010~2014 年，湖北省在 26 个县（市、区）全面完成南水北调汉江沿线土地开发整理重大工程，建设总规模 509.41 万亩，新增耕地 19.98 万亩，投入资金 81.36 亿元。

4. 实施血防"兴地灭螺"土地整治工程

在血吸虫病疫区，每年安排实施 40 万亩土地整治项目，通过兴建灭螺设施，达到抑螺、灭螺，改善重疫区农民生存环境的目的。

5. 实施脱贫奔小康土地整治工程

到 2014 年，在脱贫奔小康试点县市每年各安排 1 亿元规模的土地整治项目，促进试点县市特色农业、生态农业和农业产业化发展，加快脱贫致富奔小康的步伐。

6. 实施低丘岗地改造工程

"十二五"期间，按照省委、省政府的要求，完成低丘岗地改造 135.10 万亩，新增耕地 40.52 万亩，投入资金 22.16 亿元。

7. 实施特殊区域土地整治工程

实施大别山革命老区经济社会发展试验区、竹房城镇带、武陵山少数民族地区土地整治工程，促进山区少数民族地区和革命老区经济社会可持续发展。

3.2 湖北省土地整治的类型与实施模式

近年来，湖北省土地整治工作在省国土资源厅党组的正确领导下，围绕省委、省政府"一元多层次"战略等决策部署，将土地整治作为保发展、保红线、促转变、惠民生的重要抓手和基础平台，大力开展土地整治工作，使湖北省成为全国唯一同时开展城乡建设用地增减挂钩、低丘缓坡土地综合开发利用、工矿废弃地复垦利用、城镇低效用地再开发等土地利用"四项创新试点"的省份。在大别山革命老区试验区、武陵山少数民族地区试验区、"仙洪"试验区、脱贫奔小康试点县、竹房城镇带、鄂州城乡一体化试验区、血防"兴地灭螺"区、丹江口库区等区域安排实施了一系列土地整治项目。积极争取国家资金政策支持,实施南水北调汉江沿线土地开发整理重大工程、整体推进农村土地整治示范工程、南水北调中线工程丹江口库区移土培肥及配套坡改梯工程三个国家级土地整治重大工程。

　　湖北省坚持政府主导,上下联动,形成组织保障;坚持规划引导,整体推进,形成政策保障;坚持解放思想,下放权力,推进项目管理体制改革;坚持改革创新,突出特色,积极探索土地整治新模式;坚持规范管理,强化监管,确保项目建设安全,着力打造"湖北粮仓"。土地整治项目的实施不仅盘活了存量土地、强化了节约集约用地、适时补充了耕地、提升了土地产能、增加了农民收入,还形成了不同整治类型的实施模式,进一步推动了土地整治项目的实施和发展。

3.2.1　高标准基本农田建设项目

1. 项目实施基本情况

　　"十二五"期间,湖北省围绕"农业强、农民富、农村美"目标,完成集中连片、设施配套、高产稳产、生态良好、抗灾能力强、与现代农业生产和经营方式相适应的高标准农田项目,建成高标准农田 2 241 万亩。其中,国土资源部门完成了 1 573 万亩,约占 70%;其他部门完成 668 万亩,约占 30%。累计投入资金 407 亿元,其中,国土资源部门投入 337 亿元(争取国土资源部资金 137 亿元,省级财政资金 200 亿元),约占 83%;其他部门投入 70 亿元,约占 17%。累计新增耕地 70 万亩,新增粮食产能 38 亿斤,守住 7 288 万亩耕地红线,有效改善农业农村生产生活条件,有力促进农民增收、农业增效和农村发展,为推动城乡统筹和现代农业发展打下坚实基础。目前,高标准基本农田建设项目进展顺利,建设效果较好。已建成的项目区灌溉保证率达到 85% 以上,排涝标准达到能抵御 20 年一遇的洪灾,实现"旱能灌、涝能排",农业生产抵御自然灾害能力明显增强。

2. 项目实施模式

　　(1)一种新思维——科学规划、国土搭台、部门协作、聚合资金,将每一个项目打造成精品工程。

　　湖北省将高标准基本农田建设与保护基本农田相结合、与完善农村基础设施相结合、与改善农村人居环境相结合,竭尽全力多争项目、多争资金,提升农村生产生活综合能力,真正实现人与土地、耕作与效益的双赢。

　　在项目实施过程中,第一,制度是保障。在实施高标准基本农田建设中,建立了联席会议制度,将高标准基本农田建设资金与各项农业综合开发资金捆绑整合，强化财政监管，充分发挥"四两拨千斤"的倍增效益。第二，规划是根本。与高校教授、专家交流合作，在实地踏勘考察的基础上，出台综合整治田、水、路、林、村的总体规划和改造计划。第三，技术是第一生产力。积极动员组织职能部门献计献策。农业、环保部门实施基本农田地力监测和环境检测；水利、林业、城建、交通等部门积极做好建设规划，指导项目实施。第四，资金整合是核心。整合国土资源部、农业部、水利部、国家发展和改革委员会和财政部等五部门的项目资金，强力推进高标准农田建设。高标准农田建设还鼓励社会资金积极参与，特别是有条件的农民专业合作社等新型经营主体可以作为申报实施主体参与高标准农田项目建设。第五，验收考评是关键。项目竣工后，省委农业办公室将会同项目管理部门，按照综合管理办法规定，进行统一验收，并组织相关省直部门成立联合考评组，对各县（市、区）项目资金整合工作进行统一考评。

（2）一个新模式——规划设计、专家把关、施工质量、社会审评，将每一个项目打造成社会工程。

严格实行"五制"——项目法人制、公告制、合同制、招投标制、监理制。在"五制"的基础上，结合工作实际，积极创新项目管理与实施的模式。例如，在规划设计上，采取全域规划，专家论证，分区实施，联合监管；在招投标上，变传统模式为一次性"摇号"中标；在施工监管上，推行廉政保证金制、标段建设工程"末位淘汰制"、工程质量"终身负责制"、项目进度"倒逼制"、工程监管群众巡查举报制等；在竣工验收上，做到工程完成一批，审计一批，资金拨付一批。

（3）一片新天地——资源共享、集约经营、公司运作、惠及"三农"，将每一个项目打造成惠民工程。

高标准基本农田建设后，实现了四个"到地头"：路修到田间地头、水送到田间地头、电拉到田间地头、大棚建到田间地头。原来的低洼田变成高产田，不仅便捷了耕作，还增加了农民收入。此外，与"迁村腾地"推进社区结合，农户搬进设施齐备的新小区。相关政府职能部门整合国土等专项资金，联动企业参与到当地"一企联一村、公司+基地+农户"的产业发展中，为加快美丽乡村建设注入了新的活力，为城乡统筹、整体推进提供了重要支撑，大大增强了农村发展、农业增效、农民增收的"造血功能"。同时项目实施实现了政府与农户的沟通，宣传了政府的相关政策，增进了干群关系。

3.2.2 血防项目

1. 项目实施基本情况

湖北是中国血吸虫病最严重的地区，早在中华人民共和国成立初期就采取以灭螺为主的综合性防治策略,采用药物灭螺和农田水利基本建设等方式消灭钉螺。"十一五"期间共开展血防"兴地灭螺"43 个,建设规模达 1 134.43 万亩,投入资金 243.26 亿元,取得重大成果。"十二五"期间,继续巩固取得成果,保持抓血防工作力度不减弱、落实措施不松懈、资金保障不减少,继续实施以控制传染源为主的综合防治策略。2016 年 4 月,省政府召开全省血防工作电视电话会议,传达贯彻省委书记李鸿忠、省长王国生就血吸虫病防治工作做出的批示精神。时任省委书记李鸿忠在批示中要求,全省各有关地区和部门要进一步把血防工作做扎实、做深入、做细致、做精准,确保 2018 年全面实现"十年送瘟神"目标,确保疫区群众同步实现全面小康。2006~2015 年湖北规划营造抑螺防病林1.33 万公顷,创新总结出"生物生态抑螺""林水结合""小流域综合治理"等多个模式,并在全国推广。"十二五"期间湖北省血防项目基本情况见表 3-2。

表 3-2 "十二五"期间湖北省血防项目基本情况

时期	项目个数	建设规模/万亩	投资规模/亿元	新增耕地面积/万亩
2011~2015 年	13	22.54	3.372	0.28

2. 项目实施模式

林业血防工程建设(抑螺防病林)是运用生态经济学原理,以林业生态工程为手段,以抑螺防病为根本目标,合理利用钉螺孳生区自然资源,建立以林为主,林、农、水等有机结合的自然-经济-社会复合生态系统,从而有效改善环境,抑制钉螺孳生,同时改变人畜行为方式,控制传染源,最终实现防治血吸虫病,改良生态效果和促进经济发展的目标。

生物生态抑螺。一方面,乌柏、枫杨、夹竹桃、油茶、花椒、益母草等植物对钉螺的抑制或杀灭作用十分显著。利用生物之间相生相克的作用,按照林木与抑螺草本配置模式和林木与农作物间作模式完成抑螺防病林的营造任务,其中包括林木与抑螺草本模式、林木与农作物间作模式。另一方面,改变系统内生物之间的食物链关系,如抑螺防病林建立后,钉螺可食的植物减少,鸭、鹅等水禽可食钉螺,可有效抑制钉螺生长。

林水结合。低洼积水的消除或长期水淹、表层土壤湿度的下降、光强和温度的大幅增加或减少等不利于钉螺生存;针对钉螺汇集孳生的低凹地、渍水地,采用合理的改造方式,因地制宜,分散改造和集中整治相结合,对抑螺防病林试验示范区内局部低洼地段适当进行机械挖沟抬垄,改变微地形,破坏钉螺孳生环境,实现林内沟渠相通,林地无积水,可大大减少钉螺的分布面积。

小流域综合治理,控制传染源。第一,通过土地整治项目翻耕填土、开沟抬垄等破坏钉螺生长环境,抑制钉螺孳生;第二,针对牛羊是血吸虫病重要的传染源，减少耕牛的使用，如山丘地区退耕还林后，不再需要耕牛耕种；第三，减少牛羊的活动范围，如湖沼地区抑螺防病林建立后，减少牧草面积，有效限制牛羊活动和传播的可能；第四，利用防护林形成的天然屏障以及建设配套的隔离沟、隔离栏等，有效隔离牛羊等进入易感地带。

此外，湖北血防项目的实施模式还有加强防护林抚育管理和病虫害的监测预报及防治、加强林道建设，并利用益母草能抑制或灭杀钉螺的这一特性，在试验示范区内开展抑螺草本植物益母草的培育，以及加大项目区沟渠、蓄水池工程的建设力度。

3.2.3 "仙洪"新农村建设试验区项目

1. 项目实施基本情况

"仙洪"新农村建设试验区地处江汉平原腹地，是湖北省重要的粮食主产区、革命老区，现已形成了一定的产业优势和发展潜力。而这一区域也是"水袋子"和血吸虫疫区，人口密度大、资源相对紧缺、基础设施较差、地方财力困难。为解决这些问题，以"仙洪"新农村建设试验区为湖北省现代农业的示范，探索湖北美丽乡村建设的重点、难点和突破口。"仙洪"试验区实行的是综合配套试验，即一个中心——以农民增收为中心；两个转变——转变农业发展方式、转变农村领导方式；三个建设——基础设施建设、人居环境建设、社会事业建设；四个创新——土地流转制度创新、农业社会化服务体系创新、农村投融资体制创新、农民组织化创新。

2. 项目实施模式

1）引入市场领导体制

自2009年5月6日，湖北省委办公厅、省政府办公厅下发《关于扩大仙洪新农村建设试验区范围的通知》（鄂办文〔2009〕40号），至2012年5月3年间，试验区除了省委、省政府召开的会议，现已召开了8次工作会议，除用行政办法和经济办法进行组织动员外，在运作上采用的是"政府主导、农民主体、市场运作、社会参与"的体制机制。在试验区实践中，打破了地域、行业和所有制界限，各个行业、各个部门，通过"连片试验"这个平台，实行资金"捆绑使用"，项目跨行政区划，建立了"渠道不变、管理不变、各投其资、各记其功"的投入机制，实现了"各炒一盘菜，共办一桌席"的土地整治成效。

2）全面多层次建设规划

"仙洪"新农村建设试验区做了5个层次的规划：总体规划纲要、8个单体规划、3 个片区规划、22 个部门规划、乡村规划。总体规划指导具体规划,具体规划体现总体规划,充分发挥总体规划的龙头作用,从而避免了盲目建设。

3)采用现代农业发展方式

"仙洪"新农村建设试验区打破单一粮食和传统农业的格局,按照现代农业和规模农业的要求,实行高标准规划、高水平建设、高要求管理。在建设过程中,充分体现了"五化"和"五个结合"。"五化",即公路水泥化、灌溉渠网化、产业板块化、农业机械化和城乡一体化。公路硬化率达到 98%以上,农田灌溉畅通率达到 90%以上,建设高标准农田 30 万亩,产业板块达到 100 万亩,农业机械化逐步实现"无牛乡镇"和"无牛县市",人口分布中,县城人口占 1/3、中心镇人口占 1/3、农村人口占 1/3。"五个结合",即将土地整理和村庄整治与基础设施建设结合起来,基础设施建设与人居环境改善结合起来,人居环境改善与产业发展结合起来,产业发展与生态建设结合起来,生态建设与休闲农业结合起来。此外,探索盘活农村土地的有效途径,即城乡建设用地增减挂钩。在试验区整理复垦增加的农用地和耕地,等额折算为城镇建设用地指标,用于试验区还建和产业开发。耕地周转指标除满足区内需求外,可通过武汉城市圈和"仙洪"试验区之间的周转指标交易平台,在武汉城市圈内进行交易,实现武汉城市圈内和"仙洪"试验区资源优势互补。

3.2.4　低丘岗地改造项目

1. 项目实施基本情况

湖北省是一个多低山丘陵的地区,人均耕地面积少。为了缓解人地矛盾,保障粮食安全,低丘岗地改造项目重点在鄂北岗地、大别山区、鄂东南丘陵地区等坡度在 25°以下的低丘地区开展实施。科学开发、综合利用低丘岗地,是一件提高农业综合生产能力、增加土地后备资源储备和利国利民的大好事。其中,"十二五"期间,全省上下继续向荒山进军,综合开发利用低丘岗地,先后实施 146 个项目,改造低丘岗地 143.87 万亩,投资 28.83 亿元,新增耕地 43.53 万亩,见表 3-3。

表 3-3　"十二五"期间湖北省低丘岗地改造项目基本情况

时期	项目个数	建设规模/万亩	投资规模/亿元	新增耕地面积/万亩
2011~2015 年	146	143.87	28.83	43.53

结合当地土地用途、特色农业,对低丘岗地进行综合整治,重点解决低丘岗地对农业生产的制约,建成一批道路通畅、灌排自如、田块规整、土壤肥沃、林网秀美的当家地、生态田,建成大批"保水、保土、保肥"的高产高效用地和速

生丰产林、高效经济林，绿了山岗，秀了园林，富了农民，把荒山岗地变成"金山""银山"。

2. 项目实施模式

1）加强对低丘岗地改造工程的组织领导

湖北省成立了市、乡两级低丘岗地改造项目领导小组和项目工程指挥部。为确保低丘岗地改造工程的顺利实施，由市国土、财政、水利、农业、林业、环保、交通等有关部门分管业务的负责人组成专门的工作班子，并设立工程组、技术组、监理组、宣传协调组、安全组、后勤保障组，对项目工程各环节实施具体指导。

2）群众参与决策

在项目区内以村、组为单位召开村民会议，向村民宣传低丘岗地改造政策和意义，并广泛征求当地村民的意见和建议，使专家意见与村民意见实现有机统一，使农民深知低丘岗地改造是一项"功在当代、利在千秋"的民生工程、民心工程。广大农民参与热情高，才能确保改造工程的顺利实施。

3.2.5 整村推进项目

1. 项目实施基本情况

整村推进就是以扶贫开发工作重点村为对象，以增加贫困群众收入为核心，以完善基础设施建设、发展社会公益事业、改善群众生产生活条件为重点，以促进经济社会文化全面发展为目标，整合资源、科学规划、集中投入、规范运作、分批实施、逐村验收的扶贫开发工作方式。2010 年 5 月 19 日，财政部、国土资源部在北京举行了整体推进农村土地整治示范协议签字仪式，湖北省是国家确定首批开展整体推进农村土地整治示范工作的省份之一。2011 年 5 月经国土资源部、财政部同意，将建设范围由 13 个县（市、区）扩大到 18 个。示范区建设总规模352.00 万亩（其中建设基本农田 230 万亩），建设总资金 61.24 亿元（其中，中央财政投入 30 亿元，省财政投入 31.24 亿元）；新增耕地 10.50 万亩（表3-4），提高粮食产能 12 亿斤，现已全部竣工验收。

表 3-4 "十二五"期间湖北省整村推进项目基本情况

时期	项目（含子项目）个数	建设规模/万亩	投资规模/亿元	新增耕地面积/万亩
2011~2015 年	126	352.00	61.24	10.50

湖北省整村推进示范建设工作主要以农地整治为重点，以耕地总量有增

加、质量有提高、建设用地规模不扩大、节约用地水平有提升为目标,在优化农用地、建设用地布局及整治模式、统筹资金、管理机制、维护权益等方面积极探索与总结,充分发挥示范、引导作用,在本地区乃至全国真正起到了示范作用。

2. 项目实施模式

"1119"整村推进工作模式。该工作模式由一名县委常委或人大、政协主要领导挂帅,一个队长单位牵头,一家规模企业结对共建,九个县直单位集中帮扶一个贫困村,一年一轮换。将扶贫工作由扶贫办的"独奏"演变为全县多部门联动的"大合唱"。

1)宣传整村推进政策,确立参与农户的主体地位

积极向农户解释整村推进的意义,宣传整村推进政策,讲解整村推进的程序,激发其自我发展意识,调动其参与扶贫项目的主动性和积极性。

2)加大整体推进村基础设施建设

首先,加大整体推进村基础设施建设的投入。重点是水、电、路等基础设施和基本农田、水利设施建设,提高防涝抗旱等抵御自然灾害的能力;注重生态环境保护与建设,治理和优化生态环境;重视优化农村公路网,提升县、乡公路等级,保障农村公路的建设、管理和养护,促进"村村通公路"政策的实施。其次,不断完善贫困地区的教育与医疗卫生条件。基础教育方面,改善贫困村中小学教学基础设施如教学楼、宿舍等"硬件",增强对师资力量等"软件"的建设力度,对在职教师进行定期考核和培训,确保现有教师队伍的质量;制定严格的教师录用标准,完善教师福利体系,采取激励制度,吸纳优秀人才扎根乡村执教,提高农村办学水平。医疗卫生方面,升级改造乡镇卫生院,整合优化村卫生室,改善医疗条件,增补医疗设备,增强其服务能力;紧抓农村医疗卫生队伍建设,定期对医疗卫生人员进行业务考核与岗位培训,帮助其提高技术水平;国家和较发达城市也应积极支援农村医疗卫生事业,每年安排组织一定数量的高素质医师在贫困地区进行服务。

3)实行技术扶贫

此外,在整村推进中对贫困农户进行技术扶贫,为贫困农户传授新的农业知识,鼓励其接触新的农业技术,推广适宜当地农业发展的实用农业技术。引导贫困农户多交流、沟通,为其多争取参观、学习的机会,及时帮助贫困农户解决项目实施过程中出现的问题,辅助其总结整村推进扶贫开发中的经验,以增强贫困农户脱贫致富的信心,提高其参与整村推进扶贫开发的能力。

3.2.6 移土培肥项目

1. 项目实施基本情况

我国耕地占补平衡工作中存在较为严重的是占优补劣问题，一边是基础设施良好、交通便利的大量优质耕地不断被占用，耕作层被当作一般土料来使用；另一边补充的是区位偏僻、基础设施落后、土壤质量差的耕地，新增耕地质量普遍低于占用的耕地，严重阻碍了农业的可持续发展。国土资源部（现为自然资源部）曾多次下发文件要求加强耕地质量建设，全面实施耕作层剥离再利用制度，建设占用耕地特别是基本农田的耕作层应当予以剥离，用于补充耕地的质量建设。

国土资源部、财政部于 2011 年 9 月同意将"移土培肥"及配套坡改梯工程列入国家重大工程。2011 年 12 月，湖北省人民政府下达《省人民政府关于南水北调中线工程湖北省丹江口库区"移土培肥"及配套坡改梯工程立项的批复》（鄂政函〔2011〕238 号）。2013 年 1 月，国土资源部、财政部正式批准工程可行性研究报告及实施方案。2013 年 4 月，湖北省下达《省国土资源厅关于丹江口库区"移土培肥"及配套坡改梯工程子项目立项的批复》（鄂土资批〔2013〕77号），共批准 56 个子项目立项，涉及丹江口市、郧阳区、郧西县、张湾区和武当山特区等 5 个县（市、区）、30 个乡镇（场）、198 个行政村，建设规模 13.232 9 万亩。其中，"移土培肥"子项目 28 个，建设规模 7.227 5 万亩；配套坡改梯子项目 28 个，建设规模 5.955 4 万亩。现已全部竣工验收，见表 3-5。

表 3-5　"十二五"期间湖北省"移土培肥"及配套坡改梯项目基本情况

时期	项目	项目个数	投资规模/亿元	建设规模/万亩
2011~2015 年	移土培肥	28	10.13	7.23
2011~2015 年	配套坡改梯	28		5.96

项目的实施抢救了库区耕地资源，提高了粮食生产能力；妥善安置了库区移民，维护了农村社会稳定；保护了库区生态环境，净化了调水水质；改善了农业生产条件，推动了现代农业发展；促进了农民增收致富，助推了地方经济发展。

在实施"移土培肥"及配套坡改梯工程中，首先应提高认识，形成项目顺利实施的思想动力。其次，强化领导，提供项目顺利实施的组织保证；健全工作机构，使整个工作始终有人管、有人抓；并深入发动群众，打牢项目顺利实施的群众基础。通过广泛宣传动员、思想发动，做到变"我要农民干"为"农民要求干""农民配合干""农民自愿干"。

2. 项目实施模式

在实施上，因地制宜设计，挖掘基础设施潜力。按照建设高效农业、现代化农业的需要，土地整理项目施工设计与地形地貌和村情组情相结合，分区域分工程项目设计施工。在坡改梯工程、农田水利工程中，遵循充分利用原有农田水利设施的原则，将整治与新建相结合；田间道路遵循充分利用原有机耕道和生产路原则，按泥结石道路标准设计，支道工程与通村公路工程设计相结合，防护林工程与环境工程设计相结合。此外，突出"亮点工程"。针对土地整理项目点多、面广的特点，利用项目区的某一得天独厚的优势区域，采取集中整理的方式，通过完善土地平整、农田水利、田间道路、中心村庄建设等工程，为高效产业、生态农业和观光农业的样板工程打下坚实的基础。强化三个结合，即项目意图与群众意愿相结合、项目建设与实施美丽乡村建设相结合、项目实施与产业结构调整相结合。

3.2.7 南水北调汉江沿线土地开发整理重大项目

1. 项目实施基本情况

南水北调汉江沿线土地开发整理重大工程是湖北省实施汉江流域综合开发工作的重要内容，是湖北省实现新增粮食 16.5 亿千克的重要举措。它的实施有利于提高湖北省粮食综合生产能力，降低南水北调中线工程对汉江中下游农业生产的不利影响，改善农业生产条件和农业生态环境，促进汉江流域经济社会协调发展。

国土资源部、财政部于2010年5月下发《关于支持湖北省实施南水北调汉江沿线土地整治重大工程的函》（国土资函〔2010〕300号），原则上同意重大工程实施，总建设规模508.78万亩，新增耕地21.66万亩，资金估算84.66亿元，批复土地整治资金76.78亿元。2011~2015年，全省共批准169个重大工程子项目，总建设规模509.41万亩，新增耕地19.98万亩，预算总投资81.36亿元（表3-6），现已经全部完工。

表 3-6 "十二五"期间湖北省南水北调汉江沿线土地开发整理项目（子项目）基本情况

时期	子项目个数	建设规模/万亩	投资规模/亿元	新增耕地面积/万亩
2011~2015 年	169	509.41	81.36	19.98

这一土地整治重大工程的实施开发，成为丹江口、老河口、谷城、宜城、

襄阳、荆门、沙洋、钟祥、潜江、天门、仙桃、武汉等汉江中下游县市群众拥护的"民生工程""德政工程",极大改善了群众的生产和生活条件,改变了村庄面貌。

2. 项目实施模式

项目以建设示范工程为目标,以维护农民利益为基础,以加强实施监管为保证,严把进度关、质量关和资金关,强化组织协调,狠抓工作落实,及时解决项目建设中出现的困难问题,确保了土地整治利民惠农项目稳步推进、如期完工。工程完工后,严格按照自查自验、市级初验、市(州)验收的"三级"验收制度,及时组织验收。同时及时将查验的工程量和工程资金情况进行公示,接受社会监督,实行"阳光操作"。按照"统一规划、分步实施、多管齐下、综合治理、因地制宜"的原则,有计划、有步骤、全方位地开展农村土地综合整治。

土地整治与美丽乡村建设相结合。按照美丽乡村建设的要求,着力加强土地整理,集中连片推进土地平整和农田水利、田间道路、田间防护林等建设,切实提高农业综合生产能力;着力推进村庄整治,切实优化城乡用地结构,形成居住相对集中、产业集聚发展的新农村格局;着力抓好设施配套,实现布局优化、道路硬化、村庄绿化、环境美化,切实改善人居环境。

土地整治与城乡建设用地增减挂钩相结合。土地整治区实行城乡建设用地增减挂钩,对项目区原有建设用地整理复垦后形成的建设用地置换指标,优先保证农民宅基地、农村基础设施和公共服务设施建设,并为农村集体经济发展留足空间,富余部分可以用于城乡建设用地增减挂钩,调剂到城镇。这大大激活了村内闲置零散建设用地,实现了土地利用由粗放型向集约型转变,缓解了新增建设用地和耕地占补平衡的压力,改善了农民生产、生活条件,加快了城乡一体化进程。

土地整治与农业产业结构调整相结合。根据农业产业结构调整的需要,结合低丘岗地土地整治工作的计划部署,设立了肉鸭产业基地、现代化万头种猪养殖基地、马铃薯种植基地等功能区,辐射带动了周边农民增收,促进了农业产业结构的调整,为加快城乡统筹协调发展铺开了新路子。

土地整治与集体土地流转相结合。在稳步推进土地整治的基础上,按照"依法、自愿、有偿"的原则,明确山林权属,搞好土地延包,推动土地流转。以多种形式盘活耕地和"四荒"资源,促进土地、劳力、资金、技术等生产要素的合理配置,为推进农业规模化经营、产业化发展创造有利条件。

3.2.8 土地整治结合城乡融合发展项目

1. 项目实施基本情况

土地整治的重要性在于有力促进经济社会发展。首先是农业的现代化,这是一个必然趋势。但农业现代化在一定的区域里要讲究规模效应:一方面是土地的投入、经营要有规模效益;另一方面是针对大量农村劳动力的外出,要解决后续劳动力转移和农业产业化的问题。其次,农民进城的本质是为了追求城市化的生活方式,不管他们进城不进城,都要满足其公共服务均等化的要求。

2008 年,鄂州成为全省第一个城乡一体化试点城市。按照"全域鄂州、统筹发展"的思路,该市把工业和农业、城市与农村、城镇居民和农村居民作为一个整体,强力推进城乡规划、产业布局、基础设施、公共服务、社会管理、市场体系、基层党建七个一体化,积极探索统筹城乡科学发展新模式。全域规划,建设组群式大城市。构建以主城区为中心,葛华科技新城、红莲湖旅游新城、花湖工贸新城等 3 座新城为支撑,10 个特色镇为节点,106 个新社区为基础的城乡空间格局,建设宜居宜业的组群式大城市。

2. 项目实施模式

行政管理体制改革,创造组群式城市。围绕建设组群式大城市的目标,大力推进行政层级改革,按照横向大部制、纵向扁平化的要求,办好葛店开发区改革试点。探索"一级政府三级管理"模式,搭建"市-功能区-新社区"组织架构,形成主城区、功能区、新社区组群发展的格局,打造"全域鄂州"。

一是加强功能区建设。按照产城一体的要求,规划建设主城综合功能区、葛华科技新城、华容临港新城、大梁子湖生态旅游度假区、鄂城转型发展新区 5 个功能区;形成一座主城、四座新城的"1+4"格局,构筑组群式城市的支撑。

二是加强重点镇建设。深化全省经济发达镇行政管理体制改革试点,建设资源节约、环境友好、经济高效、文明和谐的新型城镇。发挥工业化的带动作用,增强重点镇的综合实力,构建特色鲜明、功能完善、宜居宜业的城镇带,为功能区发展打好基础。

三是加强新社区建设。推进农村新社区建设,重点抓好迁村腾地建设新社区工作,推进新社区、新产业同步建设。推进城乡环境综合治理,建设城乡一体的垃圾、污水处理系统,改善城乡环境质量,打造洁净、宜居的美好家园。

"两型"(资源节约型、环境友好型)发展体制改革,创造统筹城乡产业转型。以构建符合"两型"要求的产业体系为重点,建立产业结构优化、集群发展的体制机制；以增强企业技术创新能力为重点，建立企业为主体、市场为导向、产学研用紧密结合的技术创新体制机制；以城乡产业相互融合、三次产业互动发展为重点，建立以城带乡、以工促农的体制机制。在体制机制转换中实现产业转型，强化城乡一体化的产业支撑。

一是做大做强新型工业，引领城乡产业发展。走以"两型产业"为支撑的新型工业化路子，使工业成为带动城乡产业发展的主引擎。围绕实现工业销售总额"双千亿"目标，大力实施"五大工程"（骨干企业培育、高新技术企业发展、中小企业成长、亿元项目引进、全民创业）。在转方式、调结构中，形成多支柱支撑、强抗风险能力的产业体系。改造冶金、建材、装备制造等支柱产业，推动传统产业转型发展。

二是做大做强都市农业，促进城乡产业发展。发展都市农业，加速传统农业向现代农业转型。培育壮大水产、苗木、畜禽、蔬菜四大支柱产业，加快发展以特色水产为重点的育种、养殖、加工、营销一条龙的产业链。引导工商资本进入农业领域，培植龙头企业、农业品牌、特色农产品加工园，显著提升农业产业化水平，促进农业增效、农民增收。

三是做大做强现代服务业，融合城乡产业发展。大力发展生产性服务业，依托梁子湖等湖泊生态资源，吸引旅游、创意、研发等现代企业入驻，发展绿色集约高端产业集群。依托长江深水岸线资源，引进战略投资者，开发武汉新港三江港区，推进交通业和物流业综合发展。依托特色农业资源，在沿路、沿湖、沿江开辟特色果园、花圃、鱼池等观光农园，促进城乡产业融合发展。

农村产权制度改革，创造统筹城乡集约。以"还权赋能"为核心，积极做好确权登记颁证工作，规范市农业发展投资公司、农村综合产权交易中心运行，使其有效发挥投融资和产权交易的平台功能，推动生产要素在城乡之间自由流动和优化配置，让农村土地资源和城市资本互惠共享，加快推进"三个集中"。

一是工业向园区集中。用好城乡建设用地增减挂钩政策，保证园区建设用地指标，利用"飞地经济"模式引导工业项目聚集，提高产业集聚集约发展水平，为向城镇集中的农民创造就业岗位。

二是农民向城镇和新社区集中。完善城乡一体的户籍制度，引导农村居民向城镇有序流转。推动城乡资源、资金合理流动，为农民向城镇和新社区集中提供资金支持，以居住的集中促进农民就业的多样化，加速其向二、三产业转移。

三是推进土地向规模经营集中。引导农民以转包、出租、互换、转让等形式流转土地承包经营权，吸引社会资金进入农村开展规模经营，促进土地向龙头企业、种养大户、合作经济组织集中，拓展农村产业集约化经营空间。

社会管理创新，创造统筹城乡和谐。建立健全城乡公共服务均衡发展的体制机制和城乡一体化、社区网格化、管理信息化、服务多元化的社会管理体系，实现社会管理由防控型向服务型转变。

一是完善"五个全民"保障体制。围绕"十个确保"的目标,推进全民创业、全民教育、全民健康、全民社保、全民安居。以创业带动就业,力争城乡居民收入实现倍增;优化配置城乡教育资源,促进教育公平;完善职工医保、居民医保、新农合"三网合一"保障机制,推进基本公共卫生服务均等化;实行城乡居民养老保险一体化,加快城乡养老、低保、社会救助全覆盖;建立以廉租房、公租房、租金补贴为主体的住房保障体系,缓解中等偏下收入家庭的住房困难。

二是创新城乡网格化管理机制。推进市域网格化管理全覆盖,按照"一格一员"要求配备网格员;在网格中建立"邻里互助组",推动邻里生产互助、困难互帮、平安互建。整合部门基础信息,构建综合性的信息平台,实现网格管理数字化、动态化。发挥"社区 E 通"功能,既为群众提供服务,又为推动基层民主自治、民主管理创造条件。

三是提升城乡社区管理服务水平。落实"1+8"社区综合服务中心建设,探索党组织核心领导、政府均衡公共服务、村民自治组织充分发挥作用的农村治理模式,打造以公共服务为重点,生产、生活服务为补充的社区服务新平台,为群众提供优质配套服务。

第4章 "十二五"时期土地整治助推"四化同步"

4.1 土地整治与"四化同步"

4.1.1 土地整治与城乡一体化建设

统筹城乡发展,实现城乡一体化是党中央在新的历史时期做出的重大战略决策,是破解"三农"问题的根本出路,是缩小城乡差别、实现城乡共同繁荣的根本途径,是全面建成小康社会、实现中华民族伟大复兴中国梦的根本要求。

湖北省是农业大省,农村的发展与稳定有着举足轻重的地位,因此转变城乡二元经济结构、推进城乡一体化发展意义重大。湖北省委、省政府为了深入贯彻落实中央的指示精神,借助土地整治工程,积极推进城乡一体化工作,于2008年选定鄂州市为全省第一个城乡融合发展试点城市。试图借助鄂州的改革经验,走出一条以城带乡、以工促农的新路子,在全省起到示范带动作用,加快全省城乡一体化步伐,逐步缩小城乡差距,确保实现全面建设小康社会的目标。《中共湖北省委、湖北省人民政府关于加大统筹城乡发展力度促进农村经济社会又好又快发展的意见》提出,在继续深入推进鄂州市城乡一体化试点工作的同时,将仙桃、洪湖、监利、宜都、大冶、掇刀以及竹房城镇带(简称"1+6+1")列入城乡一体化试点,探索了不同区域层面、不同类型地区城乡一体化的新路子。

4.1.2 土地整治与"四化同步"建设

党的十八大报告提出,坚持走中国特色新型工业化、信息化、城镇化、农业现代化道路,推动信息化和工业化深度融合、工业化和城镇化良性互动、城镇化和农业现代化相互协调，促进工业化、信息化、城镇化、农业现代化同步发展。其中，农业现代化是"四化同步"的依托和保障。强化农业现代化的基础作用，坚持创新理念，推进高标准农田建议，不断加快农业现代化进程，为统筹城乡发展提供有力保障（王建，2013）。

2013年7月，《省委办公厅　省政府办公厅关于开展全省"四化同步"示范乡镇试点的指导意见》指出"城乡发展一体化是解决'三农'问题的根本途径"，决定在全省选择21个乡镇（街道）开展"四化同步"示范试点，进一步探索城乡一体化发展之路。湖北省21个"四化同步"示范乡镇（街道）及其产业发展类型见表4-1。

表 4-1　湖北省 21 个"四化同步"示范乡镇（街道）及其产业发展类型

市（州）县名称	乡镇（街道）名称	产业发展类型
武汉市	黄陂区武湖街	宜农则农
武汉市	江夏区五里界街	宜工则工
武汉市	蔡甸区矛山街	宜旅则旅
黄石市大冶市	陈贵镇	宜工则工
十堰市郧县	茶店镇	宜工则工
襄阳市襄城区	尹集乡	宜旅则旅
襄阳市襄州区	双沟镇	宜工则工
宜昌市夷陵区	龙泉镇	宜工则工
宜昌市枝江市	安福寺镇	宜农则农
荆州市监利县	新沟镇	宜工则工
荆门市沙洋县	官垱镇	宜农则农
鄂州市鄂城区	汀祖镇	宜工则工
孝感市汉川市	沉湖镇	宜工则工
黄冈市黄梅县	小池镇	宜商则商
咸宁市嘉鱼县	潘家湾镇	宜农则农
随州市广水市	杨寨镇	宜工则工
恩施土家族苗族自治州恩施市	龙凤镇	宜商则商
仙桃市	彭场镇	宜农则农
潜江市	熊口镇	宜农则农
天门市	岳口镇	宜工则工
神农架林区	松柏镇	宜旅则旅

　　"四化同步"指导思想强调"三为、三点、三集中",即"以改革创新为动力,产业发展为支撑,促进农民就近就地就业转移为目的,将新型农村社区建设作为切入点,盘活农村集体建设土地资源作为关键点,夯实农业基础、补齐农业现代化短板作为着力点,推动产业向优势区域集中、人口向社区集中、土地向规模经营集中"。"四化同步"发展的着力点是补齐农业现代化短板。开展示范乡镇试点,利用工业化和城镇化水平相对较高的优势和发展成果,带动农业现代化,推动生产要素向农村流动、基础设施向农村延伸、社会事业向农村覆盖,实现"新型城镇化要和农业现代化相辅相成"的要求,在湖北走出一条在不以牺牲农业和粮食、生态和环境为代价的前提下推进工业化、城镇化的新路子(吴文娟和张进,2013)。

　　"四化同步"示范乡镇工作部署后,湖北省国土资源厅以土地为底盘,充分整合土地综合整治、低丘缓坡土地综合开发利用、工矿废弃地复垦利用和城镇低效用地再开发、地质灾害防治及矿山恢复治理等国土资源优势,发挥土地整治政策组合优势,调整优化土地利用结构和布局,推动新型农村社区规划建设。通过实施土地整治项目,牢牢抓住城乡建设用地增减挂钩这个重要政策工具,调增建设用地指标,优先安排示范乡镇城乡建设用地增减挂钩指标。按照"人口向社区集中、企业向园区集中、土地向新型经营主体集中"的"三集中"原则,动员试点乡镇积极申报省级投资高标准农田建设土地整治项目,在建设用地总量不增加、用地布局更合理、结构更优化、耕地保护面积不减少的情况下,试点乡镇在土地利用方式上大胆改革创新。湖北省国土资源厅在农村土地整治、高标准农田建设项目安排上予以倾斜,以高标准农田建设为依托,推动农村土地承包经营权流转,使耕地向种粮大户、产业基地、规模化经营集中,推动农业产业化和规模化经营,促进区域农业增效、农民增收服务,为新农村建设和城乡一体化增添了新动力,有力地促进了示范乡镇的"四化同步"建设(胡志喜,2013)。

　　下面结合课题组调研,选择几个典型示范乡镇,对湖北省土地整治助推"四化同步"的主要经验进行介绍。

4.2　土地整治助推"四化同步"的案例与经验

4.2.1　江夏区五里界街

1. 基本情况

五里界街位于江夏区东部。东与华中 55 万伏超高压变电站毗邻,紧邻宜黄高速公路。南同湖北省唯一无污染淡水湖梁子湖相连，京珠、沪蓉高速公路及武汉市南环公路纵贯东西。北与武汉市东湖新技术开发区接壤，镇政府驻地五里界街，西沿纸五公路距江夏区纸坊街 11 千米。全镇有 29 个行政村，2 个社区居委会，面积 224.21 平方千米，总人口 4.3 万人。有山林面积 16 098 亩，湖泊面积 90 794 亩，湖滩面积 34 822 亩，水库塘堰面积 11 841 亩，耕地面积 87 088 亩，其中水田面积 48 945 亩，旱地面积 38 143 亩。

五里界街山水资源丰富。境内有久负盛名的梁子湖湖心岛——青山岛、汤逊湖畔的中洲半岛，大小湖泊 10 万亩的水域资源以及锦绣山、凤凰山、老鼠尾山、牛山、青山等地方名山，矿产、渔业和畜牧业资源丰富，山水面积大，开发前景广阔。随着光谷的崛起，地处武汉市南大门、"1+8"城市圈重要节点、素有"楚天首县"之誉的江夏，以光谷为发展契机，正倾力打造魅力四射的武汉南部滨湖生态新城。

五里界街以旧城改造为起点，通过中国光谷·伊托邦项目，将五里界旧城镇打造成为一座深绿色的宜居新城、高科技的智慧新城、高品位的文化新城，使其成为全国性的城镇建设示范。五里界新城组团规划建设按照"一心、一城、二片"的功能结构开展，布局形成组团商务中心、科技创新中心，以及行政商服生活片和养生休闲居住片等功能区，凸显该地区优良的地域环境特色。同时，严格保护自然生态环境，充分利用区位、交通、环境优势，加强与武汉东湖新技术开发区等周边产业、生态功能区的衔接，以休闲旅游服务业为先导，以科技创新、商务服务为主要功能，建设集产业、旅游于一体的综合发展区和具有滨水田园特色的生态宜居型城镇。

中国光谷·伊托邦项目总规划面积约 14 平方千米，是一个以良好的自然生态环境为基础，以高新科技、无线互联技术为依托，集生态型、智能型、宜居型、休闲型、商务型于一体的国际化新城区，其将开创中国首个低碳智能城市建设试点，成为武汉城市圈中心区大光谷板块的新发展引擎。中国光谷·伊托邦按照"三中心三板块"进行整体布局，以城市运营的全局视野，将共生城市完美构建、共生文化深度演绎，以生态、智能、文化为基底，融合都市田园于一体，打造一座深绿色的低碳新城、高科技的智慧新城、高品位的文化新城。

为了高起点地打造旅游大镇，五里界街以巴登城项目建设为牵引，以"旧城改造"为对应新亮点，以生态休闲观光农业为延伸新板块，高标准规划，全方位引进，加快将五里界街由旅游过境区发展升级为旅游目的地和旅游集聚区，使其成为江夏区的旅游大镇。巴登城项目的总体定位以德国巴登地区时尚高端温泉休闲生活方式为样板，打造一流的、生态的、开放的、人文的，集温泉度假、商务会议、休闲娱乐、人文居住、生态体验于一体的中部地标型生态体验、循环经济示范区，总投资 45 亿元。巴登城"绿脉蓝网"的规划理念重构了森林、湿地的生态肌理和独具特色的欧洲时尚风情水城。五里界街以发展江夏东部的农庄经济型、园区农业型和特色产业型经济（图 4-1）为主，重视发展农业贸易型与自然人文景观型经济，正确引导和规范发展以特色餐饮和民俗为主要内容的农家乐型休闲观光农业（图4-2）。

图 4-1　五里界街小朱湾村特色种植基地

图 4-2　五里界街小朱湾村农家乐

　　五里界街结合自身农业基础优势，按照生态智慧新镇、滨湖宜居新城、全域景区乡村的定位，以发展赏花经济为重点，强力推进梁子湖休闲旅游观光带，引进生态休闲观光项目 7 个，土地流转面积达 10 000 多亩，共实施沿梁子湖大道生态景观带、观光园、休闲农庄、便民服务中心、种苗服务中心、水利设施等项目12 个，预计投入资金 4 000 万元。该街通过实施美丽乡村建设，打造七彩花海、薰衣草风情园、梁湖绿道等休闲景区，使"四化"建设同步推进。

在五里界街小朱湾村，由政府出资改造后的房屋古朴典雅、特色鲜明，同时村民在自家房前屋后空地开办农家乐，搭上了赏花游的顺风车，每到旅游旺季，每户每天收入过千元，大大扩展了农民增收渠道、增加了农民收入。拓宽农村增收渠道是提高农业效益的一个好办法，充分调动各类市场主体积极参与"四化同步"建设，让一切有利于财富创造的源泉充分涌动。同时加强监管，依法规范市场秩序，实现可持续发展。

江夏区五里界街的发展离不开"四化同步"，更得益于该镇的土地整治，通过对该区域开展高标准基本农田土地整理项目，开展农村道路、水利等基础设施建设等，促使五里界街成为"四化同步"的典型乡镇。土地整治的成效主要体现在以下几个方面。

一是从近郊小镇到都市社区。建设都市生态宜居环境，促成旅游服务、民俗体验、绿色产业等功能于一体的城郊型都市社区，并为能够容纳大型投资项目预留发展空间。

二是从土地开发到功能开发，探索两型社会建设新模式。以生态宜居和旅游综合服务为主，加快五里镇街新区功能的优化提升，引进休闲游乐、生态宜居和特色产业等营运企业，优化空间布局、提高空间效率，实现空间功能升级。

三是从传统街巷到特色里坊。根据"成片规划、分类改造"的原则，划分保护性修建、整治性改造和拆除重建的区域，并给予不同的改造政策，补充公共服务设施和绿化活动空间，完善市政基础设施，增加停车和道路设施，依托新的镇区服务功能，实施景观环境整治，避免大拆大建对原有社区肌理的破坏。

四是引景入内，增加生态体验界面。将包括镇区外围的排水渠在内的生态景观元素引入，结合漫步系统和镇中心环境景观系统建设，提升新镇区游憩空间的吸引力和感染力。

2. 土地整治助推"四化同步"做法

1）确定土地整治目标

大力推进以高产农田建设为主的农用地整理工程，完善农业配套设施，改善农村生产生活条件和生态环境，增加有效耕地面积、提高耕地质量；加强基本农田示范区建设与管理；建设优质、集中连片、基地化的基本农田保护体系和现代农业生产体系。依照耕地分等定级技术规范和标准，严格土地整治新增耕地质量的评定和验收，有针对性地采取培肥地力等措施，稳步提高耕地产能，经整治的耕地要划定为基本农田，实行永久保护。

2）做好土地整治规划

土地整治规划对全域范围内武广高铁以南农业生态区内所有耕地实施高产农田

建设工程，总建设规模 2 737 公顷。重点对分布在中南部的李家店村、群益村、童周岭村、唐涂村、孙家店村开展农用地整理，通过农田水利改造、农村道路修整等一系列改良措施，完善农业基础设施配套，改善土地耕作条件，提高产出水平。工程建设完成后，高产农田基本达到镇域全覆盖，平均耕地质量等级提高 1 等。

3）开展土地整治建设工程

土地平整工程：主要是通过挖高填低，使土地表面在满足设计坡度条件下尽可能达到较理想的平面效果。农田水利工程：通过实施整修疏通田间灌排渠系，兴修各种农田水利工程设施，更新改造灌排泵站，形成干、支、斗、农、毛渠五级灌溉渠道①配套完整的网状灌区农田灌溉和排涝保证体系。农村道路工程：通过修复和新修田间道路，方便生产作业。生态防护工程：防护林工程主要在新修田间道和主要公路边布置防护林，其建设目的主要是增加项目区景观效果并调节农田小气候。

4）安排土地整治建设时序

按照"循序渐进，有序实施"的原则，以现有政策为基础，结合重点发展农业区分布，安排基本农田整理项目 1 个，建设规模 713 公顷，于 2014 年申报，由武汉市国土资源和规划局以武土资规发〔2014〕112 号文批准建设，建设资金来自省级财政投资。按照总体建设安排和近期建设安排的要求，远期安排高标准基本农田建设项目 2 个，总建设规模 2 024 公顷，实施土地平整、灌溉与排水、田间道路及农田防护与生态环境保持等工程，实现基本将镇域范围内所有耕地整理一遍的目标。

5）实施城乡建设用地增减挂钩工程

根据城乡统筹规划和美丽乡村建设规划，引导农民住宅相对集中建设，促进自然村落适度撤并，对腾退宅基地、村内废弃地、闲置地进行整治，宜耕则耕，宜建则建，合理利用，促进农村土地节约集约利用。根据农民意愿调查和潜力分析，优先对废弃的砖瓦厂、学校、空心湾进行整治；以城乡建设用地增减挂钩为抓手，推进美丽乡村建设，推进农村居民点用地整合。按照尊重民意、改善民生的原则，通过旧村改造和拆村并点，鼓励农村居民点向农村聚居点集中，促进自然村湾适度撤并。规划期间，力争实施城乡建设用地增减挂钩规模 134.92 公顷。按行政区分片实施原则，共安排 4 个城乡建设用地增减挂钩项目。

6）规划未利用地开发工程

规划期间，全街安排自然保留地开发面积约 10.93 公顷，主要位于南部的农业

---

① 干渠，即主水渠，作为渠系中主要用于输水的渠道，是支渠水流的主要来源；支渠，即配水渠道，是从干渠取水分配给各用户的输水渠道；斗渠，即从支渠引水到毛渠或灌区的渠道；农渠，即从斗渠引水到各个田块的渠道；毛渠，即从农渠取水向畦、沟供水的田间临时渠道。

用地区，并安排"孙家店村余家墩湾未利用地开发项目""孙家店村胡张畈湾未利用地开发项目""孙家店村项田湾未利用地开发项目""童周岭村大觉海湾未利用地开发项目""童周岭村童周湾未利用地开发项目""李家店村上李湾未利用地开发项目""群益村老屋曾湾未利用地开发项目"7 个未利用地开发项目。

3. 主要经验与启示

江夏区五里界街以"农业增效、农民增收、农村环境改善"为目标，通过土地整治，统筹做好产业发展、基础设施、试点示范、公共服务等工作，最大限度缩小城乡差距，促进城乡统筹、工农交融，加快发展现代都市农业，坚持用工业的理念谋划农业发展，进一步调整优化农业结构和空间布局，按照"优质、高效、生态、安全"的要求，推进蔬菜、水产、苗木、果茶、粮油等特色种养业基地提标升级，减量控制畜禽养殖业，促进农业由增量向提质转变。进一步推进农业产业化经营，加快发展休闲观光农业和农产品加工业。

武汉五里界生态城设计探索了基于生态基础设施的城市设计模式，利用自然生态系统所能提供的免费服务来综合解决当代城市中的一系列问题，其主要设计目标包括以下几点。

（1）生态化的雨洪管理。武汉五里界生态城将不设雨水排水管道，而是根据地形、原有水系和绿地系统，设计一个雨洪滞留和净化系统，解决内涝、水资源短缺和地下水下降等问题。

（2）人与其他生物的共生。城市设计将生物多样性保护与城市开放空间建设相结合，塑造一个可听鸟语、可闻蛙鸣的人居环境。

（3）丰产的城市。利用具有生产性的植物来营造城市的开放空间。

（4）绿色交通体系。建立一套以步行和自行车为主要出行方式的绿色交通体系。

（5）闲适优美的城市。城市设计力求为人们提供方便的休闲与游憩机会。

（6）独特的城市形态。塑造一个适应于土地利用的、有地方特色的城市形态。

实现这些目标的综合途径是建立一个完整的生态基础设施系统，提供包括雨洪调蓄、生物生产、生物栖息地保育和审美的生态系统服务。与传统的城市规划设计模式相比，武汉五里界生态城规划设计是以生态基础设施为先导的。

4.2.2 黄梅县小池镇

"九江新浦东，湖北小深圳"，作为湖北省创新、协调、绿色、开放、共享大战略的"四化同步"推进试验区，小池镇"一年一个样，三年大变样"，正发生着脱胎换骨的变化，而土地整治就是试验区全方位改革开放的引子。

1. 基本情况

小池镇位于湖北省东部，黄梅县南端，地处鄂赣皖三省交界。全镇土地面积153.8平方千米，辖59个村（居）委会，总人口12万，其中镇区人口5万。2012年9月省政府批准加挂"湖北小池滨江新区管理委员会"牌子，赋予小池镇（湖北小池滨江新区）县级管理权限，行政级别高配。为进一步加快长江中游城市集群建设，2012年6月，湖北省委、省政府做出建设黄梅小池滨江新区的战略部署，9月，出台《湖北省人民政府关于加快推进黄梅小池开放开发的意见》，将黄梅小池的发展纳入省级战略重点。战略目标：将小池滨江新区打造成为湖北长江经济带开放开发的"桥头堡"、长江中游城市集群建设的示范区、沿江城镇体制机制创新的试验区、湖北跨越式发展的"经济特区"和长江经济带特色鲜明的滨江明星城镇。到2030年，小池滨江新区城镇人口达40万，建设用地48平方千米，达到中等规模城市标准。目前，园区已建起三横四纵的路网骨架，五瑞生物、科普达等入园企业达30家，规模企业23家，以装备制造、生物医药、石油化工、纺织服装、农副产品加工为主的特色工业初显雏形。

1）农业现代化建设

在全域推进增减挂钩的同时，由国土资源部门牵头，整合所有涉农资金的土地综合整治，以每年1亿元的投入力度在小池全域推进。围绕着粮、棉、油、菜4个"万亩连片基地"建设，黄梅县国土资源局根据4类作物对水土条件的不同要求，"量身定做"施工方案，探索实施订单式的土地综合整治，引导特色农业发展。目前，莲子湖休闲农业园、华颐丰农业科技示范园已相继建成。

2）城乡一体化建设

由于把新型农村社区统一纳入了滨江新区建设体系，实行"先安置、后拆迁"，并充分保障了村民的知情权、参与权、选择权和监督权，小池拆旧实现了"零强拆、零上访"。拆旧建新后，妙乐社区可节约土地面积130亩，为同步规划的妙乐寺旅游观光区、水上游乐区腾出了用地空间。投资9.52亿元、安置3 290户2.56万余人的水月庵、河桥、涂咀3个安置区和妙乐村新型社区已基本建成，通过增减挂钩、拆旧建新争取的7 100亩用地指标，小池组建城投公司，先后融资60亿元，为小池"一核双轴、两园四区"基础设施建设提供了有力的资金保障。新社区配建幼儿园、超市、店铺、物管房等，地面一层为每家配建了农用车库。房屋选择方面，为了确保公平，由一家大型测绘公司作为第三方，设计了抽签规则并监督实施，村干部只负责维持现场秩序。由村民亲手抽签两次确定房屋，第一轮抽签确定选房顺序，第二轮再选房号。

建设产业新区。以中部商贸物流园、小池临港产业园、江北工业产业园建设为平台，小池正重点打造生物医药、机械制造、电子信息、商贸物流等产业集群新区，着力实现年工业总产值 200 亿元以上。

建设教育新城。整合教育资源，投资 5.8 亿元建设教育综合基地，包括高职院校、中小学及幼儿园，占地 1 000 亩，可容纳 2 万名学生。

建设金融新街。推进"一江两岸"金融合作一体化，吸引银行、保险、证券等金融机构在此设区域总部或分支机构。

建设农村新型社区。全面推进妙乐、河桥和水月庵等三个农村新型社区建设，实现居住区、旅游功能区、综合服务区"三区合一"。

目前，小池临港产业园入驻企业已达 40 余家；中部商贸物流园包括冷冻、木材批发、建材家具、农机汽配、农副产品五大专业市场，项目建成后，提供直接就业岗位 4 万~5 万个，为小池农村劳动力就近就地就业转移创造了条件。

3）城镇规划建设与管理

规划布局：按照"一核双轴、两园四区"进行规划。"一核"是指通过建设滨江新区综合服务中心，打造集公共服务、商务办公、教育文化等多功能于一体的鄂东门户功能核心区；"双轴"分别是东西向产业发展轴和南北向综合服务轴；"两园"分别是江滩生态休闲公园和太子湖文化旅游公园；"四区"分别为临港产业区、新城综合区、商贸综合区和江北工业区。

4）体制机制创新

小池之"特"，特在特殊时空坐标下的战略定位，特在"省级战略"的顶层推动，更特在突破镇级思维束缚下的系列先行先试探索。在战略定位上，黄冈市与九江市就"一江两岸"建设签订框架协议，将小池乃至整个黄梅纳入大九江城市发展、产业发展总体规划。双方共同修编小池开放开发、城镇建设、土地利用等规划，最终在产业发展、基础设施和空间布局方面形成一体化格局。此外，副县级行政机构——小池滨江新区管理委员会获批成立，与小池镇政府合署办公；设立小池滨江新区城市综合投资发展有限公司，采取银行贷款、BT（bulid-transfer，建设—移交）模式、争取项目资金补助等方式成功融资 8 亿元，收储土地 605 亩；"特区"建设争分夺秒。小池滨江新区下辖的首个事业机构——小池综合管理执法局率先成立，小池的环境整治、城市基础设施建设等采取"边建边管、建管并重"的模式。同时激活市场之手，将湖北"特区"盘成资金洼地。湖北省联合发展投资有限公司、湖北省交通投资集团有限公司和湖北省长江产业投资集团有限公司三大投融资平台纷纷倾资小池。

在行政审批制度上也有所创新。由黄冈市、黄梅县下放或委托给小池滨江新区管理委员会在项目建设、城市规划管理、环境保护、国土资源等方面的行政审批管理权和行政执法权。

小池正按照省"经济特区"要求，抓紧制定《湖北小池滨江新区体制机制改革总体方案》，在行政管理体制、行政审批及行政执法制度、财政体制和税制、投融资体制、统筹城乡发展体制机制、人才体制机制、土地管理制度、户籍管理制度等 8 项改革上寻求突破。

2. 全域土地整治力保"四化同步"

小池是全省"四化同步"21 个试点乡镇之一。近几年来，小池滨江新区"四化"同步快速发展，得益于省市县镇四级国土部门的大力支持。国土部门坚持抓规划先导，坚持群众参与先行，创新全域增减挂钩、创新土地经营模式、创新节约集约用地、创新国土管理机制，从政策上进行倾斜，在国土规划控制上，合理规划小池"四化同步"发展，并留有发展空间，结合滨江新区总体规划和村镇规划，重新修编《小池镇土地利用总体规划（2010—2020 年）》。规划修编后，通过省国土资源厅追加规模指标等途径，建设区达到 37.26 平方千米。

制订全域增减挂钩方案、全域土地整治方案。全域增减挂钩和土地综合整治解决了小池"四化同步"地从哪里来、老百姓生活怎么办、基础建设资金怎么筹措、产业怎么布局的问题，激活了小池工农同步、城乡融合的整盘棋。2014 年 8 月，《小池镇国土资源管理机制创新实施方案》顺利通过批复，成为全省第一个通过批复的示范镇，确定小池"四化同步"范围内到 2020 年拆旧潜力为 17 102.3 亩，安置区 969.45 亩，可供建设用地结构布局与调整 16 133.25 亩。小池镇 2014 年度共上报 5 588.062 5 亩拆旧方案，到 2015 年 8 月底，已实施拆旧 5 588.062 5 亩，已复垦面积为 5 588.062 5 亩，拆旧复垦已种植 3 160 亩。强化闲置土地利用，加大闲置土地清理处置力度，开展农村地区建设用地使用情况清理，并就商住和工业用地再次展开调查，共收回闲置土地 18 宗，用地面积 702.47 亩（张青松和彭向荣，2015）。其中，拆旧建新后，仅妙乐社区就可节约土地面积 130 亩，为同步规划的妙乐寺旅游观光区、水上游乐区腾出了用地空间（余星涤等，2016）。

在全域推进增减挂钩的同时，由国土资源部门牵头，整合所有涉农资金进行土地综合整治，以每年 1 亿元的投入力度在小池全域推进。围绕着粮、棉、油、菜 4 个"万亩连片基地"建设（图 4-3），黄梅县国土资源局根据作物对水土条件的不同要求，"量身定做"施工方案，探索实施订单式的土地综合整治，引导特色农业发展（余星涤等，2016）。同时，创新农村土地综合整治，整合各项涉农项目和资金，明确土地整理项目施工费用的 20%可用于项目区新农村基础设施建设。

图 4-3 农村建设用地复垦后的油菜花田

3．主要经验与启示

1）领导重视是关键

一是高层次推动。采取有效措施，先后将项目上升为省级战略，同时高层次大力推进，省委、省政府成立了三个省级战略实施推进委员会，小池由时任常务副省长的王晓东负责，省委、省政府以及省直部门的主要领导同志多次到试验区进行实地调研，通过现场办公会等形式加快推进建设。2012 年 7 月，省长王国生在小池主持召开省政府常务会议，研究加快推进小池开放开发。2012 年 9 月出台《湖北省人民政府关于加快推进黄梅小池开放开发的意见》，同时将其提升为省级战略。二是成立精干高效的工作专班。试验区充分整合领导资源，加大领导力度，成立了高规格的领导小组，主要领导亲自挂帅。黄梅县小池成立开放开发工作指挥部，由县委书记任政治委员，县长任指挥长，常务副县长担任常务副指挥长。三是各省直单位在产业发展、环境保护、社会事业、土地政策等项目上倾力支持，为当地发展注入了强大的推动力。

2）高端谋划是基础

一是战略定位上大气魄。小池滨江新区战略规划、城镇建设规划和土地利用规划等三个总体规划编制由省发展和改革委员会、省住房和城乡建设厅与省国土资源厅负责。二是规划编制上大手笔。小池滨江新区战略总体规划由湖北省社会科学院、华东师范大学联合组成编制组，由新区城镇总体规划报省政府审批。

3）快速推进是核心

一是加快征地拆迁安置。小池镇制订了周密的征地拆迁工作方案，成立了强有力的工作专班，通过一次性锁定拆迁户数、房屋性质和面积，实施整体征收、拆迁和集中安置，确保快速推进。小池镇把安置工作放在拆迁之前，安置工程紧张施工。二是加快配套建设。小池镇加快推进湖北大道和清江大道建设进度，指挥部加大协调和督办力度，实现资金、人员、任务"三保障"。

4.2.3 沙洋县官垱镇

1. 基本情况

官垱镇地处江汉平原中部，土地面积约 150 平方千米，耕地面积 7.4 万亩，辖 24 个行政村，1 个居委会，总人口 3.8 万人。官垱镇是沙洋县城的卫星城，集镇距离县城 8 千米，所辖高桥村紧邻沙洋经济开发区，随着沙洋城区的南扩，官垱镇与沙洋城区同城化已成趋势。官垱镇是全省粮油加工重镇，全镇优质稻种植率达 100%，油菜"双低"化率达 100%，粮油资源量大质优，粮油加工业在全省有影响、有地位，有国家级龙头企业 1 家，省级龙头企业 2 家，共有农产品加工企业 11 家。沿汉宜线打造了 10 千米的农产品加工走廊。官垱镇是全省美丽乡村建设示范点，王坪村荣获全省美丽乡村建设示范村称号，官垱籍在外成功人士郑中先生回乡投资 2.8 亿元建设"正中水镇"综合开发项目，这成为全省美丽乡村建设的典范。官垱镇和其他 20 个乡镇被列为全省"四化同步"示范试点乡镇。官垱镇土地整治助推"四化同步"的主要做法如下。

1）坚持规划先行，加强规划管控

按照"工业新区，城市新区，现代农业示范区，四化同步先行区"的发展定位，坚持"全域规划"的理念，投入 600 万元，聘请了 4 家甲级资质的规划设计单位，高标准编制了镇域规划、镇区规划及镇村专项规划，做到美丽乡村建设总体规划与村庄布局规划、土地综合整治规划、产业发展规划"四规合一"，形成了总规、详规、专业规划配套的城镇化规划体系。同时坚持以规划的执行为重中之重，明确各村和各镇直单位职责，加强日常监管，严禁在没有规划的地方建房子、严禁建设没有经过设计的房子。实行村组与镇城管执法中队联合执法，坚持每月集中开展一次联合拆违行动。

2）立足产业建设，筑牢发展支撑

一是加快园区平台建设。抢抓沙洋经济开发区南扩和沿海发达地区产业转移的机遇，规划建设 10 平方千米的高桥工业园和 5 平方千米的官垱集镇工业园，其中，高桥工业园主攻农产品加工产业和新型建材产业，官垱集镇工业园主攻服装加工、环保建材等新型产业，目前已有洪森科技食品、凤池实业、龙池米业、洁保化妆品、汽车检测和志达商砼等 10 多个项目在园区落户（图 4-4）。二是加快招商引资。坚持把招商引资作为头等大事来抓，成立官垱镇招商分局，明确专人常年驻外招商。结合该镇产业发展实际,重点围绕农产品加工、新型建材、服装加工等优势产业,积极开展产业招商。三是加快现代农业发展。重点发展有机稻、设施蔬菜、精品水果、花卉苗木、高效种养等五大"一高三新"现代农业模式,新增花卉苗木基地 1 000 亩、稻虾高效养殖基地 3 500 亩和葡萄基地 500 亩。洪森集团实施村企联建,发展有机稻订单种植 3 万亩,大型农业专业合作社双嘉农业专业合作社 2016 年已完成两个村土地整体流转,新增流转面积 6 000 亩,总流转土地达到 2.2 万亩,正在向联合社方向发展。新发展家庭农场 23 家,全镇土地流转面积达 3.4 万亩,占耕地面积的 46%,土地流转后农户实现了"土地流转得租金,外出务工得现金,本地务工得薪金",农民人均收入得到大幅增加。

图 4-4　沙洋县官垱镇农业龙头企业

3)统筹城乡建设,扎实推进新型城镇化

一是狠抓集镇综合改造。按照集镇"一心一廊、两轴三区"的布局结构,迅速拉开集镇框架,将镇区面积扩展到 3 平方千米,人口增加到 1 万人。先后投资 1 200 万元,完成了茶园街建设、集镇自来水管网和下水道改造。启动了集镇新社区建设,其中冉城风情小镇社区已完成主体工程,世纪新村正在进行二期建设。同时,全面启动了集镇主干道建筑立面、路面、人行道、站石、雨污分流、绿化等综合改造,提升集镇服务功能,最大限度彰显"荆楚风格、官垱印象"特色。二是狠抓新型农村社区建设。围绕"人口到社区集中居住"的思路,同步启动官垱卷桥新社区、官垱高桥新社区和官垱集镇新社区建设,其中,卷桥新社区位于沙洋城区,占地 260 亩,规划建设住宅 1 500 套,可转移进城群众 4 500 人;高桥新社区位于沙洋城郊,占地 500 亩,规划建设住宅 2 000 套,可转移进程群众 7 000 人;集镇新社区位于官垱集镇，占地300亩，规划建设住宅1 000套，可转移进城群众3 500人。三个新社区建成后，将从根本上改变该镇的城乡分割状况，带动该镇城镇化率翻一番。三是狠抓美丽乡村建设（图4-5）。启动马沟省级美丽乡村试点建设，重点是进行环境整治，道路、水系改造，绿化、亮化及改水、改厕、改厨等，尽可能保持原有房屋风貌，动员群众对所住房屋进行装修装饰。

图4-5 沙洋县官垱镇王坪村正中水镇生态产业园门牌

4）打造智慧信息平台，加速信息化发展

一是完善网格化信息平台。投资200多万元用于农村网格化平台建设，确保所有村达到"7有"要求（有办公室、有宽带、有电脑、有制度、有手持e通、有网格标示、有监控系统），24个村（居）委会被划分成78个网格，300多个网格化工作人员每天深入各自负责的网格，实地收集民情，及时解决民忧。二是构建农产品生产信息平台。以张庙万亩优质稻基地为核心，安装太阳能频振灯诱虫杀虫，不施农药，常年种植无公害优质稻和放心米。在王坪村万亩蔬菜基地安装了200多个摄像头，全程监控蔬菜生产的过程，确保了蔬菜的新鲜、安全。三是搭建物流公共信息平台。努力打造科技研发、物流服务、电子商务等信息服务平台，帮助企业在互联网上寻求信息、洽谈合作，提高产品市场占有率，提升品牌知名度。

5）突出机制创新，增强发展后劲

一是创新土地增减挂钩指标交易机制。实施全域土地增减挂钩项目，迁村腾地，集中居住（图4-6），全镇可节约耕地1.4万亩并拿出1万亩，以每亩不低于10万元的价格在全市范围内交易，筹集资金10亿元。二是创新项目资金整合机制。按照"渠道不乱、用途不变、优势互补、各记其功"的原则，每年可整合土地整理、交通、农田水利等项目资金 2 亿元用于基础条件改善。三是创新投融资机制。在县政府的大力支持下，成立镇级融资平台，积极与县金融部门洽谈，县农业发展银行拟授信 1 亿元的贷款。

图 4-6　沙洋县官垱镇王坪村正中水镇新农村示范区

近年来，官垱镇通过大力推进迁村腾地、农村新社区建设、农村土地流转等方面的工作，推动了农业发展方式的转变，促进了农业产业结构的调整，增加了农民增收的渠道。

2. 主要经验与启示

1）坚持"全域规划"

坚持规划引领按照"工业新区，城市新区，现代农业示范区，四化同步先行区"的发展定位，坚持"全域规划"的理念，投入 600 万元，聘请了 4 家甲级资质的规划设计单位，高标准地完成了镇域规划、镇区规划，以及镇村专项规划，做到美丽乡村建设总体规划与村庄布局规划、土地综合整治规划、产业发展规划"四规合一"，形成了总规、详规、专业规划配套的城镇化规划体系（图 4-7）。统筹编制好镇区规划和农村新社区规划，做到与新型城镇化规划、沙洋县产业布局规划、沙洋生态县规划及土地利用规划对接，进一步完善和提升规划水平。要抓紧研究和谋划官垱镇的产业定位，围绕现代农业发展，大力培育特色产业和龙头企业，着力构建产业支撑，打造官垱镇产业品牌和产业名片。要认真研究和谋划生态休闲旅游产业，大力发展电商产业，推动一、二、三产业融合发展。

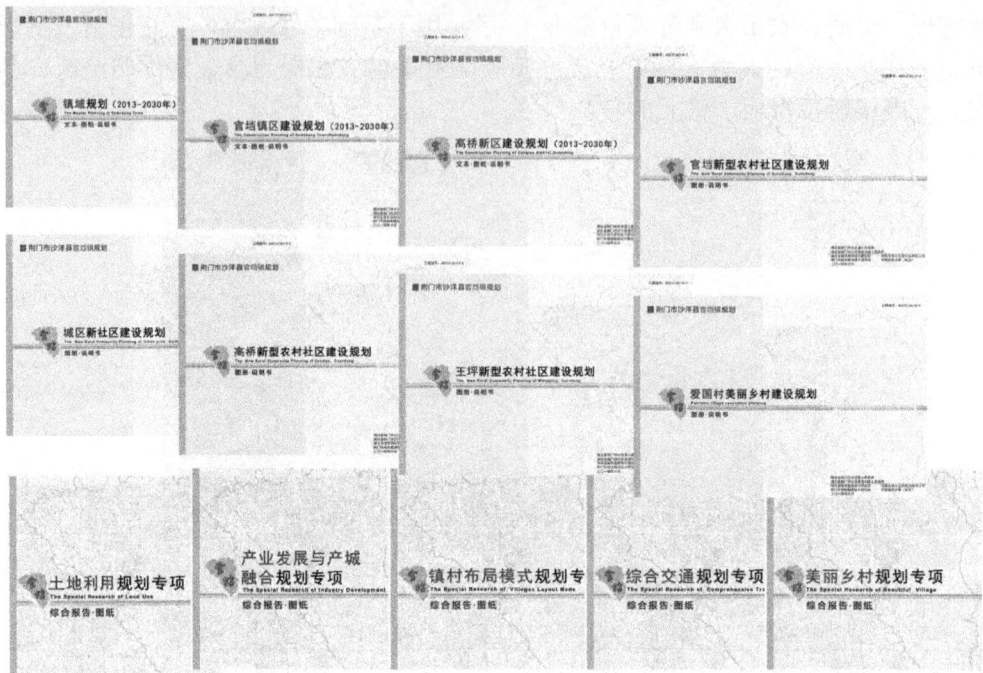

图 4-7　官垱镇编制的"四化同步"的相关规划
资料来源：沙洋县官垱镇"四化同步"试点镇村规划成果

2）项目扶持，推进农业农村发展

自 2015 年开始，沙洋县官垱镇借助"四化同步"土地整治政策，启动了高标准基本农田土地整治项目（荆门市国土资源局荆土资批〔2015〕25 号文批准）建设，建设资金来自省级财政投资，已安排官垱镇 6 万亩国土整治项目建设，并依托项目做好农业产业化基础设施建设和美丽乡村建设，配套建设"稻鳖虾"生产基地 4 000 亩、高标准蔬菜基地 2 000 亩。

3）产业扶持，提供资源配置服务

通过产业扶持推动沙洋的经济发展，增加居民的收入水平，为当地居民提供基本的社会保障，促使"四化同步"稳步推进。

4）增减挂钩扶持，盘活建设发展要素

全域实施城乡建设用地增减挂钩，申报立项获批第一批"四化同步"增减挂钩项目 1 600 亩，第二批 2 600 亩正在筹备申报立项，支持官垱镇增减挂钩指标参与市场交易，批准交易指标 1 526.24 亩，通过增减挂钩指标交易，既可以盘活存量建设用地、节约集约用地，也可以获得相应的资金，确保基金来源。

4.2.4 监利县新沟镇

1. 基本情况

监利县位于湖北省中南部，江汉平原南端、洞庭湖北面，区位条件优越。南披长江玉带，与湖南岳阳市一桥相连；北枕东荆河水，与仙桃、潜江两市接壤；东衔洪湖明珠，与洪湖市共享天然湖区；西望荆州古城，接江陵、石首，距荆州90 千米。随岳高速公路穿境，荆岳长江大桥连通两湖平原，武监高速、江北高速等正在建设。同时，监利还紧邻武广高铁、汉宜高铁，坐拥长江黄金水道。容城新港、白螺深水港正在紧张建设，且江汉平原货运铁路监利支线获国家发展和改革委员会和省政府立项批复，将监利至华容公铁两用大桥纳入湘鄂两省共同规划，发展区位条件将进一步提升。2015 年，监利县域经济综合排名在全省进位 9名，全县完成地区生产总值 236.3 亿元，增长 10%；完成社会固定资产投资 217亿元，增长 22%；完成财政总收入9.7 亿元，增长 23.1%；完成地方公共财政收入7.3 亿元，增长 24.5%；实现社会消费品零售总额 129 亿元，增长 15%；实现外贸出口总额 7 015 万美元，增长 8%；城镇常住居民人均可支配收入达到 22 876 元，增长 11%；农村常住居民人均可支配收入达到 13 785 元，增长 12%。监利县粮食生产实现"十二"连增，粮食总产 146.2 万吨，稳居全省之首，并再度荣获"全国粮食生产先进县标兵"称号。生猪出栏123 万头，家禽出笼 2 440 万只，连续第四次获得"全国生猪调出大县"称号。水产品总量33 万吨，蔬菜总产43.5 万吨，人工造林面积 6.2 万亩。监利工业园区规划面积 35 平方千米，建成区面积为 20平方千米，园区平台建设日趋完善，已落户项目 120 多个；形成五大产业园区：香港家具产业园、华中玻铝产业园、永康五金产业园、中泰电子产业园、上信服装产业园。由此，监利县县域空间结构就形成了"一主"（中心城区，含容城、红城、毛市部分村庄）、"三副"（白螺、新沟、朱河三个工业强镇）、"两特"（周老嘴、程集两个国家级历史文化名镇）、"两轴"（沿随岳高速公路形成的南北向城镇发展轴，沿 103 省道形成的东西向城镇发展副轴）的格局，城镇化体系初步形成。"福娃模式"创造的产业园区、新镇区和农村新社区（"三区同建"）带动了当地农民增收、农业增效和企业增利（"三增同步"），成为湖北省"四化同步"发展的一面旗帜。

2. 全域土地整治助推"四化同步"

1）立足龙头企业，打造"智慧产业"

监利县新沟镇以福娃集团为依托，开展新沟企业信息化探索，将工业化生产和信息化有机结合，建立信息化示范企业。一是投资 80 多万元建设福娃集团室内综合信息展示中心，中心由室内 LED（light emitting diode，发光二极管）拼接大屏、电脑、专用大屏立式手机等组成。集成现在的 OA（office automation，办公自动化）、ERP（enterprise resource planning，企业资源规划）、CRM（customer resource management，客户资源管理）等企业内部信息管理系统，形成一站式的企业管理服务，形象、直观、生动地展示信息化技术在生产、生活中的应用，使生产者、管理者和客户及时了解集团生产经营管理和服务过程中的情况，提高企业的管理效率。二是投资 40 万元建设福娃集团育秧工厂和有机稻生产物联网应用。有机水稻种植系统由大田生态环境系统、大田土壤墒情系统、视屏监控系统、病虫害监控系统组成，通过上述系统监测，及时将信息传送到综合平台，实现农情监测与病虫害监测防治信息化、精准施肥、智能灌溉、智能化工厂育秧等现代栽培技术。三是投资 5 万元实施福娃集团垄上行农资超市多媒体信息服务终端一体化，将农资"六统一"服务模式、垄上频道农技视频、新沟农技服务、垄上行手机报公共查阅等内容进行展示、应用，使农民在购买农资、农具的同时，可以享受相关的农业信息服务（图 4-8~图 4-10）。

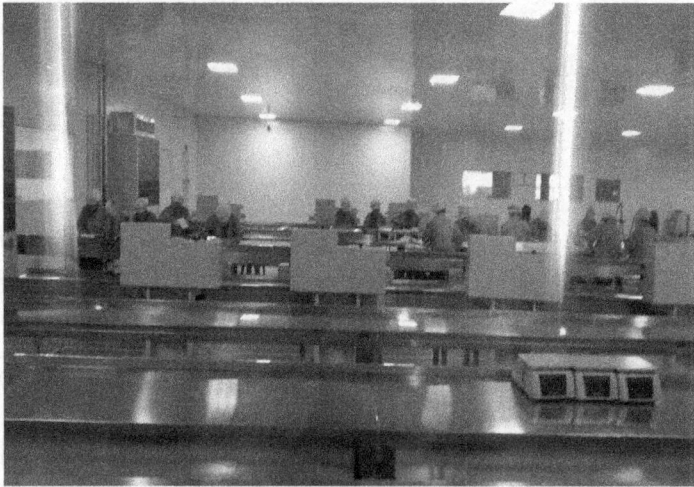

图 4-8　福娃集团现代化食品生产线

　2）立足新型社区，打造"智慧社区（村）"

　　投资 10 万多元建设横台村、交通村信息化示范点，由触摸屏一体机、电脑、打印机、户外 LED 单色屏、产业通信息和党员远程教育设备等组成。"智慧社区（村）"以现代信息和通信技术为支撑，以湖北国家农村信息化示范省省级中心平台——湖北智慧农村网及其子平台和子系统为载体，以社区（村）党员远教站为依托，以社区（村）居民为对象，重点开展卫生、计生、农技、气象、党员远

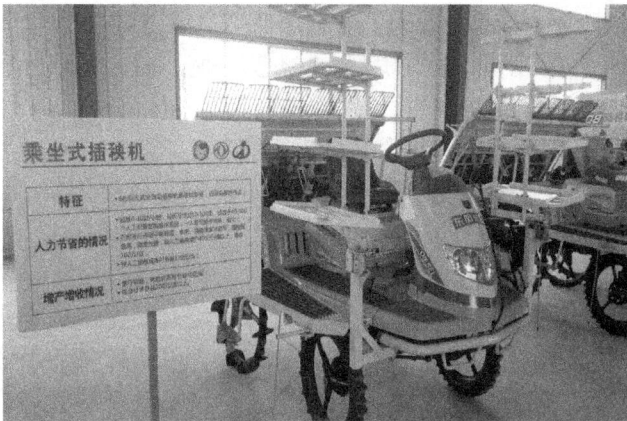

图 4-9 福娃集团东风井关农业机械有限公司设备

图 4-10 福娃集团智能化工厂育秧基地

教、文化、社会治安、社会保障、村务管理等与居民生活相关的各类信息化服务。通过"智慧社区（村）"建设，实现居民足不出户，也能实时查询和咨询各类民生服务信息，提升居民生活的便捷度和社区的文明程度。

福娃集团创建的福娃"智慧社区（村）"，以企业的丰厚利润为支撑，以各种形式吸引企业内外人员入住。农民入住社区后，集约的土地收益可以"取之于民，用之于民"，即提高农民在土地增值收益中的分配比例，农村土地整治和城乡建设用地增减挂钩产生的土地增值收益全部用于农业、农村和农民。

3）立足新型城镇，打造"智慧政务"

投资 50 万元建设新沟镇步行街数字展示中心，建成 15 平方米的户外全防高清 LED 屏及有关信息设备，投资 5 万元在镇行政服务中心安装触摸屏一体机，打造政府各部门电子办公环境，实现内部办公自动化，提升办事效率；发布政府部门的公共信息，如通知公告、网上审批、网上咨询、网上投诉、政务微博等信息，以及政策法规和办事流程查询、表格下载等，实现政府与企业、居民的信息互动。"智慧政务"的建设，还可以为"智慧产业"和"智慧社区"建设提供强有力的支撑和服务保障。

3. 主要经验与启示

1）深化改革是动力

2003 年以来，监利县稳步推进税费改革、乡镇综合配套改革等农村各项改革，坚持把改革作为最大红利，让改革释放最大活力，促使农业大县发生了历史性嬗变。一是农村税费改革激发了农民生产热情。税费改革后，农民种田积极性普遍提高，农田变成抢手"香饽饽""金疙瘩"。棋盘乡的养殖户采取对手成交自然流转和公开竞标等方式流转土地和湖面，流转价格在 150~1 000 元不等，平均每户有20~30亩养殖面积，效益在3 000~6 000 元/亩。二是二元结构改革加速了城乡融合发展。通过城乡一体化发展，城乡的优势融合速度不断加快，城乡的资源要素相互流动逐渐成为激发资源要素活力、统筹城乡发展、催生监利之变的强大内生动力。三是管理体制改革提升了政府行政效能。推进乡镇机构改革，合并乡镇3个，减少镇村中间机构103个，乡镇党政班子成员和机关干部分别减少115人、437人。推进行政村规模调整，合并行政村131个，减少村干部5 200人。推进财政管理体制改革，实行钱随事走、以钱养事，收到了"减人减支"的效果。

2）转变方式是前提

一是以土地流转推动规模经营，聚集了生产资源。引导农村新型经营主体以实物流转、现金流转、土地入股等方式和适度规模流转农民土地，推动农村土地向农业龙头企业、专业大户等新型经营主体集中，实现了农村土地资源的优化配置。二是以育秧工厂带动社会化服务，优化了生产关系。以水稻集中育秧为突破口，通过育秧工厂深度介入水稻生产销售全环节，围绕农民需求开展全产业链服务，实现了劳动者的劳动联合和资本联合，促进了农业经营提质增效。三是以创新驱动促动转型升级，增添了发展动力。推广优良品种、轻简化栽培、植保机防、测土配方施肥、农村清洁能源利用和油（麦）稻、肥稻稻、稻鸭共育、稻虾共育等实用技术及高产高效模式，拓宽了农业生产的增长空间。四是以金融保险拉动资本投入，提升了保障水平。出台"三权"抵押贷款、"四台一会"融资、贷款风险补偿等系列办法，引导驻监利县金融机构分别与农村专业合作社对接，累计获金融扶持农业资金30多亿元。积极探索保险行业支持农业发展的办法，有效提升农业抵御风险的能力。

3）产业发展是抓手

一是建设产业基地，放大资源优势。着力打造五大农业板块，目前，有机稻板块年可生产优质有机稻 3 200 万千克，水稻优质高产基地板块年可生产优质稻谷 18 850 万千克,设施农业板块共辐射农田 60 万亩,畜牧健康养殖板块年可出栏生猪 120 万头、家禽 2 500 万只,名特优水产品养殖板块年可上市优质水产品 18 万吨。二是打造产业龙头,加快资源转化。2014 年,全县农产品加工业实现销售收入 196 亿元,同比增长 14.6%,新增年产值在 500 万元以上农产品加工企业 11 家。其中,福娃集团年产值达 98 亿元,年带动粮农增收 2 亿元;玉沙集团年产值达 20 亿元,成为全省家纺产业集群示范龙头企业。三是延长产业链,挖掘资源潜力。发展粮食及食品、棉纺织、林木、禽蛋、水产品、蔬菜等六大农产品加工产业链,丰富的农业资源成了监利发展最大的优势,也成为监利"工业兴县、开放强县"最大的潜力。

4)土地整治是关键

将镇域发展的重点项目、特色项目优先纳入年度用地计划;对该镇增减挂钩项目和高技术、高附加值、低消耗、低排放项目,优先配置用地计划;对土地综合整治、耕地占补平衡和增减挂钩等方式产生的新增建设用地指标 20%予以倾斜;对农民个人建房用地,从全市年度下达计划指标中按不低于 3%的比例单列安排[①]。湖北福娃集团是国家级农业产业化重点龙头企业,自建 3 万亩国土整治项目已全面开工,投入资金 4 279 万元,现已完成工程总量的 60%。历年来,新沟镇共实施土地整治项目 7 万亩,整治率达到 43.8%。土地整治有效改善了农村生产、生活条件,成为实现"四化同步"最直接、最快捷、最有效的措施之一(张骥,2015)。

自 2014 年开始,监利县新沟镇利用"四化同步"全域城乡建设用地增减挂钩政策开始了土地整治项目(荆土资函〔2014〕84 号文件批准建设),建设资金为省国土资源厅专项资金,项目出资比例为 100%,且于 2016 年 1 月实行了"四化同步"土地整治指标交易。荆州市城市建设投资开发有限公司以 5 000 万元价格获得监利县新沟镇 500 亩"四化同步"城乡建设用地增减挂钩节余指标。2015 年 8 月全省"四化同步"示范乡镇国土资源工作推进会之后,荆州市作为跨区域开展城乡建设用地增减挂钩结余指标交易试点城市之一,监利县新沟镇"四化同步"土地整治工作推进速度居全省前列。此次用地指标的成功交易,标志着荆州市在创新增减挂钩节余指标跨县域配置方面迈出了重要一步,对解决"四化同步"示范乡镇"钱从哪里来,地从哪里出,人到哪里去"的问题进行了有益探索,对实现城乡互动发展与双赢起到了示范作用[②]。

5)政策驱动是保障

一是惠农补贴政策的实施,进一步激发了监利农民种田积极性。2004~2014 年,中央和省级财政拨付监利的转移支付资金累计达到 211.7 亿元,有效缓解了

---

① 荆州市局积极服务"四化同步"示范乡镇试点建设. http://www.hblr.gov.cn/wzlm/zwdt/sxdt/34030.htm.

② 荆州市在全省率先开展"四化同步"增减挂钩结余指标交易. http://www.hblr.gov.cn/wzlm/zwdt/sxdt/62187.htm.

乡、村两级的运转压力，激发了农民的种粮积极性。农村常驻居民人均可支配收入增长了 5 倍多。二是基础建设项目的倾斜，进一步改善了监利农业生产条件。2004 年以来，监利在基础设施建设上的有效投入达到 17 亿元，以奖代补拨付资金 17 716 万元。通过加大投入，监利的农业生产条件从根本上得到了改善。三是发展扶持政策的聚集，进一步给足了监利经济后发赶超的政策支撑。监利不仅可以享受国家普惠的政策机遇，还享受到西部县市特殊的优惠政策及全国现代农业示范县、现代农业改革与建设试点等国家扶持政策；同时，鄂西生态文化旅游圈、"仙洪"新农村建设试验区、全省城乡一体化建设试点县等区域发展政策在这里聚集，为监利后发赶超、跨越发展、冲刺全省第一方阵积蓄了充足能量。

4.2.5　嘉鱼县潘家湾镇

1. 基本概况

潘家湾镇位于鄂东南长江南岸、湖北嘉鱼县东北部，地处北纬 30°02′~30°12′，东经 114°02′~114°09′。镇域陆地多属长江冲积平原，九湾（今属四邑村）长江边，至三湾金水河边，全镇最小水平距为 3.75 千米。境内北高南低，土壤肥沃，全镇耕地面积 9.36 万亩，其中水田 52 980 亩，旱地 40 644 亩。镇境客水主要来自长江，以余码头大闸、百里长渠为主引进，各种支渠与斗渠可经过全镇各境。潘家湾镇域属西北部平原气候区，温暖、多雨、光照强，年平均气温 17.5℃，年平均降水 1 425 毫米，年平均日照 1 878.9 小时，年平均地表温度 19.1℃，年平均大气绝对湿度 17.1 百帕，年平均大气相对湿度 78.8%。东临渡普镇，南与新街镇仅一河之隔，西濒长江，与洪湖市燕窝镇隔江相望，北与武汉市江夏区接壤。地势平坦，无丘陵。潘家湾镇北距武汉市区 64 千米，东离武广高铁咸宁北火车站、107 国道和京珠高速公路 30 千米，南去嘉鱼县 24 千米，西靠长江 5 000 吨级深水码头仅 0.5 千米，交通较为便利。

坚持"项目集中、产业集群、要素集约、功能集合"的原则，潘家湾镇依托园区临近长江、毗邻武汉的交通区位优势，以及地处武汉一小时经济圈、咸嘉新城规划重点分区、嘉鱼县新城镇化试点区域的"三区"叠加核心区域的优势，抢抓武汉新港建设、上海通用汽车产业园落户江夏金口的建设机遇，坚持以汽车配套产业为龙头，重点发展装备制造业、现代物流服务产业，逐步实现产业转型升级。

2. 土地整治助推"四化同步"

1）基本农田土地整理项目促进高效农业发展

嘉鱼县潘家湾镇基本农田土地整理项目，在改善农业生产条件的同时，着力打造优质水稻、优质蔬菜等板块基地，发展高效农业，促进农民增收致富。项目的实施，一方面改善了农业生产条件，促进了农业增效、农民增收，提高了农业综合生产能力；另一方面夯实了农业基础，将老百姓眼中的"伤心田"，建成"田成方、林成行、渠相通、路相连、旱涝保收、高产稳产"的基本农田（图4-11）。到目前为止，该镇以"四化同步"为契机，发展了7个蔬菜生产专业村，围绕打造现代农业示范区的目标，加快推进了"五大特色农业板块"基地建设。建成万亩露地蔬菜标准园、万亩优质稻基地、万亩竹柳基地、千亩花卉苗木基地，扶持新农果蔬合作社建设，建设科技园，形成"一村一品，各具特色"的专业化布局。

图4-11　嘉鱼县潘家湾镇基本农田土地整理项目图

2）基础设施融入武汉城市圈

武汉城市圈先后进入了"布网"阶段，并面临着"整合"的艰巨任务。潘家湾镇处于武汉城市圈核心辐射区，积极承接武汉产业转移，完善区域基础设施，可以有效促进武汉城市圈的"布网"和"整合"。

3）产业发展全面对接武汉

潘家湾镇位于武汉一小时经济圈内，具有劳动力资源丰富、土地成本低、产业发展基础良好、与消费市场对接紧密等经济发展优势。随着中部地区的产业转移和武汉周边地区的产业外溢，未来潘家湾镇将有效承接东部沿海产业转移。

4）重大建设项目将推动城镇发展

一是畈湖工业园区建设带来的城镇发展动力：工业园区位于潘家湾镇畈湖村，依托紧邻武汉的区位优势，积极承接产业转移，立足打造零污染、零排放园区，推进工业园基础设施建设。未来将大力发展新型材料、精细化工、装备制造等产业。二是咸嘉新城发展带来的城镇发展动力：作为引领武汉新港的战略支点，策动咸宁发展的产业高地，推动区域协调的创新平台，江湖一体的旅游生态名城，对潘家湾镇将产生结构性影响。三是咸嘉新港潘家湾码头是咸宁市内唯一的 5 000 吨级深水码头，地理位置优越，水陆交通便利。码头依江达海，可开展水水、水陆、江海联运，陆上交通便利，使该码头逐步发展为集货物装卸、船舶货运代理等功能于一体的货物集散中心，这对促进区域经济发展发挥着重要作用。

2016 年，畈湖工业园基础设施建设已初步完成，三纵三横全长 5 600 米的道路已硬化，水电、燃气、光缆等管网已铺设，新征 200 亩的土方平整和 3.5 万伏电力线路整改已完成，新架设路灯 112 盏，"一轴两廊、一心多节点"的园区景观系统已具雏形。园区配套设施的全面推进，进一步优化了园区投资环境，提升了园区承载能力。园区实现新增落户企业 33 家，开工建设 32 家，建成投产 20 家[①]。

3. 主要经验与启示

1）坚持规划先行，优化土地利用空间布局

一是统筹各项规划，按照"四化同步"的理念、要求、目标，把工业和农业、城镇和乡村、城镇居民和农村居民有机结合起来，进行统筹规划。二是预留发展空间，牢牢把握农业人口向新型城镇转移、城镇建设用地增加和农村建设用地减少的趋势，按照"四化同步"发展的阶段性用地需求，进行土地利用总体规划局部调整，合理调整结构和布局。三是节约集约用地，引导工业向园区集中、农户向新城镇和新社区集中。

2）坚持资源整合，实现整村推进滚动开发

一是整合涉农资金发挥综合效益，以土地整治重大项目为底盘，大力整合国土、水利、交通、林业、扶贫、移民等部门的涉农资金和优惠政策，让资金跟着项目走、项目围绕规划走，资源集中用于整村推进项目。为全力支持潘家湾镇"四化同步"建设，到 2016 年底，湖北嘉鱼县多方整合财政专项资金 13 500 万元，其中，上级财政支持资金 8 000 万元，县本级财政支持资金 3 000 万元，镇政府自筹资金 2 500 万元，整体推进潘家湾镇农业现代化、新型工业化、新型城镇化、信息化等同步建设[②]。

---

① 嘉鱼县整合资金支持潘家湾镇"四化同步"建设见成效. http://www.mof.gov.cn/xinwenlianbo/hubeicaizheng
xinxilianbo/201701/t20170123_2525680.htm.

② 嘉鱼县整合资金支持潘家湾镇"四化同步"建设见成效. http://www.jiayu.gov.cn/~xpjwz/article-590939e35d
454051668b51c1.shtml.

二是运用好城乡土地增减挂钩、低丘缓坡地综合开发利用政策,抓好村庄集并、迁村腾地工作,同时注重项目与新社区建设对接,引导城镇新社区和农村新社区标准化建设,实现就地城镇化。

三是探索农村集体建设用地入市,在符合规划和用途管制的前提下,允许农村集体经营性建设用地出让、租赁、入股,积极慎重组建土地银行,实行与国有土地同等入市、同权同价,建立城乡统一的建设用地市场。

四是创新农民收益合理分配机制,依法赋予农民对集体资产股份占有、收益、有偿退出及抵押、担保、继承等权利。

3)坚持政策引导,促进城乡统筹协调发展

一是完善土地流转政策,建立农村产权流转交易平台,鼓励承包经营权向专业大户、家庭农场、农民合作社、农业企业流转,发展多种形式规模经营。二是支持农业产业化发展,鼓励村企共建,引导引进社会资本特别是农业龙头企业,发展以现代化农业为依托的休闲观光农业及畜牧业,加大对农业产业化企业的扶持,将其农业生产和畜牧养殖用地作为农用地管理,对于确需建设永久性设施的情况,按照非农建设用地报批和管理。

4.2.6　潜江市熊口镇

1. 基本概况

熊口镇位于潜江市中南部,由熊口镇、熊口农场和熊口林场三大行政单位组成,其中熊口镇下辖 24 个行政村,2 个居委会;熊口农场下辖 6 个分场;熊口林场规模较小,无下级行政单位。中心镇东北距潜江市城区 16 千米,地理坐标为东经 112°46′,北纬 30°18′,属亚热带季风性湿润气候,雨量充沛,常年降水量在 1 000 毫米左右。年平均最高温度 40℃,最低温度−6℃,年平均温度 16℃,且很少见到其他灾害性气候。该镇依南北向的东干渠而建,与熊口农场隔河相望,东距东荆河约 4 千米,北与 318 国道、汉宜高速公路相连,南与襄岳公路相通,县道、省道、国道与镇内街巷交错成网,是潜江市南部各乡镇场、办事处的一个重要交通枢纽。水路交通可容 20 吨船舶从熊口出发经东干渠转至监利、洪湖入长江。水陆交通十分便利。

熊口镇地处江汉平原腹地,地势平坦开阔,土地肥沃,耕地面积大,具备良好的农业基础和规模化农业的条件;从产业条件来看,水产品特色鲜明,主要有小龙虾、鳝鱼、鲫鱼等,其龙头企业华山水产是全国最大的鲫鱼、小龙虾重点加工出口企业,是全国第一家拥有高技术含量甲壳素产业链企业,获得湖北省委、省政府"十二五"期间重点扶持;从文化特色来看,熊口镇是入选的示范乡镇中文化底蕴较为浓厚的中心镇，拥有"中国历史文化名镇""全国发展改革试点镇""湖北省百个特色镇""潜江市重点镇"等多个荣誉称号。

2. 土地整治助推产业发展

为探路"四化同步"，近年来，熊口镇探索了"多方共赢"的"华山模式"。"华山模式"是围绕农产品加工业与现代农业的融合互动，探索出的一套企业、农民、集体合作共赢的经营体系和"产城互动"的城镇化路径，是经济发展进入新常态、农业发展环境发生深刻变化的背景下，加快建设现代农业、推进"四化同步"发展过程当中出现的新生事物，在全省具有代表性、典型性。"华山模式"推动了农业发展方式的转变和结构的调整，构建了合作共赢的新型农业经营体系，探索了工商资本进入农村的有效途径，拓展了农民持续增收就业的空间和渠道，创新了农民就近就地实现城镇化的形式。

1) 以基地建设推进农业现代化——"稻虾共作"力助产业勃兴

熊口镇立足小龙虾特色产业，大力推进以"稻虾共作"为核心的现代化农业基地建设，促使农业生产向现代化、集约化、规模化发展。2013 年起，熊口镇以赵脑村为重点，开展迁村腾地、土地流转，同时以华山公司为依托规范和引导农村土地流转，着力推进适度规模经营。土地流转后，企业统一建设改造标准化基地。经过规模化、标准化整治后，赵脑村耕地面积达 10 942 亩，新增 3 390 亩，其中"稻虾共作"面积达 10 602 亩。

为构建现代化的农业经营体系，企业还成立了合作社，为所有经营户提供了整治基地、种养标准、供应农资、生产管理、收购产品、产品品牌"六统一"服务，水稻生产机械化率达 100%，每亩平均生产成本由 485 元降到 360 元。

2) 以产业建设推进新型工业化——"中国甲壳素之都"已具雏形

华山公司作为国家级农业产业化重点龙头企业，成为引领熊口镇"四化同步"的"龙头"。熊口镇着力加快推进以甲壳素产业为核心的新型工业化，全面提升甲壳素产能。以甲壳素为原料，积极研发、新建保健品，投产后，可年产 50 亿粒氨糖、壳聚糖、壳寡糖保健品，新增产值 50 亿元，为打造"中国甲壳素之都"奠定坚实基础（图 4-12）。至"十二五"末，熊口镇甲壳素总产值达 100 亿元以上，形成集养殖、加工、贸易、研发于一体，覆盖工业、农业、城镇建设等的多元化现代产业集群。大型专业市场同样是熊口镇产业建设的大手笔。目前，规模为 250 亩、建筑面积 30 万平方米、总投资 6 亿元的专业市场正在紧锣密鼓地施工，包含农资、农机、农副、农贸和小商品市场等，力助熊口镇打造"十分钟生活圈"。

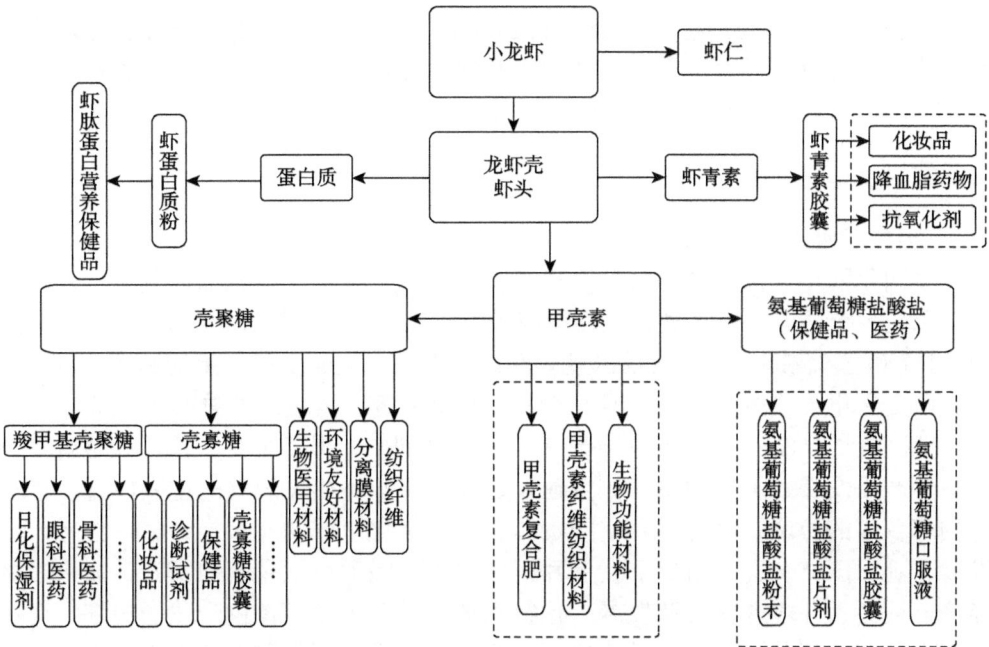

图 4-12 华山公司小龙虾精深加工环节（甲壳素及其衍生品）示意图

资料来源：熊口镇"四化同步"试点镇村规划初步成果

3）以人为本推进新型城镇化——新农村新风貌呼之欲出

在推进城镇化方面，熊口镇"以人为本"，高标准、科学化地制定全域规划，扎实推进以宜居熊口为特色的新型城镇化。熊口镇聘请中国城市规划设计研究院深圳分院编制镇村规划、镇域规划、镇区规划、新型农村社区规划等，还请华中科技大学编制土地利用专项规划，实现"多规合一"。全域规划总面积 138 平方千米，目前，基地建设、社区建设、环镇东路、垃圾压缩、乡村整治等项目已启动。

以华山公司为主导开展华山综合社区建设，使广大农民在不离土不离乡的情况下实现就地城镇化，让自主创业和进入产业集聚区就业的农民逐步变成产业工人。社区总用地 938 亩，农民还建房 710 套，配有中心戏台、社区活动中心、卫生所等公共服务设施。同时，熊口镇"六纵四横"的路网已经拉通，电力设施配套、自来水管网建设、雨污分流、垃圾处理等全线启动。

4）以信息平台建设推进信息化——打造互联网时代的新熊口

近年来，熊口镇充分利用现代科技手段，建设信息平台，整合全镇信息化网络，达到企、农、城一体化，实现建设产业化、信息化新城的目标。华山公司的电商平台旨在整合熊口镇及周边地区的小龙虾信息资源，实现熊口镇及周边小龙虾的网上认证、收购、宣传、营销等功能，帮助建立熊口乃至潜江地区的优质的自主农业品牌。目前，电子商务平台已经启动实施。远程管理平台、基地建成后，将全面建设远程管理平台，并用于基地的经营管理中。通过远程管理，可大大降低华山公司在基地上的管理成本，并能实时监控基地的生产情况。

3. 主要经验与启示

1）多规协调，全域统筹

"四化同步"，规划先行，熊口镇聘请具有甲级资质的机构编制了"四化同步"示范乡镇试点镇村规划，最终形成了"1136"规划编制体系，即 1 个镇域规划、1 个镇区规划、3 个农村社区规划和产业发展、美丽乡村、土地利用、低碳生态、历史文化、"多规合一"等 6 个专项规划研究。全域规划总面积 138 平方千米，镇区规划总面积 10.77 平方千米，新编规划中，重点是充分协调和整合社会经济、产业发展、土地利用、城乡建设、环境保护等相关规划的主要内容，加强与相邻乡镇的协调，统筹城乡空间资源配置，优化镇域功能布局，融合主导产业发展，确保国家、省、市重要发展片区、重点发展项目顺利落地实施，促进镇域经济、社会、环境整体协调发展。这特别加强了对小龙虾特色产业的规划，对小龙虾上游"稻虾共作"发展模式进行了细化，对小龙虾下游甲壳素工业发展提出了"多元化、高附加"的发展路径。

2）因地制宜，分类指导

要充分尊重地方实际、环境资源条件和历史文化特点，综合考虑各地区的区位、地形地貌、交通、资源、环境、社会经济水平等级条件，明确镇域城乡建设的差异化发展战略，在镇村布局、产业引导、道路交通规划、用地指标、基础设施配套等方面因地制宜，分类指导，积极探索不同地区、不同类型的镇域发展途径和建设模式。

3）产城融合，服务均等

要突出优势区位产业集聚与产城融合。强化产业选择的本地化和可持续性，引导外出经商务工人员返乡创业和农村劳动力依托城镇就近就地转移产业。在进行产业发展布局时，要保证有利生产、方便生活。注重镇区和村庄（新型农村社区）生产、居住、服务功能三位一体，促进完善城镇一体化、均等化的基础设施配套服务和公共设施服务。

4）集约高效、节约用地

华山公司与熊口镇赵脑村农民协商"迁村腾地、整体流转"方案，经多轮反复征求意见，最终与全村 616 户农民中的 585 户达成土地流转协议，公司租赁给农户土地经营权，进行大规模连片整治。一方面，经过规模化、标准化整治，赵脑村万亩高标准"稻虾共作"生产基地配有水稻育秧工厂、虾种选育基地、生活办公区等配套设施。疏洗沟渠 3.4 万米，挖养虾沟 1.6 万米，修建涵闸泵站 12 座，平整土地 8 000 多亩，栽种绿化树 10 万多棵······真正呈现了一派"田成方、树成行、路相通、渠相连、旱能灌、涝能排"的现代田园风光。另一方面，赵脑村规模化基地的全新生产方式催生了农户对新生活的追求，熊口镇因势利导，与华山公司密切合作，在镇东建设华山（赵脑）综合社区，用以安置赵脑村土地流转过程中的农民，实现就近就地城镇化。因此，依托"四化同步"进行土地整治要倡导绿色小城镇发展模式，妥善处理好镇村规划布局集中与分散的关系，少占耕地，尽量集中建设；加强生态保护，相对集中建设，力求在交通便捷区域选址布局。加强镇村各类用地建设规模控制，避免无序扩张。

5）深入调查，群众参与

规划既要高立意，更要接地气。县乡政府、有关部门及村支部、村委会要全身心参与到村庄整治、中心村培育、美丽乡村建设等规划编制建设中去，提高基层干部参与规划编制的深度，避免"一脚踢"把规划编制包给规划设计单位。

6）注重文化，突出特色

要依据地方资源禀赋，突出自然生态资源、历史文化资源、传统建筑名居特点，体现地域特色、乡村特色和民族特色，尊重农村地区的多样性和差异性，延续历史文脉，强化村镇文化和特色塑造。熊口镇依托"四化同步"进行土地整治，致力于打造"一线三区"的旅游精品路线，即以郭湾至赵脑为主线，依次打造襄岳公路精品农业休闲区、熊口镇小龙虾、红色文化观光区、"稻虾共作"现代农业旅游区。让人们既看得见乡村风景、城镇风貌、田园风光，又感受得到熊口镇新型工业文明、红色遗迹文物和现代农业文化。

第5章 "十二五"时期土地整治助推美丽乡村建设

5.1 土地整治与美丽乡村建设

5.1.1 土地整治与美丽乡村建设的关系

党的十八大把生态文明建设列入"五位一体"社会主义建设总布局，明确提出建设"美丽中国"的新构想、新目标。

由于美丽中国建设的重点和难点在农村，因此，2013 年中央一号文件首次以中央文件形式提出"建设美丽乡村"，尤其是党的十八届三中全会做出的《中共中央关于全面深化改革若干重大问题的决定》，进一步明确要"紧紧围绕建设美丽中国深化生态文明体制改革，加快建立生态文明制度，健全国土空间开发、资源节约利用、生态环境保护的体制机制，推动形成人与自然和谐发展现代化建设新格局"。

全国各地在美丽乡村建设方面开展了大量的探索和实践。随着中央不断加大"三农"扶持力度，土地整治的要求越来越高。作为统筹城乡发展的基础平台和重要抓手，土地整治近年来在促进新农村建设中发挥了积极作用，而随着美丽乡村建设的广泛开展，土地整治应该而且能够在促进美丽乡村建设中发挥更加重要的作用（张晓燕，2015）。因此，湖北省及时总结经验，大胆解放思想，紧紧围绕美丽乡村建设开展土地整治，深化建设内涵，提高建设效益。

1. 土地整治是推进美丽乡村建设和统筹城乡发展的重要抓手

建设美丽乡村，为的是改善生活、发展生产、保护生态。因此，在土地整治项目实施过程中，实行"同步走"，注重把高产农田建设规划与美丽乡村建设规划同步推进,与小流域治理同步落实,与通村公路同步设计,与发展现代农业同步安排,土地整治可以达到农田网格化、田间道路网格化的效果,改变农田破碎、农民出行不便的局面,满足农业规模化经营、机械化作业的要求,结合村庄改造初步形成道路通畅、田块规整、灌溉自如、林网秀美、环境优良、人居和谐的现代农业和农村示范园区(高洁等,2016)。

2. 以美丽乡村建设和城乡融合发展为导向,探索土地整治新模式

"十二五"期间,湖北省在"仙洪"新农村建设试验区、鄂东城乡统筹示范区、鄂北特色农业示范区内18个县(市、区)开展整体推进农村土地整治示范建设,采取整合资源、整体推进、改革创新、试验示范的方式,围绕城乡规划一体化、城乡土地利用一体化、城乡产业布局一体化等目标,以城乡建设用地增减挂钩为切入点,优化城乡空间结构,合理确定功能分区,实现"中心城区—城镇—农民社区"分层次推进,重点促进土地要素自由流动,盘活用好农村集体建设用地,探索建立城乡统一的建设用地市场,实现国有建设用地和集体建设用地"同地、同市、同价",实现经济、社会和生态三赢局面,达到耕地增加、粮食增产、农民增收的"三增"效果,为美丽乡村建设和城乡融合发展起到带头示范作用。

3. 与基础设施建设有机结合,整治环境,改善民生

结合城乡建设用地增减挂钩试点和村庄环境综合整治,实行迁村腾地和中心村建设,美化了农村人居环境,促进了民生改善,使土地整治真正实现了田、水、路、林、村的综合整治。湖北省"仙洪"新农村建设试验区、鄂州城乡一体化示范区、竹房城镇带城乡一体化示范等都是通过土地整治平台,从而改善农村人居环境。土地整治改变了过去那种"污水靠蒸发、垃圾靠风刮"的面貌,按照"绿色可餐、绿色可居、绿色可依、绿色可游"的原则,按照"产业向区域集中、企业向园区集中、居民向城镇集中,服务向社区集中"的总体要求,"统一规划设计、统一建设施工、统一外形样式、统一标准要求、统一配套设施"。主要以优化土地利用结构、增加耕地数量、提高耕地质量、改善农业生产条件、增加农民收入为目标,进行田、水、路、林、村综合治理,打造一批特色产业基地,扩大设施农业建设规模,促进新农村建设和城乡融合发展。形成"田块归整、渠路相通、布局合理、效益显著"的现代农业生产格局,做到处处村容整洁、环境优美、景色宜人,为发展现代农业、推进美丽乡村建设提供了重要平台。

5.1.2 土地整治在美丽乡村建设中的作用

1. 重构乡村生产空间

土地整治推动了乡村生产空间重构，其作用表现在以下三个方面。一是完善了生产的基础设施。长期以来，我国农村主要采取以家庭为单元的生产方式，农地规模小，农地细碎化严重，且多年来农村缺乏对水利设施的投入和建设，农田水利设施不成体系，导致农户之间经常发生不必要的纠纷。农田生产道路狭窄，不方便农业机械的出入。随着农业机械化的发展，农地细碎化阻碍了农业现代化发展需求，通过土地整治，完善了基础设施，方便了机械的进入和耕作。二是优化了生产用地配置。通过开展农用地整治，按照"田成方、树成行、路相通、渠相连、旱能灌、涝能排"的标准，大规模建设高标准集中连片的基本农田，便于实现农业的规模经营，并建立相应的农业生产基地。开展工矿用地整治，使工业发展走园区化之路，向工业园区集中。同时，乡村服务业走集聚化之路，向商贸区集中。非农产业基地（如园区和商贸区）应集中布局在区位条件优越、交通和通信等基础设施完善的地区，农业生产适当远离城镇和中心村建设区，以防止优质耕地被非农占用（龙花楼，2013）。三是加速新型农业经营主体的产生。规模化的经营方式吸引了更多的乡村能人回乡创业，形成了专业大户、家庭农场、专业合作社等新型经营主体，其成为农业规模化经营的主力军。农地规模化经营解放了农村劳动力，使其成为新型农业组织中的产业工人，促进了农村产业发展。

2. 重构乡村生活空间

在城镇化快速发展的过程中，我国农村人口比例急剧下降，乡村呈现空心化，农村基础设施也远远落后于城市发展水平。近年来，一些地方政府开展空心村治理、农村居民点整治、宅基地置换、宜居村庄等形式的美丽乡村建设，极大地改善了农村居民的生活空间。

"空心村"是农村人口流动、迁移以及农村村落无序扩张造成大量宅基地闲置的现象。针对新农村建设过程中"零星"村庄迁并、废弃村庄土地资源闲置、农户之间因旧宅基地时常发生纠纷等问题，"空心村"综合整治和农村建设用地复垦，对重构乡村生活空间、推动美丽乡村建设起到了重要推动作用。一是完善农村的基础设施，包括道路、广场等，一些老年人在家门口跳起了广场舞；完善水、电、通信、网络设施，为村庄主干道上安装路灯，改善了农村的生活条件，同时也提高了居民的幸福指数。二是变废为宝，美化了乡村生活环境。迁村腾地后，改造拆掉的砖瓦、石条、横梁，村民用剩的水缸都被收集起来，通过巧妙组合，它们"变废为宝"成了景观,环保又朴素。老房子只作天面防水和墙面加固抹泥,修旧如旧,不伤筋、不动骨。连脚下的步行道也没有铺大理石,仅仅用村里最常见的青砖与红砖铺就,将景观设计运用到土地整治规划和乡村建设中去,保持好优美的乡村田园风光,建设了一批"宜居村庄""美丽乡村"示范点,使乡村"看得见山、望得见水",这提高了居民的生活品质,也为乡村旅游创造了条件。

3. 重构乡村生态空间

随着土地整治的逐步深入,人们越来越重视乡村生态空间,具体表现在两个方面。一是保护生物的多样性。早期的农地整治进行了大面积的硬化工程,包括道路、沟渠的硬化,这虽然方便了生产,但是农田里的生物却大量减少,大面积的硬化破坏了大自然的生物链,不利于生态农业的发展。近年来,土地整治重视生态网络和绿色基础设施的建设,减少生产道路的硬化,保留沟渠中生物的栖息空间等,在优化农业生产空间的同时,保护了乡村的生态空间。二是污水、垃圾治理。在农村居民点整治过程中,重新修建污水管道,修建垃圾集中点和中转站,有些乡村对垃圾进行分类,改变了"污水靠蒸发、垃圾靠风刮"的现象(朱勋兵和阳利永,2011)。

5.1.3　土地整治助推美丽乡村建设的成效

土地整治作为美丽乡村建设的助推器,对农村的推动作用主要体现在土地整治完成后的经济效益、社会效益和生态效益方面。

1. 经济效益

通过土地整治,改善了农村土地利用结构,优化了土地布局,促进了农业规模化经营,推动了农村产业的发展,为农民增收创造了条件。具体效益包括以下几点。

第一,促进了农地的规模化经营。通过农村土地整治,归并农地中的田坎,增加有效的耕地面积;改造中低产田,修建灌排设施,使农田"旱能灌、涝能排",提高了农民抵御灾害的能力,提升了耕地质量;通过对"田、水、路、林、村"的综合整治,废弃、损毁、闲置、低效利用的土地得到了集中整治,这提高了土地集约利用水平。土地整治后形成的田成方、渠相连、路相通、林成网的农田格局,有利于农业机械化种植,促进了农地的规模化经营。

第二,促进了农村的产业发展。耕地数量的增加、耕地质量的提升以及耕地的集中连片助推了农村的产业发展。土地整治后的农地有利于规模化种植,这些促进了专业大户、家庭农场、专业合作社等新型经营主体的产生和发展。这些新型农业经营主体通过规模化经营发展种植产业，提高农业生产的规模效应。同时，他们将先进的生产理念和营销理念运用到农村二、三产业的发展，打造特色产业，为农民创收创造了条件。

第三，促进了农民收入的增加。农地整治和农村居民点整治加速了农民的分化。拥有良好种植技术的农民成为新型农民，他们以种植为主，获得比以前高的农业收入。年轻的农民外出打工，将农地流转给新型农业经营组织耕作和管理，获得打工收入和农地流转的收入。而另一部分农民以种植业为主，同时在附近企业兼业，获得农业收入和打工收入。随着农民的逐步分化，他们的从业和生活方式发生了很大的变化，收入也有所增加。

2. 社会效益

第一，改善了农民的物质生活。通过对农村居民点的整治，交通便捷、环境优美、村容整洁的农村新社区逐渐形成，农民生活幸福指数也不断提高。具体包括：①交通条件的改善。通过农村居民点整治和宅基地置换项目，对主干道进行硬化，改变了过去"晴天一身灰、下雨一身泥"的现象。②完善新社区基础设施建设，包括医务室、健身房、超市等基础设施的建设，改善农民居住条件。③加强对农村垃圾的治理，加强污水处理管理，建设垃圾中转站，实现了村容村貌的整洁。经过土地整治，农民对社区的满意度显著提高。

第二，丰富了农民的文化生活。通过对农村居民点的整治，农民的生活变得更加丰富多彩。在农村新社区中安排一定的娱乐、休闲及体育设施，丰富村民的业余生活。例如，湖北省钟祥市彭墩村在土地整治中修建了中心广场，每天晚上农村居民可以像城里人一样跳广场舞。另外，在农村土地整治的过程中，建设了图书馆、文化活动室等文化设施，并配备通信和网络设施，使得农民在家就可以上网，从而丰富了农民的精神世界，提高了农民的思想素质。

3. 生态效益

第一，改善生态环境。通过农村土地整治，农村居住环境和农田环境得到了较大的提升。一是改善农田环境。通过土地整治，加强土地生态修复，建设高标准农田，发展生态农业，从而涵养水源，提升农田生态景观服务功能。二是改善自然环境。在进行农村土地整治时，对农村污水、生活垃圾以及公厕环境进行治理，采取人畜分居方式，改善了自然环境。三是改善居住环境。通过对农村土地的综合整治，实现布局优化、道路硬化、村庄绿化、环境美化，农村脏、乱、差的状况得到根本整治，形成舒适的居住环境。

第二，保持乡村田园风光。土地整治规划师将景观美学运用到土地整治中，为乡村生产生活创造一个美的环境。以乡村田园文化为载体，保护村落的自然环境，避免了整治过程中的大拆大建。在进行农村新居建设时，将当地民俗与景观相协调，新社区的建设风格与当地的民族文化传统相适应，形成良好的视觉效果。例如，武汉市江夏区五里界的小朱湾村结合当地的荆楚文化对居民点进行改造，改造后庭院布局更合理、更美观，使广大农民看到了文化环境实实在在的变化。

5.2　土地整治助推美丽乡村建设的案例与经验

5.2.1　钟祥市石牌镇彭墩村

2006 年以来，彭墩村与湖北青龙湖公司实行村企共建，在湖北省国土资源厅、钟祥市国土部门的大力支持和指导下，以开展土地整治为切入点，积极探索建立土地存贷合作社平台，实现土地科学合理流转，进而推动产业结构调整，发展现代农业，带动村民致富，壮大集体经济。2012 年全村人均纯收入达 2 万元，是 2005 年 2 500 元的 8 倍。村集体从过去的空壳村、负债村一跃变为村级财富积累达 300 余万元的富裕村，成为享誉荆楚大地的一颗耀眼明星，2011 年被农业部、国家旅游局授予"全国休闲农业与乡村旅游示范点"称号，同年又荣获"全国生态文化村"称号，现为国家 AAAA 级旅游景区。

1. 整治前的封闭落后状况

彭墩村地处钟祥市西南部的丘陵地带，土地面积 10.5 平方千米，下辖 9 个村民小组，327 户，1 159 人。土地整治前仅有耕地 6 000 亩、林地 377 亩、水面 2 000 亩，人均耕地 5.2 亩，"四荒"地多达 4 000 亩。农民年复一年种植单一的传统水稻，加上缺乏配套的水利设施，产量基本属"望天收"。村民散居于各地，几乎一户一个自然村庄，当时 327 户的宅基随意占地高达 3 700 亩，户均 11.67 亩，人均 3.19 亩，属典型的"小户大院"，土地有效利用率极低。全村环境基本处于"三无、三难、三不通"的局面，即无企业、无资产、无财富积累；吃水难、看病难、办公益事业难；水不通、电不通、路不通。"人畜共饮塘堰水，耕种运收靠人力"，"晴天一身灰、雨天两脚泥"是当时的真实情景写照。

2. 实施迁村腾地，集约利用土地

建设新农村的第一标准是"生产发展"。彭墩村土地资源丰富，但闲置过多、利用率低，严重制约了农业产业的规模化发展。在湖北省国土资源厅的直接指导和政策扶持下，彭墩村从 2007 年起开始了"迁村腾地"的开创性工程。

村委会本着村民自愿原则，实行"统一规划、统一设计、统一标准、统一建造、统一价格"的方法，到 2009 年为止，不到 3 年时间，就分三期建成 9 个新型住宅小区（即一个村民小组一个集中小区）（图5-1）。农民新居每户占地200平方米，为上下两层联体别墅式建筑，结合农民特点，主建筑后院建有一排附属平房，前庭后院栽种花卉藤树，室内装有有线电视、电话、宽带、上下水道，车库等配套设施一应俱全。整个新居包括小区土地平整，道路、沼气池、水、电、绿化建设在内，当时平均每套造价 12.8 万元，而村民每户仅出资 4.5 万元，仅占总投入的 1/3，其余部分来源于政府国土部门增减挂钩政策的支持和青龙湖公司的适当补贴。"迁村腾地"共腾出耕地 3 200 亩，为农业产业的快速发展提供了充足的土地保障。

图 5-1　彭墩村"迁村腾地"建设的新型住宅小区图

3. 创建土地存贷合作社，规范土地流转

彭墩村土地存贷合作社成立以来，先后共存贷土地 3 815 亩，其中贷给冬青蔬菜合作社 2 000 亩，贷给青龙湖公司农业科技园 973 亩，贷给种粮大户 520 亩。根据当地基本农作物稻谷当年的国家指导价，每斤在 1.4 元以内的，每亩租赁费为 1 100 元；每斤在 1.4~1.5 元的，租赁费为 1 200 元；每斤在 1.5 元以上的，租赁费以此类推。

彭墩村土地存贷合作社通过几年的存贷运行，既盘活了沉淀的土地，又使土地所有者和经营者双方获得了较好的经济效益，实现了死田活用、荒地生财。

青龙湖公司科技园投资兴建了年均孵化 2 000 万只鸭苗的种鸭繁育基地、禽蛋孵化厂和存栏 10 万只的蛋鸭场，带动了本地养殖产业的快速发展。兴建设施化的有机绿色蔬菜基地，充分利用"菜—猪—粪—沼气"发展循环经济。依法有序进行土地的存贷，让农民吃定心丸，可以放心制订长期生产规划，加大土地投入，改善生产环境，提高土地产出率。种粮大户许行兵原有耕地 50 亩，向合作社贷出 100 亩，合计种植面积 150 亩，每年仅农田纯收入就达 20 万元。

4. 土地整治带来全村三大变化

通过迁村腾地，整合土地资源，不仅使全村耕地从过去的 6 000 余亩增加至现在的 9 511 亩，同时带来了全村三大变化：农民思维由小农意识向大农业理念转变、产业由传统生产模式向现代科技农业转变、规模由"自扫门前雪"的单打独斗向取长补短的合作发展转变。全村利用整治后的土地资源，大力发展绿色种植业、畜禽养殖业、酒店服务业和乡村旅游业，形成彭墩村"四大支柱产业"，为农业产业更大规模的发展奠定了持续稳定的经济基础（图 5-2）。

图 5-2　彭墩村"迁村腾地"建设的新农村干部培训基地

同时，由于土地整治，产业得到大的发展（图 5-3），而且彭墩村的基础设施建设也发生了根本性改变。全村先后兴建了村级水泥大道 52.8 千米，架设专用高压电线 12.5 千米，增设变压器 5 台，硬化水渠 12 千米，引进城市自来水管道 15 千米，目前彭墩村已经形成路网、水网、电网、产业网纵横交织的四网新格局。走进彭墩村，一条条宽敞的水泥大道四通八达；一排排行道树纳绿吐嫩；一行行太阳能路灯、庭院灯五颜六色；一片片翠绿的生态林景色迷人；一处处文化体育场所可与城市媲美，一座中国最具魅力的 AAAA 级现代休闲农业和乡村旅游示范区正在形成之中。

图 5-3　彭墩村宅基地复垦后种植富硒葡萄

5.2.2　宜都市"五小"示范区

1. 项目概况

湖北宜昌下辖的县级市宜都，位于三峡口，长江与清江将其环抱，风光旖旎。但山丘多平地少、"七山两水一分田"的地貌特征，以及综合经济实力位列湖北县级市前列的发展优势，使得"保发展"与"保耕地"的矛盾在小小的宜都市显得十分突出。

不过，通过大力开展土地整治，宜都已有效破解了这一瓶颈问题。近年来，全市在确保重点基础设施、民生工程等各类项目建设用地需求的同时，新增耕地1 788公顷，基本农田保有量也稳中有增，连续实现了耕地总量的动态平衡。

更重要的是，宜都市以新的五大发展理念为指导，建设了"五小"示范区，即通过土地整治，建设"生产生活小广场""人水和谐小流域""乡村人文小景观""庭前屋后小花园""一村一品小产业"，让整治后的村庄不仅"望得见山，看得见水，记得住乡愁"，而且"留得住人"，真正成为与城镇等值化发展的美丽乡村，并逐步走上了一条"耕地保护上等级、经济发展可持续、农民群众见实惠、人居环境换新颜"的生态绿色整治之路。

2. 项目区生态整治措施

1）整合功能，建设"生产生活小广场"

围绕"生产生活相对集中、荒废地块合理利用、满足群众公共需求、引领健康娱乐风尚"的思路，在"五小"示范区居民点相对集中的区域内，对晒谷场、村头屋边废弃地进行适当绿化、美化、亮化、设施化，铺设绿茵草坪、设置休闲凉亭、修建漫步小径、设立健身器材，形成了邓家桥、大战坡、拖溪等一批生产生活小广场（图 5-4）。

图 5-4 生产生活小广场

2）凸显生态，构建"人水和谐小流域"

围绕"顺应自然、功能互补、和谐共生、赏心悦目"的思路，根据项目区的不同情况，有针对性地对小的水系流域进行综合整治，将路、渠、堰、堤、桥等生产灌溉设施与沿河绿化、景观建设相结合，修建生态栖息地、生态护坡、自行车道、亲水平台、小桥流水及人行步道，形成了人水和谐的小流域（图 5-5）。建成了托溪、回龙垱、白马溪、九道河等一批人水和谐小流域示范区，项目区内生产生活条件得到极大的提高、周边环境得到整体改善。

图 5-5 人水和谐小流域

3）浓郁乡愁，打造"乡村人文小景观"

围绕"挖掘历史人文资源、传播现代人文精神、弘扬地域文化品牌、引导产业文明发展"的思路，将人文景观与历史、现代文化充分融合，丰富充实"五小"示范区文化底蕴。例如，在邓家村项目区有一座建于明代的古桥——笃睦桥，本为纪念桥两端的村庄由常年械斗至握手言和而修，故名"笃睦"，因年代久远，早已失修。该地区为再现历史文化，按照记载重新修复了此桥，还专门请人作了《笃睦桥记》。在拖溪村项目区建设过程中，修复了宜昌第一个共产党员胡敌的红色事迹纪念桥，在桥梁的护栏上镌刻着他的生平事迹。

在国家柑橘公园项目区，注入地域性柑橘文化，同时围绕独臂将军贺炳炎、青林寺谜语村、杨守敬文化等地方特色文化，挖掘和利用当地民风民俗、自然风光、人文特性，建成了一批具有人文标志、地域标志和民俗标志的特色人文景观（图 5-6）。

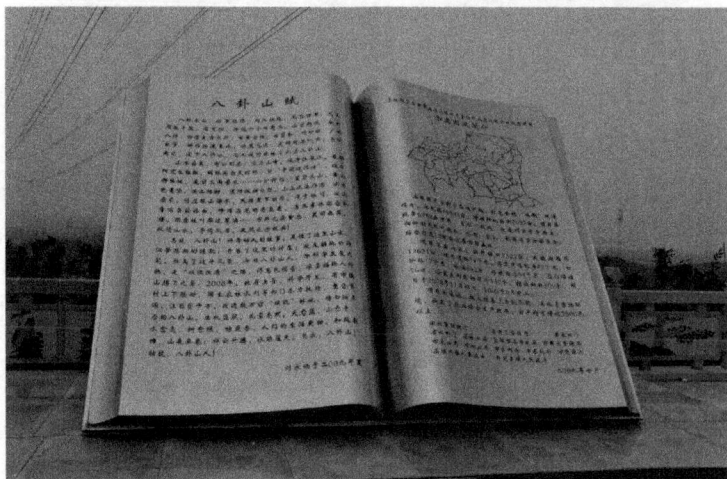

图 5-6　宜都市特色人文景观

4）靓化环境，装点"庭前屋后小花园"

围绕"房前栽花、屋后种树、洁净农院、扮靓农家"的思路，在着力改善"五小"示范区基础设施和条件的同时，因地制宜，调剂少部分资金鼓励有条件的农户对庭前院后进行改造升级，引导农户群众开展庭院绿化、净化、靓化。同时建设家庭农场、开办农家乐园等，增加农民收入。目前，全市农村房前屋后栽植桃李、桔柚、桂花、石楠、紫薇等达 100 余万株。

5）助力发展，引领"一村一品小产业"

该地区围绕"强化产业对接、促进主导产业壮大、推进优势生态农业集群发展"的建设思路，按照"因地制宜、宜林则林、宜园则园、宜耕则耕"的发展模式,通过抓住规划设计指导、设立产业审核要素、加强技术服务保障、落实后期管护责任等举措,重点把土地流转、产业结构调整发展规划作为土地整治项目的立项条件,引领发展各具特色的"一村一品小产业"。

3. 建设生态土地整治的美丽乡村

通过"五小"示范区建设的探索实践,宜都市先后建成了 16 个小广场,23 个花园民居小区,15 个民俗、红色、产业文化长廊,28 个特色产业小村,治理修缮了 17 个小流域。整治后的乡村成为实现与城镇等值化发展的美丽乡村,农民感受到了土地整治带来的好处。同时,该项建设的实施催热了乡村生态旅游,全市建成的潘聂王百里茶叶走廊示范园、红花套万亩柑橘休闲园、五峰山多彩葡萄采摘园等生态农业旅游观光园,呈现出产业规模化、环境园林化、设施标准化的现代观光生态农业新气象。

"五小"示范区的建设,整合了部门的项目资金,通过"生产生活小广场""人水和谐小流域""乡村人文小景观""庭前屋后小花园""一村一品小产业"的建设,充分展示了融现代农业发展与传统景观保护、生态文化建设为一体的美丽乡村新貌,成功将土地整治与绿色整治相结合,并形成了一、二、三产业的有机结合,不失为优秀的案例和示范。

5.2.3 襄阳市谷城堰河村

堰河村位于谷城县五山镇西部百日山麓,土地面积 12 平方千米,辖 4 个村民小组,303 户,1 050 人。堰河村原本是一个远离城镇、地少山多、资源匮乏的穷山村,当年,村民吃粮靠供应,被称为"布袋队";用钱砍山扒,被称为"斧头帮";住房干打垒,被称为"泥巴窝"。一个"望山山断头、望水水断流、望人人发愁"的穷苦之地,一个到处都是"脏乱差",污水横流、垃圾遍地的小山村。

通过美丽乡村建设,堰河村 2014 年实现集体经济收入 150 多万元,农民人均纯收入突破万元。近几年,堰河村先后获得"全国文明村""全国先进基层党组织""全国生态文化村""全国绿色小康村""全国农业旅游示范点""全国创先争优先进单位"和国家 AAA 级景区、湖北省旅游名村、全省第一也是唯一挂牌的"绿色幸福村"、湖北省环境保护政府奖等殊荣,成为省市美丽乡村建设的典范,有关专家学者将堰河发展总结提升为"五山模式"堰河样本。

近年来,堰河村立足科学发展观,围绕镇委、镇政府打造"生态、文明、美丽五山"的发展定位,坚持"科学发展、绿色发展"的发展理念,着力转变经济发展方式，促进了经济与社会、人与自然的和谐发展。

一是坚持走生态经济化、经济生态化的特色产业之路。先后发展茶园 1 200 多亩，年产值 3 000 余万元；引进生物技术和无性繁殖技术，使茶叶产业向生态化、有机化和高效益迈进。同时，还栽种杜仲 1 800 多亩，嫁接板栗 1 000 多亩，栽植欧杨等速生林 300 万株，形成多元化绿色经济格局。开发的"堰河香"系列农产品被省旅游局认定为"灵秀湖北"旅游标识商品。

二是以"三万"活动为抓手，开展了以垃圾分类、一建四改为主要内容的村庄整治。在实施过程中重点突出"三抓"：一抓村庄规划。讲求因山就势，随弯就片，宜街则街，宜林则林，宜景则景，合理布局，错落有致。二抓道路硬化。加快村组路网提档升级步伐，近年来硬化道路超过 25 千米，实现了组组户户通水泥路。三抓绿化亮化。在农户相对集中地段安装了太阳能路灯。并在沿河两岸、公路两旁及农户房前屋后广栽香樟、垂柳、翠竹、桂花等风景树和生态林，构建花园式家园、公园式村庄。

三是以生态茶园为面，以凤凰寨、天艺茶庄、百日山景、奇石馆、甲板洞奇观、真武殿、朝圣宫为点，以通组水泥路为线，围绕特色建筑、奇异民俗、山光水色和"农家乐"开展生态旅游（图 5-7），吸引了省内外大量游客，使该地成为著名的乡村旅游目的地。截至目前，五山·堰河乡村旅游区年接待游客 19.8 万人左右（图 5-8），实现旅游综合收入突破 5 000 万元，目前，全村农民从茶叶产业经营和旅游接待中，年人均获纯利 5 000 元以上。

图 5-7　堰河村农家乐

图 5-8 堰河乡村旅游区接待游客情景一瞥

四是以"十星级文明户"评选为载体，创建绿色幸福村、生态文明村和新型农村社区，实现经济可持续发展。借力于基层组织"五个基本"建设，大力推行以组织构架"三位一体"、民主管理"三会治事"、推进措施"三联共建"为主要内容的"三三制"基层组织建设新模式，凝聚了村党委、村委会、生态旅游专业合作社三大组织的力量，形成了聚民心、抓发展、干事业的合力。

良好的生态环境、有力的产业支撑、科学的管理机制、和谐的乡风民情使堰河村成为全市知名、全省闻名的生态财富聚集地、生态旅游目的地、生态经济示范地。

5.2.4 曾都区美丽乡村

自 2011 年湖北省委、省政府实施新型城镇化战略部署，开展"宜居村庄"示范项目建设以来，曾都区按照改善农村人居环境、加快推进城镇化的要求，不断完善农村地区基础设施和公共服务设施功能，改善农村地区居住条件和环境面貌，提高农房抗震防灾能力和农民群众生活水平，引导农房建设向中心村、中心镇集中，实现了美丽乡村建设和城镇化的良性互动。其间，曾都区 11 个村参加省级"宜居村庄"创建（图 5-9），7 个村获得省级"宜居村庄"的称号，2014 年申报的 2 个村获得湖北省级"宜居村庄"创建的先进单位。其主要整治工作如下。

图 5-9　曾都区洛阳镇龚店村创建宜居村庄

1. 以环境整治为重点创建宜居村庄

洛阳镇邱畈村、龚店村，万店镇小河沟村主要以环境整治型模式创建宜居村庄。一是实施房屋整治工程。对于房屋状况较好的，进行外墙清洗和局部翻新；对于建设年代较近、房屋状况一般的，以整治为主，使其风貌与地理环境相融洽，保持原有的建筑风格。二是实施村庄整治工程。在"三清"（清垃圾、清路障、清柴草）的基础上，以实施"三化"（硬化、绿化、亮化）为重点，着力推进村庄整治工程（图 5-10）。三是推行"一池三改"工程。政府出技术，并进行补贴，一户建一个沼气池，实行改厕、改圈、改灶，即"一池三改"。四是实施基础设施建设工程。小河沟村完成了下水道的改造，邱畈村对村内河道进行了整治，硬化了河道护坡。龚店村目前已经实现了村内卫生专人打扫，保洁实现了全覆盖。

图 5-10　经过整治后曾都区洛阳镇龚店村的村庄面貌

2. 以农村居民点建设为重点创建宜居村庄

按照"民主定点、合理规划、节约用地"的原则，在广泛征求村民意见的基础上，洛阳镇永兴村、胡家河村，府河镇白河滩村分别在村内规划了居民点，以居民点建设作为宜居村庄创建的重点。其中，永兴村 2013 年规划建设的两个居民点，新建住房 73 套，该村两委会借助省、市相关政策和项目的支持，采取村级配套、企业援助、村民自筹相结合的办法筹集资金，目前，居民点内安装太阳能路灯 48 盏、太阳能热水器 69 台，兴建排污净化沟渠 300 米，硬化人行道 3 400 米，建文化长廊 100 米，栽植行道树 500 株，栽种花草 3 500 平方米。同时该居民点还是在立面效果上按照"荆楚派"风格进行包装打造的，2014 年已成功申报了湖北省美丽乡村暨荆楚派特色民居建设项目。白河滩村按照分区合理、设施齐全、功能完善、节能抗震、突出农村特色、便于农村的生产生活和产业发展的设计要求，要求"高起点、高标准、高要求"，科学编制出村庄规划。规划的四个新村居民点，可容纳住户 200 余户，届时全村 50%的农户可实现集中居住，目前第一期居民点主体工程已基本完成，下一步也将按照"荆楚派"立面效果进行包装。胡家河村规划的居民点，新建住房 36 户，修建了一座文化广场，建设水冲式公厕 2 处，居民点安装了太阳能路灯 18 盏，该村还完成了供水管网的铺设，解决了 200 户村民的饮水问题。同时，该村毗邻银杏谷景区，将与周边村一起连成旅游观光线路，今后将进一步进行基础设施建设和村庄环境整治，打造宜居、宜游的新农村。

3. 以包装改造提档升级为重点创建宜居村庄

何店镇浪河村采取"积极引导、科学规划、批次推进"的运作模式，把村内闲散地规划成新民居别墅区，鼓励村民用旧宅基地置换的办法，到规划区内建设规格式样统一的连排别墅。该村于 2009 年 5 月启动大面积整体包装改建，投资 145 万元对浪河街人行道全面铺设了彩砖，面积达 9 000 余平方米，安装路沿石 2 300 米，整修下水管道 2 300 米，安装路灯 40 盏，同时对 25 户 56 间门面进行改造包装；投资 600 余万元用于旧村改造，拆迁了 131 户破旧的土坯房，按照"徽派"建筑风格新建民居 85 户，包装改造 56 户，形成新民居别墅区；投资 150 余万元用于旧村改造绿化，面积达 66 000 平方米；投资 50 余万元新建了占地 7 000平方米，集绿化、体育于一体的文体娱乐休闲广场，目前全村已硬化通村、通湾公路 18.3 千米，农民住房楼房化 70%以上，森林覆盖率达到 82%。

4. 以农村新社区建设为重点创建宜居村庄

对位于城乡接合部的交通便利、区位优势明显的村，本着"政府出政策，村民得实惠，集体得积累，企业获利益"的指导思想，采取政府先期垫资建设的方式，改造完成后将旧村址置换出来的土地用于工业开发，把政府垫付资金"回笼"，再进行整村连栋别墅建设。经济开发区的六草屋村和首义村采取"正房产权置换，宅基地及附属房屋货币补偿，生活补贴逐年发放，耕地租赁集中生产"的办法，与城投公司联合对村庄进行了开发整理，采用新民居、新材料、新工艺、新能源"四新"建筑工艺，已建成312套连栋别墅。

第6章 "十二五"时期土地整治助推产业融合发展

6.1 土地整治与产业融合发展

随着市场经济的快速发展,只有转变传统农业生产方式、因地制宜地布局作物生产,不断调整农业内部结构,才能变自然优势为商品优势,取得良好的经济效益。当前,我国正处于社会经济发展和城乡关系转型的关键时期,充分整合、合理利用农村土地、产业、劳动力等资源要素是发展农村经济的重要途径,是实现农业现代化的必由之路,是农业发展的必然趋势。

农村资源整合可以促进资源合理、高效利用,使得资源利用之间相互补充、相互协调及相互作用,从而实现"1+1>2"的效果。对农村资源进行整合,就是把农村内部彼此相关却又分离的资源要素、农村外部既具有共同使命又拥有独立经济效益的合作伙伴,整合成为各资源间相互渗透、相互关联、相互协调并充满活力的整体。

土地整治是发展农业产业化,促进农村综合发展的重要动力和抓手。通过改善农田基础设施条件,促进土地流转,向农村注入资金,为农业产业化发展创造基础条件,刺激农村农业进行现代化变革。土地整理依照"田成方、路相通、渠相连、树成行、旱能浇、涝能排"的建设标准,打造集约农业、循环农业、高效农业一体的高标准农田,将撂荒、粗放利用的土地资源整合为高效集约利用的土地资源,将低效、闲置的农村人力资源整合为高效、利用结构合理的农村人力资源,将耕作方式传统、生产落后的农业产业资源整合为生产方式先进的现代化农业产业,将功效低、功能不完善的生态景观资源整合为结构合理、功能完善的乡村生态景观资源。通过对各个类型资源的整合,提高农村资源利用的整体水平。

6.1.1　土地整治有利于产业规模化经营

由于一家一户的分散经营不适应或不利于现代农业发展的实际，一、二、三产业深度融合迫切需要解决土地流转问题，以扩大适度规模化经营。土地资源是农业生产的最基本要素。进行农业产业化建设的关键途径是整合产业结构、选准主导产业、实行区域布局、培育龙头企业、推进一体化经营、依靠科技进步、发展产业工程（汤鹏主，2013）。因此，在农业产业化发展视角下，进行农村土地整治首先应合理调整农业产业用地结构，并在确定区域主导产业的基础上进行农业产业用地空间布局优化。

湖北省通过土地整治使农村闲置土地和季节性撂荒土地向农业大户、农业企业集聚，并将其整合建设成为一定规模的产业基地，促进了农业生产要素的合理配置，为农业产业化发展提供了建设基础。

首先，土地整治通过权属调整使原来分散经营的田块变得集中起来，提高了机械化耕作的使用率，改善了农业生产条件，提高了土地质量和农业综合生产能力。

其次，土地整治扩大了农户的土地经营规模，有利于把耕地资源集中到种田能手和农业龙头企业手中，实现产业化经营，降低生产成本。

最后，土地整治有利于建设和完善农村社区中的生产基础设施和农业生产的社会化服务体系，增强农业生产的抗风险能力（陶丹丹和卢丽红，2014）。

6.1.2　土地整治有利于特色产业发展

湖北省农用地类型多样，各地自然环境、风俗文化、生活习惯各具特色，土地适宜性存在差异。开展土地整治，按土地适宜性配置土地资源，使土地利用结构与农村产业结构相适应，加强特色农产品基地建设，整体推进农业产业化进程。

湖北省土地整治对特色产业发展的促进作用主要表现在以下方面。

首先，通过土地平整，建设标准化格田，完善农业生产条件，优化农业产业布局，对特色农业提供配套设施，为项目区发展订单农业、特色农业、高效农业建设提供条件，提高农业产业综合经济效益，为建设现代农业提供支持。

其次，通过土地整治，可以搞好水利基础设施的建设，保证当地特色作物的生长，并为作物充分利用光热资源和土壤养分以及达到优质高产奠定耕地资源基础，推动当地特色农业产业发展，增强贫困地区的自我造血功能。例如，通过低丘岗地改造，发展核桃、药材、茶叶、油茶等产业，使其成为当地农业经济新的增长点。

最后，开展土地整治可以合理调整农用地利用结构，使土地资源生产要素在种植业、畜牧业、水产养殖业、林业之间合理配置，增加多种经营用地，促使农作物结构由粮、经二元化向粮、经、饲三元结构转变,增加农副产品的有效供给,从而吸引农村富余劳动力由种植业转移到农副产品的加工、畜牧养殖和蔬菜水果的生产上来,实现农业增效、农民增收和农村经济繁荣。

6.1.3　土地整治有利于生态产业发展

根据"十三五"规划纲要对土地整治的顶层设计以及"开展大规模国土绿化行动"的要求,土地整治将绿色理念植入其中。通过加强生态修复,土地整治将在山水林田湖生命共同体的建设中发挥重要作用。在土地整治结合生态产业发展方面,湖北省做了大量深入、扎实的工作。

第一,采用低碳型工程技术措施对田、水、路、林、村进行综合整治,建设生态道路、沟渠、林网以及农田渍水净化系统,维护农田生态系统碳循环。

第二,加强水土保持,因地制宜推进小流域综合治理,修复和改善退化土地生态系统,结合退耕还林、退牧还草,治理水土流失,推进土地生态环境综合整治,提高土地生态系统的抗干扰能力和自我修复能力。

第三,通过土地整治增加机械化耕作,降低能耗、减少污染、减少排放、增加碳汇,引领乡村低碳产业、生态经济发展,重塑农民生产、生活新观念与新模式。

第四,通过实施"血防"工程、"兴地灭螺"土地整治工程、低丘岗地改造工程、坡地改梯地重点工程和污染土地修复工程,实施生态脆弱地区土地生态环境整治示范工程,增强防灾减灾能力,实现改善生态环境、降低污染、发展生态产业的目标(李运梅,2014)。

第五,矿区按照复垦后土地"宜耕则耕、宜林则林、宜建则建、耕地优先"的原则,将凡适宜农作物耕种的,全部治理为耕地。通过工矿废弃地复垦,清除矿山地质灾害隐患,改善矿山周边的生态环境,从而增加有效耕地面积,拓展建设空间,这对当地的经济持续健康发展起着至关重要的作用。

6.2　土地整治助推产业融合发展的案例与经验

6.2.1　竹溪县蒋家堰镇苗木产业

1. 项目区概况

蒋家堰镇地处鄂陕交界,与陕西省平利县长安镇接壤,是湖北通往大西北、出入大西南的重要门户，是全省十大重点口子镇之一，数百年来形成的闻名遐迩的露水集，吸引着南来北往的商贾，素有"朝秦暮楚"之称。

蒋家堰镇敖家坝片区是竹溪县药材产业和扶贫搬迁重点示范区，位于关垭楚长城脚下，距离竹溪县城 18 千米、陕西平利县城 19 千米，毗邻 346 国道。下辖黄石头、洞沟河、关垭子 3 个村，现有耕地面积 1 595.5 亩，其中水田 1 135.5 亩、旱地 460 亩。目前土地基本已被秦巴药谷晨康药业有限公司流转种植中药材及核桃。

2. 项目区土地整治措施

土地整治工程从 2012 年 11 月开工，2014 年 11 月完工。项目区土地整理项目在规划时就强调实现项目区田、水、路、林、村等综合治理，以沟、渠、路重新布局，其他草地开发为主要途径，整理耕地近两千亩。通过土地平整、小田变大田、表土剥离、田间道路硬化、石坎坡改梯地（图6-1）、边坡治理（图6-2）、排水沟渠以及田间蓄水窖建设等整治措施，改善农田基础设施条件，提高土地利用率和生产能力；采用表土剥离回填技术，按照耕作层剥离堆放、土地平整、耕作层回填等工序进行施工，提高土壤保水、保肥能力；按照适度规模生产的要求，归并零散地块，提高农业生产的规模化、产业化和集约化，改变过去传统农业对耕地的粗放利用、经营模式，有利于田间机械化作业，提高农机使用效率，促进农业和农村经济的持续健康发展。

图 6-1 秦巴药谷晨康药业有限公司石坎坡改梯地

图 6-2　采用生态护坡方式进行边坡治理

3. 项目区土地整治后耕地利用与产业发展

土地整治后，配套农业基础设施，全面改善农地生产条件。在项目建成区，当地政府大力推动优势农产品基地建设，推进农业产业化经营，按照"依法、有偿、自愿"的要求，引导土地流转，发展适度规模经营。土地整治促进农业生产规模化，通过农业生产规模化促进农业产业化，以产业化带动现代化，以现代化促进农业增效、农民增收和农村经济发展。

项目区通过政府引导，流转了近 2 300 亩土地，种植经济核桃和中草药决明子，土地流转价格每亩 700 元，土地流转了的农民还可以通过在流转企业工作增加收入。土地整治配套的其他设施，节约了种植的生产成本，优化了土地利用结构，促进了土地集约利用，小田变大田，减少了田埂系数，增加了种植面积。流转企业种植核桃，每亩收益在 1 万~2 万元，决明子亩产 250~300 千克，每千克价格 80~100 元，通过套种决明子，每亩收益在 2 万~3 万元。流转企业和农户都从土地整治中得到了效益。

4. 项目区土地整治的生态环境效应

通过对项目区的实地调研和对农户的走访，可以发现通过项目区土地整治，项目区生态效益明显提高，综合体现在改善农田生态环境、涵养水源、保持水土、调节气候、减少自然灾害等方面。

一是通过整治减少了水土流失。在土地整治建设过程中，通过开展土地平整，修建灌排水利设施，建设生态护坡，提高了土壤保水能力，减少了水土流失，有效地改善了区域内的生态环境。

二是通过整治净化了农村水环境。通过修建各种农田水利工程，完善灌溉主渠道，新建桥、涵、闸等过水设施，项目区形成了"有水能用、水多能排、水少可引、灌溉无忧"的局面，整理的核桃园中有大量的灌溉设施，水务部门也进入项目区中，通过整理堰塘、修建蓄水井和沉砂池等措施，共同为项目区的水环境美化做贡献。

在生物多样性保护方面，敖家坝片区土地整治项目在建设过程中也被给予了特别的关注。在丘陵地区土地整治过程中，坡地改梯地是预防水土流失、改善耕种条件的重要举措。敖家坝片区土地整治过程中坡地改梯地所用的石材是就地取材，并杜绝水泥的应用。此举既能防止水土流失，同时也能提高乡村生态服务功能和景观价值。

6.2.2 竹溪县中峰镇双竹贡米

1. 项目区概况

竹溪县中峰镇位于竹溪县城西郊 7 千米处，地处东经 109°35′26″~109°37′50″，北纬 32°18′08″~32°19′34″，是全县的经济重镇和粮油作物的主产区，也是竹房城镇带的建设区和城乡一体化示范区，是"贡米"之乡（图 6-3）。2012 年竹溪县中峰镇等六个乡镇的基本农田土地整理项目，项目规模 1 333.34 公顷，总投资 4 897.63 万元，土地整理项目建设经土地整理后耕地面积达到 949.76 公顷（水田 341.72 公顷，旱地 608.04 公顷）。项目区耕地规划种植中稻和小麦为主、兼种蔬菜。通过开发整理，完善基础设施建设，加大农业投入力度，改善农业生产条件，提高了耕地质量，充分发挥了耕地的生产潜力。

图 6-3　"贡米"之乡

2. 项目区土地整治与产业发展

土地整治是助推绿色发展、建设社会主义新农村的关键。近年来，中峰镇紧紧围绕"建设城镇化水平较高的县域副中心、以竹溪贡米为主导的优势特色产业大镇、生态文化良好的县城、居民休闲娱乐的后花园"的工作目标，按照"花果山、贡米田、畜禽养殖富家园"的发展思路，大力发展现代农业和养殖业，全面推进美丽乡村建设，为绿色崛起奠定了坚实基础。

项目区按照"田成方、路成框、林成网、旱能浇、涝能排"的要求进行高标准农田建设，并将其与美丽乡村建设相结合，完善基础设施（图 6-4）。按照现代设施农业"五个配套"（配套河堤、配套田间作业道、配套 U 形渠、配套小田改大田、配套道旁绿化）的要求，在贡米核心区新修灌溉渠 6.5 千米，新建田间作业道路 2 千米、拦河挡 22 座、浆砌河堤 1 200 米，硬化田间作业道路 2 500 米，小田改大田 3 000 亩，在田间绿化带栽种景观苗木 30 000 株，建设四级气象站 1 座。开展贡米种植户的技术培训 2 000 人次，通过引进湖北双竹生态食品开发股份有限公司，流转贡米基地 3 000 亩，成立了竹溪县心连心贡米产销合作社，按照"企业+基地+种植大户"的模式，大力发展贡米专业合作组织，促进贡米企业增效、贡米种植户增收。通过高效优质的种植，该镇贡米年产量达 1.2 万吨。

图 6-4　项目修建沟渠

值得一提的是，双竹企业采用生态措施进行双竹绿色稻米种植。通过铺设频振杀虫灯线路 6 000 余米，安装频振灯 234 盏，安装太阳能杀虫灯 120 盏，消灭害虫；通过使用苦楝树皮防治部分害虫（苦楝皮主要含苦楝素、中性树脂、楝树碱、鞣质及香豆素的衍生物。苦楝素能麻痹蛔虫、蛲虫头部神经环，使其不能附着于肠壁，并能使肠肌的张力和收缩力增加，故有驱虫作用）。还将光叶苕子作为绿肥，基本不施用化学肥料。此外，在收获季节，通过收割机等进行机械化收割后（图 6-5），水稻秸秆粉碎还田作为绿肥，能起到肥田、疏松土壤之功效。

图 6-5　收割机机械化收割稻谷

由于在种植过程中，不施化肥，不用除草剂，不打农药，完全使用有机肥料培植，利用生物措施除虫防病，大米内没有农药残留，是天然的绿色食品，甚至是有机食品。竹溪通过生产独有的"贡米"特产，先后获得国家地理标志保护资格，顺利通过绿色食品认证，并荣获中国第六届农业博览会"中国著名农产品"殊荣；同时获得中国绿色食品发展中心授予的"竹溪贡米绿色食品生产证书"。

3. 绿色产业带动百姓致富，实现农企互利互惠

生态贡米产品种类繁多，包装各异，每斤销售价从几元到几十元不等，形成了比较完整的"贡米"产品系列（图 6-6），满足了不同层次消费者的选购需求。目前，多数产品俏销北京、上海、广州、武汉、西安等大中城市。

图 6-6　竹溪生态贡米产品

农民流转土地，每亩流转收益 900 元，农民亩增收 500 多元；在农田中务工,吃喝在公司,插秧季节,每人每天可以赚取 140 元;收获季节,每人每天可以赚取 100 元。

贡米示范基地顺利通过国家农业标准化种植示范区验收,填补了全县国家级农业标准化种植示范区的空白,基地与农户对接,实现了农、企互利互惠。

土地整治要因地制宜地发展地方特色产业,土地整治要坚持与绿色发展有机结合,从而实现农业增值、农民增收,企业增效。

6.2.3 竹山县麻家渡镇总兵安村茶果业

1. 项目区概况

竹山县麻家渡镇总兵安村地处麻家渡镇西部,因清朝光绪年间这里出了一个总兵而得名。麻库路穿村而过,全村辖 2 个村民小组 252 户 1 053 人,耕地总面积 1 269 亩。总兵安村是麻家渡谭家河片区开发的重点村和竹山县十大美丽乡村建设示范村,交通便利,水源充沛,环境优越。近几年,该村以精准扶贫和竹房城镇带建设为契机,按照"绿、净、齐、富、厚、和"六字标准,建设山清水绿、人善村美的美丽乡村,先后获评"湖北省美丽乡村建设示范村"、"湖北省绿色示范乡村"、"湖北省省级生态村"和"湖北省宜居村庄"。

2. 土地整理结合产业支撑,实现农民脱贫致富

总兵安村土地整治项目与村庄土地流转和产业发展紧密结合(图 6-7)。起初,总兵安村以绿色塑形定位,引入市场机制,借力发展绿色产业。巩固传统的茶叶产业,加强 600 亩茶园的管理,间歇性进行品种改良。

图 6-7 总兵安村土地整治项目区全貌(陈兴云供图)

2013 年，总兵安村成立了土地股份合作社，农户以土地入股，发展生态高效农业。同年 12 月，由合作社牵头，引进盛茂园林绿化工程有限公司，流转土地521亩，建花卉苗圃基地，实行"企业+村集体+农户"股份合作经营模式。前3 年没有效益的情况下，按照 700 元/亩保底收益支付给股民；3 年后按照股份合作社实际收益拿出20%给股民分红。确定一亩土地为1 股，每股折资700 元。在总股份中，村集体占 10%股份，农户占 5%股份，公司占 85%股份。目前，花卉苗圃基地初具规模，栽植桂花、香樟、石楠、雪松、葡萄、红豆杉等名贵树种 1万余株（图 6-8）。

图 6-8　总兵安村花卉草木基地

2014 年、2015 年该村两期流转土地 500 亩，引进润安有限责任公司发展猕猴桃产业。村委会与公司各尽其责，合作发展。村委会把土地交给公司，由公司负责规划、设计、施工、管理、技术培训指导，村委会负责项目争取，解决猕猴桃种苗采购、基地作业道、供水管网、水泥架等设施建设。3 年见效后，公司将基地返还给农户，农户负责种植，公司按市场价负责收购，用公司的商标品牌统一包装销售。公司、村集体、农户按照"5∶3∶2"的比例分配利润，即净利润中，公司分 50%，村集体分 30%，农户分 20%。据润安有限责任公司负责人介绍，丰产后，每亩年产猕猴桃 2 500 千克以上。据统计，该村产业带动农民户均年增收2 000 元以上，有100 余名农民实现了村内打工，成为产业工人，当上了园艺修剪师和果园管护员。

3. 绿色产业带动乡村旅游

总兵安村依托良好的自然生态资源，将美丽乡村建设和生态旅游开发相融合,大力发展近郊游。

近年来,总兵安村按照生态村创建标准,结合谭家河片区综合开发工作,将美丽乡村建设与产业发展、农民增收和民生改善紧密结合起来,打出一套乡村绿色发展的组合拳,积极推进新型社区、基础设施、生态产业、旧村改造、环境整治等工程建设。

整合扶贫搬迁和危房改造政策,扶持 110 家农户拆掉土墙房屋,在规划区内建起了风格一致的庸派两层小洋楼。通过县、镇两级政府及相关部门,争取国土、林业、水务等项目资金 600 余万元,累计投入 960 余万元,以硬化、净化、绿化、美化、亮化"五化"为抓手,推进美丽乡村建设。完成了 3 千米麻库路、1.2 千米社区循环路、1.6 千米产业路和 1.5 千米通村路的硬化,培植路肩 5 千米,铺设自来水、下水道管网 6 000 多米,先后对本村境内的 3 000 米河道进行清淤治理,建设滚水坝 7 座,修筑生态景观河堤 4 500 米,栽植红叶石楠、栾树、柳树等各类绿化树木 8 万余株,建公园广场 1 个,配垃圾箱 50 个,建垃圾池 8 个,安装路灯 25 盏,清理土堆、粪堆、柴堆、垃圾堆"四大堆"230 处,村容村貌得到较大改观。

美丽乡村建设让群众看到了希望,外出打工人员纷纷回乡创业,发展第三产业。该村已发展农家乐 5 家、商铺 4 家。每逢周末,城里人都爱远离喧嚣,一家人来乡村休闲、吃农家菜、享自然风光。据统计,2015 年,通过合作社土地流转、打工收入、政府扶持建房及第三产业发展,全村有 56 户贫困户顺利脱贫。

6.2.4 房县军店镇中药材产业

1. 土地整治概况

房县位于湖北省西北部"中华药库"腹地,地处武当山和神农架之间,土地面积 5 110 平方千米,耕地面积 55.53 万亩,总人口 48.92 万人,属秦巴山片区国家级贫困县。"十二五"期间,房县主要实施了高标准农田、低丘岗地改造、灾毁耕地复垦、城乡建设用地增减挂钩、地方投资耕地占补平衡等 107 个土地整治项目,建设规模 16.54 万亩,总投资 4.59 亿元。

"十二五"期间,房县依托土地整治平台,立足区域资源优势,实施扶优扶强的非均衡发展战略,重点培育中药材、食用菌、茶叶、山羊、核桃、大鲵、蔬菜、烟叶等八大优势特色产业,在提升土地质量、降低能耗、改善农村环境、助推绿色发展等方面发挥了积极作用。

2. 土地整治与产业发展举措

土地整治方面，房县大力实施高标准农田整理、低丘岗地改造、灾毁地复垦等土地综合整治项目，有效增加了项目区耕地面积，优化了项目区土地利用结构，改造了中低产田，提高了耕地质量，提升了农田综合生产能力，有效治理了水土流失，形成了"田成方、林成网、路相通、渠相连"的高效农业示范区，为农业增效和农民增收奠定了坚实基础。

特色产业发展方面，房县深入推进农业标准化生产和产业化经营，采取"公司+基地+农户"模式，走出一条"小规模、大群体、低投入、高收益、广覆盖、可持续"的农业特色产业增收之路。在土地整理工程中，房县国土资源局坚持产业带动、综合开发，坚持治理保护与产业开发相结合，近期利益与长远利益相结合，生态效益、社会效益与经济效益相结合，按照"治理抓特色、特色抓优势、产业抓精品、精品抓规模"的思路，培育、发展、壮大核桃、中药材产业基地，使特色产业逐渐向规模化、产业化发展。同时，坚持预防监督与治理开发并重，抓好对现有土地的治理，强化土地整理监督管理，保护现有林草植被，防止开发建设过程中造成新的人为水土流失，形成"在开发中保护，在保护中开发"的长效管护机制。军店镇是房县中部平坝乡镇，近年国土部门投资 3 450 万元对通往县城公路两侧的 15 000 亩基本农田进行土地整治后，吸引了湖北神农本草中药饮片有限公司、湖北禾益农业科技开发有限公司、湖北峄州农业科技有限公司、襄阳洪林园艺集团等一大批农业龙头企业落地，特色产业板块快速壮大，促进了农民增收致富。

3. 土地整治助推产业融合的成功经验

1）湖北神农本草中药饮片有限公司产业扶贫"三金"示范基地

湖北神农本草中药饮片有限公司产业扶贫"三金"示范基地（图 6-9），位于军店镇三溪沟村，基地建于 2014 年，总规划面积 10 000 亩，实行道地中药材 GAP（good agricultural practice of medicinal plants and animals，中药材生产质量管理规范）规范化种植，有北柴胡、白芨（图 6-10）、苍术等 10 多个品种，采取"租金+薪金+股金"的产业发展模式，努力实现基地效益提升、农民脱贫增收的目标。

一是租赁土地挣租金。公司从集体和农户手中租赁土地涉及 3 个村、1 200 户，土地租金每年每亩 100~700 元，公司每年支付给农民的土地租金达 240 万元，平均每年每户可挣得土地租金 2 000 余元，村集体通过流转山场、土地，一举摘掉了"空壳村"的帽子。

图 6-9　产业扶贫"三金"示范基地

图 6-10　白芨示范基地

　　二是投入资金入股挣股金。县扶贫部门投入扶贫资金 500 万元，其中 350 万元用于基础设施建设，150 万元为贫困户和贫困村入股，每一贫困户按 3 000 元、贫困村按 30 万元参股分红，每一贫困户年可分红 300 元、村可分红 30 000 元，公司每年支付给贫困户和贫困村的红利达 15 万元。

　　三是农民入园打工挣薪金。中药材种植需要大量劳力，农民土地流转后到基地打工，按月领取工资，由地地道道的农民变成了名副其实的产业工人，每人每天工资标准60元，劳力年收入15 000元，长年可带动250余人在基地务工，公司每年支付农民工工资350多万元。

该基地种植技术主要依托湖北中医药大学、湖北省中医院、湖北医药学院、华中农业大学。通过标准化种植、科学化管理，努力把基地打造成"房陵本草"中药材产业园、现代农业科技示范园、中药材种植的样板园、大学生实习基地、现代旅游观光农业的引领园，着力打响中国驰名商标——"房陵本草"品牌。以GAP标准化种植基地为引领，辐射带动周边乡镇和其他县市农民发展中药材产业。目前，基地已种植道地中药材8 000多亩，其中北柴胡3 000亩、苍术2 000亩、白芨2 000亩、其他品种1 000亩。种植的药材亩均效益可达到8 500元，加工后年产值可达到1.5亿元。2016年该村贫困农户通过收取租金、领取薪金、发放股金，已有210户、680人实现脱贫目标。

2）湖北圣硕农业军店万亩标准化核桃示范基地

湖北圣硕农业开发有限公司房县军店万亩标准化核桃示范基地，在军店镇低丘岗地改造项目基础上兴建（图6-11）。2011年经省国土资源厅批准立项进行低丘岗地改造整地。同年11月开工建设，该项目建设规模1.2万亩，总投资3 567.27万元。2012年项目建设全部完成，集中连片栽植房陵1号、辽核、清香等优质核桃品种，实现3年挂果、5年见效、8年进入丰产期、亩均收入达到3 000元以上的目标。

图6-11 房县军店低丘岗地整治后种植核桃

湖北圣硕农业开发有限公司逐步将基地打造成为集"核桃种植、品种繁育、农业观光、生态养殖、教育研习、经济作物套种"于一体的现代化农业示范基地（图 6-12）。

图 6-12 房县军店万亩标准化核桃示范基地

3）湖北禾益农业科技开发有限公司产业发展带动精准扶贫

湖北禾益农业科技开发有限公司在发展自身的同时助力于精准扶贫工作，目前该公司已有具体精准扶贫计划，在短期上，湖北禾益农业科技开发有限公司所在的何家村和向湾村将是公司短期内的重点精准扶贫对象。该公司将通过三方面对贫困户进行精准扶贫：一是优先用工政策。在日常用工上，该公司优先聘用何家村和向湾村的贫困村民。二是优先采购政策。该公司收购各种蔬菜、苗木、稻草、家禽等各类需求品时，这些贫困户是该公司的优先采购对象。三是直接资助政策。该公司每年会在两村的贫困户里选择因经济困难孩子上不起学或者户主丧失劳动能力的村民，直接给予其物资及现金资助。在长期计划中，该公司的产业发展核心是油用牡丹的深加工，而深加工的发展要基于大量油用牡丹籽、花蕊等油用牡丹附属物的回收。故该公司结合油用牡丹的高附加值、高收益的特点，在政府的支持下跟农民合作，免费提供花苗、免费提供技术培训，与村民签订回收合同。经计算，村民种植油用牡丹，平均每年每亩将产生 6 550 元左右的收益（不含丹皮），第 8 年左右换茬时牡丹根（丹皮）也能得到万元左右的收益。故该公司计划：2016~2017 年推广农民种植 1 万~2 万亩油用牡丹；2017~2018 年推广农民种植 2 万~3 万亩油用牡丹；争取在 2019 年前推广农民种植的总面积达到 5 万亩以上，届时将带动 2 000~2 500 户农民致富。

6.2.5 广水市武胜关镇桃源村园艺产业

1. 项目区概况

广水市武胜关镇的桃源村是绿色生态环境保存较好的一个乡村，2 万多棵柿子树遍布村落与田园之间，其中百年树龄的柿子树就有 600 多棵，被专家称为"柿子谷"，走进桃源，民风古朴、小桥流水、林木茂盛、古树参天、鸟语花香的田园风光尽收眼底。在首届"荆楚最美村镇"评选中，桃源村雄踞"十大最美乡村"榜首。

2. 项目区土地整治与产业发展

桃源村 2013 年被纳入省级土地整治项目；秉持"风貌自然、功能现代、产业绿色、文明质朴"的理念，尊重自然、顺应自然，积极探索如何保护农村优秀历史文化元素，努力建设一个比农村更像农村的桃源新村。在规划时，依托当地山体、水系、林地、生物物种等自然生态资源，通过桃源河护砌、景观式拦水坝、桥梁维修以及游步道、石板路、晒谷场、水沟等，突出生态适应性和自然环境的恢复、完善与维护，将桃源村打造成生态国土整治的范本。在开展生态国土整治过程中，广水市国土资源局将历史文化遗迹和日常生活印迹加以提炼和总结，使之与原生态的自然景观格局相辉映，收到了很好的效果（图 6-13 和图 6-14）。

图 6-13 武胜关镇桃源村风光

图 6-14 武胜关镇桃源村水库风光

武胜关镇桃源村桃花源农业产业园项目是广水市武胜关镇人民政府与北京盛华寰公司签订协议,由北京盛华寰公司投资 1.06 亿元建设的,旨在推动该地旅游、农业科技综合发展。桃花源农业产业园项目总投资 1.06 亿元,分两期建设。一期投资 5 000 万元,主要建设产业园科技培训中心;二期投资 5 600 万元,建设苗木林业基地。项目建设期 2 年,用地 727 亩,其中,产业园占地 127 亩,苗木林业基地 600 亩,打造广水市示范农业科技旅游文化产业园。

该项目的落户,将为桃源村提供农业科技发展的产业支撑,产业园科技培训中心还将利用苗木林业基地所产的食材为当地培养一批高级营养师,通过自给自足的农耕文明展示,来丰富桃源村旅游内容,弘扬楚地文化、楚食文化,推动当地国际旅游发展。

3. 绿色产业推进美丽乡村建设

广水市市财政仅投入 100 万元启动资金做示范工程,吸引民间投资 3 000 多万元,推进村庄环境整治、生态环境修复、基础设施建设、旅游产业发展、文化产业提升等。目前,该村已建成垃圾分类处理中心、公共厕所等设施,水厂、污水处理厂正在火热建设中。

桃源书院、孝廉博物馆、知青客栈,载满乡愁。如今,桃源村已成为广水市周边人气最旺的旅游目的地,年接待游客 15 万人,高峰日接待游客 3 000 人以上。桃源村也先后被评为"全国美丽宜居村庄""荆楚十大最美乡村"等,并被纳入"中国传统村落"第三批保护名录。该村 200 多名外出务工的青壮年村民纷纷返乡创业就业,开办农家乐 29 家,培育柿子(图 6-15)、桃子采摘园 300 多亩，种植茶叶（图 6-16）、原种稻等，与 4 年前相比，该村户均年收入增加了 2 万元。

图 6-15　武胜关镇桃源村百年柿树

图 6-16　武胜关镇桃源村生态茶园

6.2.6　潜江市熊口镇稻虾共作

1. 项目区概况

潜江，地处江汉平原腹地，湖泊河网密集，是"中国小龙虾之乡"。潜江市

高标准农田建设"十二五"实施及"十三五"规划实施情况：截至 2016 年 9 月，潜江市土地整治项目共 41 个，面积 110.5 万亩，投资 15.45 亿元。其中已完工项目 32 个，面积 83.5 万亩，投资 11.69 亿元，在建项目 7 个，面积 21 万亩，投资 2.95 亿元，2015 年立项项目 2 个，面积 6 万亩，投资 0.9 亿元。

赵脑村位于熊口镇最南端，辖 10 个村民小组，2 288 人，土地面积 12 221 亩，按照"政府主导、企业主体、市场运作、农民自愿"的原则，选择赵脑村作为迁村腾地建设万亩现代农业基地（图 6-17）。目前，基地共开挖虾稻养殖单元 220 个，修建涵闸泵站 12 座，购置各类农机 54 台，建有水稻育秧工厂、虾种选育基地、生活用房等配套设施，基地成立了绿途稻虾共作合作社和服农农机合作社，全程优质服务于农业基地生产经营，使得农民的生产成本、劳动强度大幅下降，万亩现代农业基地可年产水稻 6 000 吨、小龙虾 1 620 吨，总效益达 7 450 万元，与常规的"油稻"和"麦稻"模式相比，亩平均增加效益 3 300 元，农户年经营收入 10 万元以上。

图 6-17 华山公司现代农业基地

2. 土地整治与产业融合，形成"华山模式"

"华山模式"为华山公司所创造，是农产品加工业与现代农业的融合互动，集"土地流转经营、稻虾共作共生、镇企共建社区、市场强势引领、多方合作共赢"等于一体的改革探索，显示出蓬勃活力。"华山模式"的核心内涵，在于运用企业创新"经营"的理念与实践，为综合解决"三农"问题推出了一种路径。华山公司所在的熊口镇，被纳入湖北省"四化同步"示范试点乡镇。

1）合作共赢的土地经营模式

华山公司成立于 2001 年，正是在原产美洲的"克氏原螯虾"在我国进入人工养殖阶段，小龙虾产业开始走红。以出口外销为导向并随产业一起逐步壮大的华山公司，十多年来为获得稳定合格的货源，尝试了"公司+基地+农户"、土地托管、"统一养虾，分户种稻"、订单收购等多种方式，合作令多方受益。

为持续打造"中国虾谷"，放大"洼地效应"，华山公司积极谋划稳固可靠的原料基地，从2012年6月开始，该公司与熊口镇赵脑村农民协商"迁村腾地、整体流转"方案，经多轮次反复征求意见，最终与全村616户农民中的585户达成土地流转协议。华山公司以666元/亩的价格从农户手中租赁土地，并进行大规模连片整治。同时，也解决了几大难题：对每家每户分散的田块一一仔细丈量，确定面积；通过土地整理化零为整、抹平高低、配套道路、电力、涵闸等，企业投入4 000多万元；近900座散布在田间房后的坟头，全部迁至20亩划定区域，设立公墓；对于不愿流转土地的31户农户，将每户原先的散碎田块，按等面积相对集中到一个整块；由公司负责复垦平整后再交给农户自由耕种，这样既提高了耕地质量，也利于规模化机械化耕作。

2013年底，赵脑村流转的1.2万亩土地中，实际耕地面积为7 550亩。经过规模化、标准化整治后，耕地面积达到10 942亩，新增3 390亩。除用作育秧、育虾苗等用地外，"稻虾共作"的面积可达到10 602亩。华山公司以40亩左右为标准田方，整理出适合"稻虾共作"的260个生产单元（图6-18），再向农户发包，期限5年。在优先满足赵脑村138户农户的承包要求后，还吸引了周边农民承包，共发包189个标准单元，其余由华山公司经营。

图6-18 华山公司稻虾共作基地

与此同时，合作社作为服务主体和经营主体也加入进来。赵脑村现有两个合作社，一个叫服农农机合作社，由华山公司、村集体与当地拥有农机的农户共同组建，华山公司提供水稻育秧服务但不占股份，农户以农机折价入股，村集体出资入股，主要为承包农户提供种子和农机服务；另一个是绿途稻虾共作合作社，由参与经营农户组成，统一采购肥料、农药，并开展技术培训等服务。

两个合作社为所有经营户提供了整治基地、种养标准、供应农资、生产管理、收购产品、产品品牌等"六统一"服务。水稻生产机械化率百分之百，每亩田的生产成本由 485 元降到 360 元。此外，通过镇政府牵头，由财政补贴、公司支持、农民自投"三块资金"，强化政策性保险和商业保险，探索建立风险防控机制。

2）"稻虾共作"的高效种养模式

以潜江市为中心，方圆 200 千米范围内，形成了全球最大的小龙虾产业带。究其原因，潜江市市长黄剑雄认为主要有以下五个方面：一是省委、省政府从扶持农民增收、满足市民消费的层面予以高度重视；二是省农业厅、水产局将"稻虾共作"纳入水产业主推品种规划；三是华山公司等龙头企业的强势带动；四是市场需求持续走高；五是大面积的低洼冷浸田适宜小龙虾生长。

2006 年，潜江市积玉口镇农民刘主权自创的"稻虾连作"生态种养模式，被写入湖北省委一号文件。所谓"稻虾连作"，一改低洼冷浸田一年种一季水稻、土地半年空闲的局面；或将产量较低、不太适宜"稻油连作""稻麦连作"的耕作方式，改为"一稻一虾"，亩纯收入可由 1 500 元提升至 3 000 元以上。

2010 年开始，潜江市开始试验"稻虾共作"，变"一稻一虾"为"一稻两虾"。2014 年全市"稻虾共作"13 万亩，小龙虾综合产值近百亿元，小龙虾出口额占全省 60%以上。

所谓"稻虾共作"，在技术操作上要实现小龙虾与水稻共作共生，在稻田里沿田埂挖出的环形虾沟，将原来 1 米宽、0.8 米深的小沟，改成 4 米宽、1.5 米深的大沟。每到插秧时节，把尚在幼苗期的小龙虾移至沟内生长。等秧苗长结实了，再把沟里的幼虾引回到稻田里。这样做，四五月份收一季虾，八九月份又收获一季，就是"一稻两虾"。论收益，每亩纯收入可提升至 5 000 元以上。

"稻虾共作"模式促进粮食增产。过去赵脑村总产仅有 360 万斤，2014 年水稻种植面积和单产均大幅度提升，总产达到 1 364.5 万斤。小龙虾年产出 400 万斤左右。"华山公司以工商资本的方式参与农业，不仅没有非农化、非粮化，反而大大强农增粮，大大促进农业现代化。"

"稻虾共作"的生产方式创新，也是生态种养的"完美搭配"。小龙虾疏松表层土壤而不损坏水稻根系，排泄物补充稻田养分；稻茬、杂草、败叶滋养幼虾。稻虾共生，稻香虾肥，一派生机。加之种养"几统一"从源头上控制投入品使用，2015 年"虾乡稻"收购价每斤最高达 2.5 元，平均价格也比常规稻谷高出几毛钱。

华山公司还投建了 230 亩的虾种选育基地，年选育小龙虾虾种 120 万尾；投建 110 亩的育秧工厂，可供 2 万亩"虾乡稻"秧苗。随着今后"虾乡稻"绿色品种的推广，粮食产量和效益还会提高，质量安全更有保障。

3）"镇企共建"的产城融合模式

熊口镇政府以华山公司为主导，在镇区建设华山综合社区，安置赵脑村土地流转过程中的农民 585 户、2 400 多人整体迁入，实现就近就地城镇化。"新市民"在分享城镇基础设施和公共服务的基础上，已实现生活方式的大转变，并从身份和社会保障上逐步实现向"市民化"转变。

社区建设除政府提供部分基础设施投入和项目支持外，主要按照市场化运作，"迁村腾地"建设"市民化"新社区：①农户腾出宅基地与在熊口镇区新建的"华山综合社区"的房屋进行置换。平房正房按 2∶1、楼房正房按 1∶1 的标准，在新社区自选相应面积，超面积部分则按成本价 960 元/米^{2}计价。②"华山综合社区"按城镇标准配套基础设施和公共服务，对新社区住宅进行基本装修，农户可"拎包入住"。前期投入连同老宅基地的复垦均由华山公司垫资实施，镇政府将以土地增减挂钩和占补平衡收益奖补。③腾出的宅基地加上有关集体建设用地共 660 亩，其中新社区占用 160 亩，由镇政府收储转为城镇建设用地，其余 500 亩用增减挂钩政策分别由市里和镇里购买指标并招拍挂，所得收入扣除相关成本后大部分返还用于社区建设。④由于镇已将社区用地转为国有，农户迁入转换新社区后，将颁发国有土地使用权证和房产证，财产价值大大提升。⑤农户迁入新社区后，即按城镇标准实施社会保障和相应公共服务。

稳定就业、增收致富的渠道更宽：一是财产权显性化并明显升值，除土地流转租金收入外，农居变为城镇"大产权"住宅，财产价值提升，面积宽裕的还可以通过出租挣一份财产性收入。二是 138 户（516 人）通过经营稻田虾池成为"离乡不离土"的职业农民，获得比过去多得多的土地经营收入。三是安排 287 人进入华山公司务工、108 人进入专业市场或创业园区，成为职业工人或小老板。此外，常年外出创业务工者，有权保留"人往高处走"的择业自由；无论何时选择回归，华山公司将为他们预备充分的就业岗位。

4）"多轮驱动"的市场营销模式

潜江的小龙虾产业，是一只"整虾"，构建了一个完整的产业链，走上了一条创业创新的发展路径，所以才具有旺盛的生命力。经过十多年的开拓，华山公司的"良仁牌"虾仁和整虾冷冻产品，出口到欧盟、美国等 20 多个国家和地区，成为中国淡水小龙虾出口第一大户，年销售额高达 10 亿元。北欧市场上，每三只小龙虾中，就有两只来自潜江。

一只小龙虾,可供直接食用的部分仅占 20%,把虾壳、虾头等白白扔掉有些可惜,而且污染环境。华山公司经与武汉大学多年合作研发,变废为宝,从废弃的虾壳、虾头中提炼甲壳素,主要用于医药用品、保健食品、化妆品等,产品用途广、附加值高。

华山公司投资近 5 亿元资金建成甲壳素深加工中心,实现了小龙虾产业由传统农业向现代生物医药高新产业的跨越。2014 年处理废弃虾壳 10 万吨,年产甲壳素高衍生制品 7 000 吨,实现销售收入近30亿元,在国际市场上供不应求。

3. 土地整治"华山模式"的效益

1)改善农业生产条件

通过该项目的建设,将形成较规整的田块,配套较完善的田间道路系统、农田灌排系统和农田防护系统,为推行农业机械化生产、规模化经营奠定基础,为采用农业新技术、创新经营理念、发展现代农业创造条件(图 6-19)。

图 6-19 华山公司现代化育秧基地

2)提高耕地产出率,增加农民收入

通过土地整理(图 6-20),项目区内农田道路、灌溉排水工程将全部配套,建立起平直畅通、互联互通、整齐统一的道路网络和"长藤结瓜"式的灌溉系统;项目区内部高低不平的耕地将得到最大程度的平整,建成整形合一的高标准农田。项目区形成"田成片、路相通、林成行、沟渠成网"的生产布局模式,增强了耕地的保水、保肥、抗灾能力,从而极大地改善项目区农业生产条件,提高耕地的产出率,提高农业生产效率,增加农民的收入,保证农业生产的稳定发展,促进农业的可持续增长和农村经济可持续发展。

图 6-20　华山公司将宅基地复垦为耕地现场图

项目区原耕地面积 602.829 4 公顷，其中水田 226.181 3 公顷，旱地 376.648 1 公顷。根据农产品市场价格和投入成本资料，经计算分析，复种指数由原来的 1.67 提高至 2 后，增加的收益为 154.66 万元。项目区规划实施完成后，改善耕地面积 602.831 2 公顷，预计水稻产量将增加 27.61 千克/亩、棉花产量将增加 26.1 千克/亩、小麦产量将增加 45.57 千克/亩、油菜产量将增加 36.33 千克/亩。按照当地各作物的销售价格，通过计算分析，改善耕地后年增收 107.20 万元。

3）推动农田建设全面发展

通过工程的实施，工程建设范围内的农田水利设施、田间道路、农田防护设施将得到配套完善。这不仅能够大大推动项目区内农业生产的发展、农民生活水平的改善和资源节约集约利用水平的提高，而且将得到周边地区广大农民对类似建设项目的支持和理解，提高农民“保护耕地、合理利用土地”的意识，增强农民参与工程建设的主动性和积极性。

4）有利于解决“三农”问题，稳定农村社会经济发展

通过土地整治，农业生产条件将得到较大改善，农业生产的效益将有较大提高，能进一步调动农业生产的积极性、主动性，解决部分农村剩余劳动力的就业问题，促进农村物质文明和精神文明的建设，促进农业和农村改革。同时通过合理、合法的土地权属调整，明晰土地产权关系，可以减少今后土地利用过程中可能引发的各种纠纷，有利于保持项目区的社会稳定。

4. 土地整治“华山模式”的启示

“华山模式”是我国中部地区以农民为主体、以市场为导向，以龙头企业带

动农业现代化和农村城镇化发展的一个鲜活标本。其核心在于创新,通过对农业经营体制机制、现代农业种养技术、推进"四化同步"发展等方面的创新,有效解决了农产品需求增长与农业资源制约、促进农民增收与农业比较效益低、建设现代农业与农户分散经营、保护生态环境与农业面源污染等方面的诸多矛盾。通过创新实现"地增多、粮增产、田增效"的目标,达到农民增收、集体增利、企业增效的多赢效果。有利于促进新型规模经营,有利于转变农业发展方式,发展高效安全农业,实现农业资源的立体综合应用及现代农业的绿色循环发展。"华山模式"的探索与实践,值得深思。

1)必须以高效农业为出发点和归宿

"华山模式"能取得明显成效,首要因素是抓住了"稻虾共作"这样一个高产高效的"种养加"模式,大规模的土地流转由此获得较高的农业比较效益,现代农业得以有效实现。这既是"三化带一化"的出发点,也是其归宿。

有了这样的产业效益,许多困扰人们的问题也就迎刃而解了。赵脑村的农民为什么踊跃参与流转和"反租倒包"?是因为他们看到了规范的"稻虾共作"种养模式所带来的更高收益。企业为什么下大力建大规模基地?既是因为巨大的原料需求,更是因为"稻虾共作"模式显著的升值潜力。在高效农业基础上,处理各种利益关系有了充分的空间,经营风险则明显降低。更重要的是,更高的比较收益从根本上解决了土地流转"非粮化"和绿色安全的问题,坚守"四个底线"真正落到了实处。

显然,在"三权分离"的改革中,土地资源是否向高效生产模式流转,是比流转本身更重要、更关键的问题。现实中也有另一种情况:将流转当作目的,忽视了流转后的经营效率,一些流转项目成为低效粗放式生产的"归大堆"。这既背离了促进农业现代化这一基本目标,也容易产生种种问题和风险。大量事实说明,流转后的经营效率如何,是决定流转成功与否的首要因素。所以必须更加鲜明地把推动土地资源向高效生产模式流转作为一个重要原则并加强引导。特别是大规模的流转,一定要尽可能地与拥有高效产业模式的经营主体相对接,才能真正成为支撑"三化带一化"和现代农业经营体系的可靠基石。

2)打造以优势企业为龙头的经营共同体

华山公司最大的优势,是具有以高端生物产业为引领的全产业链,在产业扩张升级上具有很强的张力,这能确保其成为持续带动大规模农业生产基地发展的强劲龙头。龙头企业的进入,为现代农业带来了先进的要素,形成了与工业、市场直接对接的平台,其重要性不言而喻。

但关键问题在于,龙头企业以什么方式和机制进入农业?与许多工商企业不同的是,华山公司不是简单地租赁一片土地独自经营,让农民仅仅作为自己的雇工,而是着力于与农户、合作社形成一种"经营共同体",充分发挥不同经营主体各自的优势和积极性，分工合作，又融为一体，从而最大限度地降低了成本、减少了矛盾，实现了最佳效益。与各类经营主体的单打独斗相比，它更具有"整体"的力量。其中，反租倒包的农户在规模上接近家庭农场，但又不是独立经营的家庭农场，它与整个统一经营体系融为一体，成本、风险大大降低，收益明显提高。龙头企业则由于将直接生产包给了农户，将社会化服务交给了合作社，专业分工降低了管理难度，提高了效率。合作社由于"内在"于体系中，交易成本降低，既能给农户更多的实惠，又使自身有了稳定发展的空间。这种"经营联合体"显然更能体现"现代农业经营体系"的趋势和要求，具有独特的优势和活力，应当成为积极倡导的重点和方向。

3）以协调的利益链条作为核心机制

能使各类经营主体融为一体的关键，在于构建了一套协调的利益链条。稻虾共作和后续深加工的大规模生产效率固然很高，但效益如何在要素（经营主体）间分配，将直接决定华山模式的可持续性。华山公司董事长漆雕良仁深切认识到，必须将农民的利益与公司、基地紧紧连在一起，真正发挥他们的积极性，否则，就会出现过去人民公社利益不挂钩的弊端，给大规模生产的统一管理带来系列矛盾。"反租倒包"让农民作为二级经营主体，直接分享高效规模经营的收益，而不是单纯打工挣钱，把生产者与企业紧紧拴在一个利益链条上，他们的心就能往一处想，主体积极性就能被充分调动起来。同时能够激发反租倒包的农户自主试验更高效益的种养方法，农民迸发出来的创造力，正是现代农业经营体系最宝贵的动力。

新型农业现代经营体系，既是资源的优化配置，更是利益的重组。中国的农村改革，首要任务是解放生产力——打造现代农业；同时也要调整优化生产关系——克服二元结构、形成新型城乡关系，让农民"平等参与、共同分享"现代化，这正是以利益关系的重塑为核心。"华山模式"从高效生产模式入手，大大提升了农业生产力；又以利益连接为切入点，让农民平等参与并直接分享高产现代农业的成果，从而形成了一套最能调动各经营主体积极性的高效经营体系。同时，在"迁村腾地"建设"华山综合社区"的过程中，也尽力做到给予农户更多的实惠，使农民财产权显著升值，从而使农民成为更加富裕的"新市民"。农民利益得到充分尊重，华山公司的发展也就有了更坚实稳定的基础；有了协调的利益关系，就能实现各方共赢。这就是"华山模式"最大的成功所在。

6.2.7 曾都区洛阳镇龚店村农旅产业

1. 区域概况

随州市因地制宜，实施"宜居村庄"提升工程，围绕中心村、特色村、培育村，着力打造 30 个宜居村庄、15 个精品村和 30 个示范村，让秀美村庄遍布随州大地。

洛阳镇龚店村辖 6 个村民小组，628 户，2 382 人，土地总面积 27 285 亩，其中林地面积 21 508 亩，森林覆盖率达 78.65%，是个典型的山区村。人多地少，人均耕地不足 1.2 亩，其中还有近 1/4 的耕地为旱地。

2. 土地整治与旅游产业相结合

龚店村位于千年银杏谷景区，村内有被称作"随州小武当"的太乙古观，地理位置得天独厚。近年来，随着旅游资源的开发利用，该村围绕洁美下功夫，瞄准生态作文章，打造亮丽村庄，形成旅游资源和洁美环境的良性互动。

龚店村在美丽乡村建设和国土整治项目的支撑之下，大力建设生态新村，发展生态农业。以基础设施建设为重头戏，投入资金 200 余万元，硬化通村、通组公路 24.6 千米，水泥公路通湾到户。除险加固小型水库 2 座，整修堰塘 32 口，为村民打抗旱水井 5 口。在此基础上，引导村民利用荒坡闲地，发展银杏苗圃，建设板栗庄园，鼓励村民利用山场、水面资源，开展立体养殖。村里先后开挖山场 800 余亩，办起林场 6 个，种植板栗 4 万余株，兴建银杏基地 3 个、茶园 1 个。该村在市、区老促会帮助下，采取"集体+公司+农户"的形式，成立了"乾元山油茶合作社"，开发油茶基地 1 500 亩。村委会采取租赁的形式，将板栗园、茶园、银杏树分别发包给农户，村集体每年可创收近 10 万元。村里还与浙江省绿之健公司联合，将银杏叶进行深加工、精包装出口创汇。山上、路边的银杏树成了村民的"聚宝盆"。

旅游业是村民的又一致富门路。借助千年银杏谷的核心景区（图 6-21）的地理优势，村党支部围绕"春观花、夏避暑、秋赏叶、冬尝果"的目标，大力发展旅游服务业，生态旅游独具特色，携手随州道教协会投资 3 000 万元重建乾元山太乙古观，目前已完成投资 600 余万元，硬化了通观公路，观音殿、金光洞、金顶、朝天门等景点相继竣工迎客，兴办农家乐饭庄 20 余家，农家旅馆 8 家，土特产商铺、道教用品店、工艺纪念品店、照相馆等 12 家，全村旅游业从业人员达 80 余人，旅游业年收入近百万元。

同时，龚店村将创建生态文明村与打造旅游景区相结合（图 6-22），以打造"设施齐全、居住舒适、村容整洁、生态优化、管理规范、群众满意"村庄为目标，以整治环境卫生为重点，大力改善基础设施，筹资开展通户公路、安全饮水、改房改厕、户用沼气等建设。目前，全村家庭卫生厕所普及率达 90%；新修通组通湾公路 39 千米，解决了村民行路难的问题；清洁能源利用率达 80%，安全饮水覆盖面达到 100%。

图 6-21　龚店村千年银杏树

图 6-22　龚店村——全国文明村

随着"万名干部进万村洁万家"新一轮"三万"活动的启动，龚店村将进一步围绕资源求发展，把龚店建成生态环境优美、村容村貌整洁、产业特色鲜明、服务体系健全、乡土文化繁荣、农民生活幸福的美丽乡村，成为曾都区乃至随州市的一张"名片"。

3. 洛阳镇龚店村千年银杏谷的建设启示

美丽乡村示范片的规划建设正好契合了习近平总书记提出的"城镇化建设注意保留村庄原始风貌，慎砍树、不填湖、少拆房，要望得见山，看得见水，记得住乡愁"①的要求，实现"人在景中、景在绿中"的美好意境，呈现出一个个"袖珍小城"。

随州市曾都区的美丽乡村建设坚持因地制宜，因势利导，不整齐划一、不千

---

① 习近平在中央城镇化工作会议上发表重要讲话. http://www.xinhuanet.com/photo/2013-12/14/c_125859827.htm.

村一面，根据各村的自然条件、区位特点、发展基础、人文环境和农民意愿，以山水丰满躯体，以人文增添灵韵，形成一村一品、一村一景、一村一韵，促进乡村建设的"百花齐放"。

6.2.8 随州市高新区淅河镇龙潭沟生态农业

1. 项目概况

随州市高新区淅河镇高标准基本农田土地整治项目位于淅河镇挑水、长岭、永青、新店、光化、虹桥、幸福等 7 个村，项目建设规模 2 万亩，项目资金近4 822.45 万元，属于全省第一批生态土地整治试点项目之一，主要工程内容包括土地平整、灌溉排水、田间道路、农田防护和村庄整治等。湖北省国土资源厅于2015 年批准该项目为土地整治创新建设方式试点项目，由康华农业有限公司自建，现工程已全面开工。康华农业有限公司以土地整治项目为平台，发展高效生态农业，带动项目周边农民共同致富，实现土地整治工程效益最大化。

2. 土地整治与产业发展举措

1）生态整治措施

（1）生态路面建设。一般整治项目道路采用砂砾石路面，但砂砾石缺乏黏性，碾压后容易产生松散破坏等现象；泥结碎石路面是以碎石作为骨料、泥土作为填充料和黏结料，经压实修筑成的一种结构，在使用过程中由于行车荷载的反复作用，石料会被压碎而向密实级配转化（图 6-23）。

图 6-23 沙砾石路面

（2）沟、渠、池塘生态护砌。在生态防护和水土保持上，护坡没有全部采用毛石和混凝土护砌，而是采用生态衬砌方式，在生态护坡上预留生态孔，衬砌至设计水位，设计水位以上采用草皮护坡（图 6-24 和图 6-25），相比于传统土地整理项目，不但更有利于水草等水生植物的生长，而且减少了混凝土的使用，降低了碳的排放和能源的消耗。

图 6-24　生态护坡

图 6-25　生态楼梯

（3）灌溉与排水。对于渠道的底部宽度大于 1 米的，尽量不要硬化，因为每条渠道都是一个相对完善的生态系统，采用非硬化的渠底，有利于保护小鱼小虾及微生物的生存环境，每隔 100 米左右应该设计一个集水坑，有利于小动物平日饮水和天气骤变时藏匿，也方便在天气干旱时农民汲水浇灌；采用硬化护坡的大沟大渠，设计坡道和踏步，以方便人畜饮水和小动物活动；沟渠中也设计有踏步和孔洞，让小动物能够顺利通行。

（4）农田渍水净化系统。农田渍水净化系统是指农田渍水汇集后排至生态斗沟，经生态斗沟第一次净化后排入生态净化池（图 6-26），通过在净化池中种植能吸收水中的氨氮和以磷作为自身营养物质、耐污能力强、去污效果好的水生植物（如石菖蒲、芦苇、千屈菜等），降低农田渍水中氨氮和磷的含量，降低水体中的化学耗氧量，从而达到净化效果的一套综合系统。

图 6-26 农田渍水净化池

（5）农田耕作层剥离与回填以及生态培肥技术应用。土地平整应将农田的表土耕作层剥离，全部加以收集，储存于土地整理区周围，必要时用塑料布掩盖，避免因淋刷而流失，待土地平整后再将表土耕作层原状回填。平整完成后，防止土壤板结、提高土壤肥力主要采取机械深松、增施农家肥、发展冬季绿肥、秸秆还田、推广测土配方等施肥技术措施。

2）产业发展举措

康华农业有限公司"龙潭沟生态谷高标准核心种植区耕地生态保护型土地整治项目"落地淅河镇，涉及光化、虹桥2个行政村，总面积2 000余亩，涉及基本农田1 700亩，总投资8 000多万元。围绕现代生态农业、特色生态农业的开发，突出"绿色、生态、环保、低碳"主题，融合现代农业、生态农业、有机农业、设施农业、农业机械化、农业标准化、农业信息化、观光休闲农业等理念，建成集农特产品生产加工、生态农业综合开发、现代农业科技示范、科普文化教育宣传、美好乡村庭院经济、产学研推典范样板、农业休闲观光体验多种功能于一身的现代生态农业科技园区——龙潭沟生态谷。

淅河镇借土地整治和农业龙头企业的"东风"，充分发挥农业资源丰富、生态环境优良、区位优势明显的优势，把发展蔬菜作为农业产业结构调整、企业盈利、农民增收、社会增效的朝阳产业来抓，通过"公司+基地+农户""公司+基地+专业合作社"以及建立蔬菜交易批发市场，加大农超对接等多种形式畅通蔬菜销售渠道，做大做强蔬菜产业，走出了一条规模化、标准化、产业化的新路子。目前，该镇蔬菜种植面积常年稳定在1.1万亩，其中大棚蔬菜3000多亩，每年蔬菜外销达2万多吨，总产值2200万元，帮助菜农人均增收1000多元。

康华农业有限公司在淅河镇光华村首期流转土地2000亩，投资2.5亿元建起了2000亩绿色蔬菜种植示范基地，现已建成200多个高标准蔬菜大棚，有了这个蔬菜基地，不仅保障了蔬菜供应，还解决了村里部分剩余劳动力的就业问题。

在康华农业有限公司基地的示范引领下，镇里越来越多的村民开始种植大棚蔬菜。"种菜划得来，这几年政府又补贴菜农，帮助他们盖起了钢构大棚，宽敞又结实，产量也比过去高多了，他们家种了3亩温室蔬菜大棚，一年可收入3万多元，是种粮食的3倍。"淅河镇菜农道出了自己的心声。

3. 项目经验及启示

"龙潭沟生态谷高标准核心种植区耕地生态保护型土地整治项目"就是以土地整治为平台，从选址立项到设计、实施、监管、后期管护都贯穿生态环境保护理念，在优化土地结构、提高耕地质量和产出率、增加农民收入的前提下，以解决工程建设与生态低碳相冲突的主要矛盾为切入点，寻找两者之间的平衡点，采用生态环保的工程技术措施对村域内进行综合整治，保持和维护农田生态系统平衡，保护生物多样性，建立生态效益、经济效益和社会效益有机统一的耕地生态保护型土地整治项目。它是都市农业和乡村农业的高度结合、传统农业和现代农业的高度结合、生产性农业和休闲观光农业的高度结合。其土地整治助推绿色发展主要的经验体现在以下几个方面。

一是土地整治厚植绿色发展理念。深化山水林田湖生命共同体的认识，大力倡导生态型设计理念，坚持耕地数量、质量、生态并重原则，采用低碳型工程技术措施对田、水、路、林、村进行综合整治，建设生态良田、修复国土生态，提升土地生态修复与涵养功能。

二是大力推进绿色基础设施建设。构建健康、可持续的生态系统，筑牢生态安全屏障，切实减少排水沟建成全混凝土沟的比例，减少碳排放量。建设生态道路、沟渠以及农田渍水净化系统，维护农田生态系统碳循环。

三是提升山水林田湖生命共同体的整体功能。以水土保持为重点，因地制宜推进小流域综合治理，修复和改善退化土地生态系统，提高土地生态系统的抗干扰能力和自我修复能力，保护生物多样性，促进土地利用可持续发展。

目前,项目区产业发展态势良好,将利用 3~4 年时间打造成现代生态农业产业综合开发区、现代生态农业产业科技示范区、高标准农田建设土地整治样板、地理标志保护产品开发示范区、美丽乡村庭院经济综合示范区、产学研合作创新创业试验区、生态农业休闲观光文化体验区、一二三产业深度融合发展典范区。

6.2.9 宜城市刘猴镇钱湾溪谷特色农业

1. 项目概况

刘猴镇是个传统农业大镇,耕地面积7.79万亩,山林10万亩。近年来,刘猴镇按照市委、市政府发展现代农业的统一安排和部署,坚持以"区域化布局、规模化生产、产业化经营"为目标,积极探索土地流转机制,推动农业产业提档升级,努力实现土地增效、农民增收、企业受益、农村发展。

2011 年,刘猴镇钱湾村村民王宏全在本村流转土地 700 亩,开始种植有机作物(图 6-27)。目前,该基地共有有机西红柿 6 亩、有机小南瓜 10 亩(图 6-28 和图 6-29)、有机草莓 50 亩(图 6-30),均通过有机认证。按每亩西红柿季产 6 000 斤、每斤 24 元,每亩小南瓜 1 800 株,每株结果 4 个、每个 15 元,每亩草莓季产 4 000 斤、每斤 38 元计算,其单品单季亩收入均在 10 万元以上。该基地的部分大棚生产的西红柿、小南瓜、草莓均通过国家鉴定部门的有机认证。生产有机蔬菜和水果不用化肥、农药和激素,全靠有机肥和投工投劳,每亩地的肥料成本五六千元,人工工钱约 3 000 元,算上认证成本的分摊,总成本在 1 万元左右。

图 6-27 宏全农牧公司有机蔬菜种植基地

图 6-28　宏全农牧公司有机小南瓜种植基地

图 6-29　宏全农牧公司有机小南瓜

图 6-30　宏全农牧公司草莓水果大棚

此次的土地整治项目，便是在有机蔬菜种植产业发展基础上的"有的放矢"，坚持"按需整治、精准整治"的原则，借助民间资本，在土地整治中实现了政府、企业和农户的"三赢"。

2. 土地整治与产业发展举措

2014 年初，湖北省国土资源厅下达了宜城市刘猴镇南水北调汉江沿线土地开发整理重大工程项目和刘猴镇高标准基本农田土地整治项目，为提高土地整治效益，根据湖北省国土资源厅《关于开展土地整治项目农业龙头企业和农村专业合作社自建工作试点的通知》精神，宜城市决定创新土地整治方式，选择有实力有担当的现代农业龙头企业垫资自主建设，在项目资金未拨付的情况下，由龙头企业垫资 3 000 多万元，在科学规划的基础上，结合即将实施的具体项目的不同特点按需进行整治。由于自己的工程自己建，两家企业避免了过去招投标和施工中出现假借资质、围标串标、伪劣工程等种种问题和矛盾，确保了项目建设工程高标准、高质量、高效率的完成。这种"订单式"整治既能因地制宜，确保整治质量，又能结合项目需求，保证整治的最大效果。

项目实施过程中，以国家城乡融合发展相关政策为指导，结合该地区多丘陵少耕地的现状，在充分利用现有优质耕地资源的基础上，把丘陵沟壑等闲散地带的集约综合利用作为规划重点，形成"集约-生态-高效"一体化的现代农业发展新格局。突出农业结构调整、农业产业化经营和农民增收三条主线，以强化生态保护与建设、改善生产条件、实现资源培育和高效利用、提高农业综合生产能力、增加农民收入、改善农村人居环境为目标，逐步达到生态、经济、社会效益的协调统一。以调整优化农业结构，促进农业生产向生产集约化、产业化发展为目标，坚持"规划先行、产业渗透"的原则，将种植产业、养殖产业及美丽乡村建设等有机结合，实现立体循环，持续发展，"以前瞻性规划为统领"，建成永不重复的基础设施配套，将现代农业的产业布局和美丽乡村建设融为一体。最终达到以公司集约化生产经营为主、"公司+农户"联合经营为辅的效果，结合美丽乡村建设，打造"山区闲散坡地与农田集约成片，产业相互渗透，资源立体循环"的现代农业发展新模式。

宏全农牧公司投资 500 多万元，已经在钱湾村有机产品生产基地旁建起了"钱湾溪谷"农家乐。该农家乐能同时容纳 500 人就餐和住宿，游客到"钱湾溪谷"观光食宿，能实地品尝有机蔬菜和水果。公司还通过网络、微信等方式进行营销，吸引了宜城、襄阳、武汉等地的大量客户。

3. 项目经验及启示

刘猴镇在现代农业发展过程中，创新土地整治方式，以现代设施农业企业为建设方开展土地整治，取得了良好效果。其成功的秘诀是坚持做到五个"到位"：一是产业布局规划到位。作为宜城市注册资本最多、建设速度最快、建设规模最大的胡坪现代农业科技有限公司，高标准编制了现代农业园区总体规划和实施性详规。在建设中，坚持"先规划后流转，土地流转跟着规划走"的原则，有计划、有步骤地推进。二是土地流转到位。在群众自愿的基础上，依法依规流转土地、林地 2.7 万亩，且在市农经部门办理了合法流转手续。三是项目区内基础设施建设到位。项目区内的路网建设、水利建设、电力建设全部由企业投资建设。四是农民产业工人安置到位。确保每一个流转农户安置一名产业工人，且工资水平不低于 1 500 元/月，全镇已安置产业工人 619 名。五是"公司+农户"生产模式推广到位。胡坪现代农业科技有限公司、宏全农牧公司等企业已实现统一由公司提供技术、资金、种苗，由公司订单回收，带领群众增收致富。

第7章　土地整治助推绿色发展的宏微观成效

"十二五"以来，湖北省依托南水北调土地整治重大工程、农村土地整治示范工程、丹江口库区移土培肥及配套坡改梯工程等三个国家级土地整治重大工程，结合"绿满荆楚"行动、"美丽乡村"建设等地方发展战略，大力实施土地整治。通过多年的努力，湖北省土地整治取得了明显成效，在增加耕地面积、提高耕地质量的同时，夯实了农业基础，提高了农业生产能力，实现了农民增收致富。一是进行土地平整，规整田块，实行"格田化"布局，极大地促进了农业机械化耕作；二是开展农田水利建设，修建各类渠、沟、涵、闸、泵、坝等，项目区农田有效灌溉率达到85%以上，排涝能力达到能抵御20年一遇的洪灾，实现了"旱能灌、涝能排"，增强了抗灾能力；三是建设田间道路工程，修建田间道和生产路，完善交通路网，极大地方便了农产品的运输；四是结合城乡建设用地增减挂钩试点和村庄环境综合整治，实行迁村腾地和中心村建设，美化了农村人居环境，促进了民生改善，使土地整治真正实现了田、水、路、林、村的综合整治；五是连续13年保持全省耕地占补平衡，确保了耕地保有量目标的实现，保障了城镇社会经济发展用地和公路、铁路、电力等大中型基础设施建设用地的需要。

近年来，湖北省已建成了一批具备生态景观功能的高标准、成规模的基本农田，打造了一批休闲观光现代农业走廊，恢复了一批历史传统文化古村落，复绿了一批资源枯竭地区的矿山开采区。在保障国家粮食安全的同时，充分展现了优美的自然风光，形成了"看得见水、望得见山、记得住乡愁"的城乡发展新格局，土地整治助推湖北绿色发展初现成效。

7.1　微观层面

7.1.1　增强了耕地保水保肥能力

作为全国 13 个粮食主产区之一，湖北以土地整治为抓手，加快高产稳产旱涝保收高标准基本农田建设，提升农业综合生产能力，为粮食增产丰收打下坚实基础。整治后的土地农业配套基础设施齐全，农民生产生活条件得到很大改善，农业综合生产能力显著提高，为农业现代化打下了坚实的基础。通过土地整理，实施土地平整、灌溉与排水工程、田间道路工程、农田防护与生态保持工程等项目，其中土地平整工程布局包括坡改梯、农田平整、田埂修筑、坑塘清淤、沟渠扩宽、土地翻耕项目，在一定程度上提高了田块的规整度和平整度，从而提高了项目区机械的利用水平，提高了项目区的土地质量；灌溉与排水工程布局包括坑塘清淤护坡、水源布局、沟渠布局和水工建设工程布局，通过对项目区灌排条件的改善，提高了农田的灌溉保证率和水源利用率，减少了旱涝灾害对耕地产量的影响，提高了项目区的土地质量；田间道路工程布局包括道路工程、桥梁工程和农机下田埠工程等，在一定程度上方便了农用物资、农产品的运输以及田间生产管理，提高了项目区的土地质量。通过土地整理，项目区内农田道路、灌溉排水工程将全部配套，建立起互联互通的道路网络和灌排网络；项目区内高低不平的耕地将得到一定程度的平整，形成路成框、沟成网的生产布局模式，增强耕地的保水、保肥和抗灾能力，极大地改善项目区农业生产条件，提高农业生产效率，保证农业生产的稳定发展，促进农业的可持续增长和农村经济的可持续发展。

7.1.2　发展了循环低碳技术

在经济新常态下，必须调整土地整治发展规模和速度，并向质量效率型转化；全面实行土地整治绿色规划，实施绿色科技，采用绿色材料，不断提升绿色在土地整治中的作用和贡献水平。土地整治技术发展的总体趋势是工程技术化、技术工程化和工程技术与标准的深入融合，由单一技术向多目标综合技术发展，分地域、分类别细化土地整治对象，注重新装备、新材料、新工艺等现代装备技术的研发与应用。按照绿色发展、生态文明建设的要求，"十二五"以来，湖北省深入研究了"三维实景""互联网+""大数据应用"等最新技术手段在土地整治规划设计中的应用；进一步完善了沟渠的生态护砌技术、生态保护型道路设计技术、生态护坡技术、农田渍水净化系统设计以及生物通道、生物栖息地规划设计等技术标准；因地制宜地创造了移土培肥、筑台拉网、客土喷播、缓坡造林、燕窝造林及鱼鳞坑等绿化模式，有效提升了土地整治改善区域生态环境、优化生态格局、服务绿色发展的能力。

1. "互联网+土地整治"管理平台

为充分运用互联网思维，加强信息技术在土地整治活动中的应用，进一步提高土地整治实施效率、工作质量和管理水平，武汉市开展了"互联网+土地整治"管理平台创新实践活动，实现全市土地整治管理信息交互无缝化，全面落实"省级监管、市级审批、县级实施"项目管理机制，创新土地整治管理工作方式，提高土地整治管理效能，强化"智慧国土"应用，取得了阶段性成果。

党的十八大以来，土地整治作为统筹城乡土地利用结构、改善"三生"空间布局平台的地位逐步得到社会认可，其不仅是改善生态环境质量、提高农民生活水平的有效措施，而且是政府加强治理实践、助力推进精准扶贫的重要手段。随着该平台的广泛应用，其获取和管理的海量土地资源利用数据，将为政府管理部门在挖掘资源结构潜力、优化空间布局、提升资源利用效率、统筹协调城乡利益分配等方面发挥积极作用。

2. 绿色规划设计、低碳施工技术

土地整治项目主要部分是以传统土地整治为基础的农地整理，将以往所包含的土地平整工程、灌溉与排水工程、田间道路工程等与绿色发展建设相结合，并使之成为绿色发展、生态保护型的土地整治项目。湖北省运用绿色规划设计、施工技术进行土地整治，促进绿色发展。

首先，规划设计单位从立项进行统筹城乡规划，多规合一，结合地方特色和传统，明确区域功能协调发展，优化资源配置，倡导新的绿色设计理念。在设计阶段，一是明确项目区的农田生态环境设计，即动物、植被、人居、水系和土壤要素，构成农田的生物链；工程布局时，建设内容要与环境相适宜，避让隔断生物通道，防止生物因不适应而迁徙，通过生物链来缓解农药、化肥使用强度。二是在设计时对施工工艺进行规范优化，对建设用材进行研究使用，防止破坏生物链。三是要在设计中充分体现绿色建设与发展的理念，提倡设计生态渠沟、生态田间道、生态池、绿色廊道、鸟类栖息地等，结合考虑生态养生塘、污水微动力净化塘建设，重视项目区生态林建设，禁止破坏林地。四是设计成果在实施前，要进行土地整治生态环境影响评价工作。由此，保证了土地整治工程既能服务农业生产，又能保护生态环境。

同时，在施工技术方面，湖北省进一步深化了山水林田湖生命共同体的认识，倡导低碳型设计理念，采用低碳型工程技术措施，对田、水、路、林、村进行综合整治，建设生态道路、沟渠、林网以及农田渍水净化系统，维护农田生态系统碳循环。加强水土保持，因地制宜推进小流域综合治理，修复和改善退化土地生态系统，提高土地生态系统的抗干扰能力和自我修复能力。同时，针对地下水超采地区和主要依靠地下水灌溉的地区，应借助生态修复技术和休耕措施，实现土地修生养息，减少农业地下水灌溉量；加强农田防护林建设和小流域综合整治，修复退化、污染、损毁的农田生态系统。

例如，天门市拓展土地整治的工作内容，转变土地整治的传统观念，确定两个生态整治亮点区域，将黄潭和麻洋两个项目区命名为"田野花园"和"垄上公园"，突出"两园"建设，打造生态整治样板。在工程施工工艺上，更新土地整治科技手段，对于沟、渠、塘堰等硬化，一改传统混凝土护砌工艺，转而使用预制混凝土干垒鱼巢生态砌块、互锁式生态预制块、中空植草砖预制块等生态护坡工程工艺；对于田间道路，多采用泥结石路面，碎石与泥浆结成整体，为生物迁徙、栖息和生态链的保持创造良好环境，有力地推进了10万亩生态维护与整治工程建设。

7.1.3　加快了土地生态修复与环境改善

1. 修复损毁土地的生态

经过多年土地整治，部分地区生态环境有了明显改善，但整体退化趋势尚未根本扭转，局部地区甚至有所恶化，一些地区的耕地中重金属和有机污染物严重超标，部分地区生物多样性、水源涵养能力及生态系统服务功能严重下降。为切实提升国土生态安全水平，急需加大自然生态系统和环境的保护力度，并以解决突出生态环境问题为重点加强综合治理。所以，土地整治要在坚持保护优先、自然恢复为主的前提下，积极推动区域国土综合整治，实施山水林田湖生态保护和修复工程，构建生态廊道和生物多样性保护网络，提升自然生态系统稳定性和生态服务功能，重构农用地、建设用地、生态用地整体格局。一方面，要降低土地整治对生态环境损害程度；另一方面，要在沙漠化、荒漠化、石漠化、盐碱化、水土流失、土壤污染和生物多样性损失严重地区，实施以生态修复为主的土地生态环境整治工程，促进区域生态环境改善，增强生态产品供给能力。

例如，在神农架林区、丹江口库区等生态功能型地区，重点开展水土流失、荒漠化、石漠化和生物多样性维护整治，强化土地退化地区、生态脆弱地区的绿色基础设施建设，强化山体、水体、湿地等生态修复，改善土地生态环境，提高土地生态系统服务能力。在能源与矿产资源开发集中的地区，重点开展废弃地复垦和矿山地质环境恢复治理，修复损毁土地的生态环境。

荆州市通过栽植防护林木、修建节水灌溉渠系，实现了美化环境、涵养水源、保持水土、减少污染的预期目标；通过农田基础设施建设，进一步改善了农田水利基础设施，提高了土地肥力，扩大了农田灌溉面积；加大病虫害的生物防治力度，大力推广高效低毒农药和生物源农药，积极治理白色污染，减轻了农业面源污染，使得项目区生态环境和农田小气候显著改善。生态环境的改观增加了有益生物种群数量，促进了农田生态系统与生物群落的良性循环，使土壤结构进一步优化，土壤肥力进一步改善，耕地质量的等级提升了 1 个等级以上，生态环境的承载能力进一步增强。

2. 改善了生态环境

江汉平原的潜江市实行"稻虾共作"，一般使用的是低湖田、冷浸田、冬泡田。对于这些田，单纯种植作物产量不高，但是在稻田中养殖龙虾，是将种植业和养殖业有机结合的一种生产模式，能使稻田内的水资源、杂草资源、水生动物资源、昆虫资源以及其他物质和能源更加充分地被小龙虾所利用，同时，小龙虾的生命活动可起到为稻田除草、灭虫、松土、活水、通气和增肥之作用，改善了生态环境。

第一，保护了生态环境。稻田里的小龙虾可以吃掉田中消耗肥料的野杂草和水生生物，但不吃稻秧，节省了除草劳力。实践证明，稻田中养小龙虾后，稻田里及附近的摇蚊幼虫、其他幼虫的密度至少可下降 50%，成蚊密度也会下降 15%，有利于提高人们的健康水平。

第二，可以保肥增肥。小龙虾在稻田里不停行动、觅食，不仅能帮助稻田松土、活水、通气，同时排出大量粪便，达到增肥效果。

第三，农田环形沟、田间沟有利于防止洪水泛滥。养虾稻田的田埂要相对较高，正常情况下要能保证 50~80 厘米的水深。除了田埂要求外，还必须适当开挖虾沟，这是科学养虾的重要技术措施，稻田因水位较浅，夏季温度对小龙虾的影响较大，因此必须在稻田四周开挖环形沟，面积较大的稻田，还应挖"田"字形、"川"字形或"井"字形的田间沟。环形沟距田间 1.5 米左右，环形沟上口宽 3 米，下口宽 0.8 米；田间沟沟宽 1.5 米，深 0.5~0.8 米，坡比 1：2.5。虾沟既可防止水田干涸和作为烤稻田、施追肥、喷农药时小龙虾的退避处，也是夏季高温时小龙虾栖息隐蔽遮阳的场所，沟的总面积占稻田面积的 8%~15%，见图 7-1 和图 7-2。沟变宽了，一举多得，既能在旱季蓄水，又能为龙虾提供生存空间，还能在涝灾时起到蓄水池的作用，可以获得生态、经济和社会效益，比单纯将农田改变为旱地种棉花合算，比撂荒显然更合算。

图 7-1　稻虾共作设计平面示意图

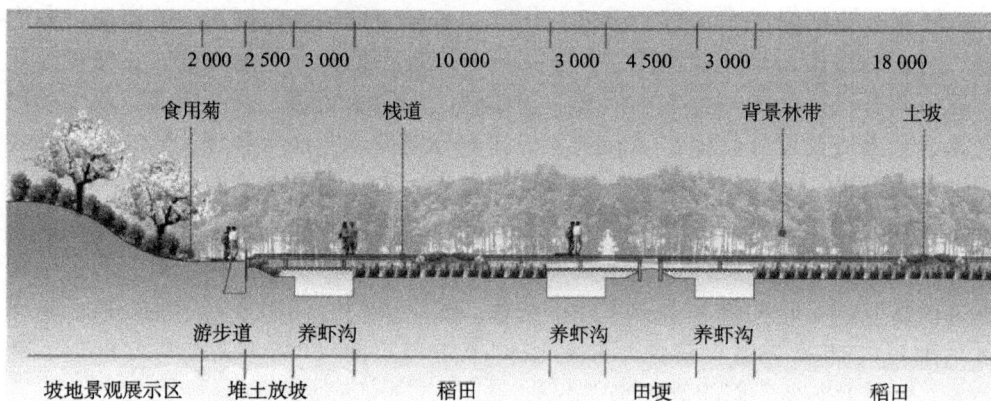

图 7-2　稻虾共作田面设计剖面图

第四，增加了比较效益。以前土地没人种，忙上一年，不如打工一月，但是现在，稻虾共作，亩产毛收入近万元，农民争着要种田，原因在于我们以前没有替农民算账，没有顾及实际情况。因此，稻虾共作是在通过人工管理条件下获得稻、虾互利双收以及体验式消费三重效益的生态种养新模式，特别适合浅丘沟谷地区的基本农田（水田）的运用。

尤其是在 2016 年 7 月特大洪水来临时，稻田中所挖的虾沟还起到了临时蓄水的作用和容泄区的作用，不仅防止了洪水冲毁农田，还有效防止了洪水四溢甚至毁坏其他区域土地，避免了洪灾对农田的影响。

但是，在潜江市熊口镇华山公司调查稻虾共作技术时，据当地干部反映，稻虾共作，有关部门规定养殖户不得破坏水田开挖虾沟，但养殖户还是躲躲闪闪地在水田开挖了虾沟，不敢说出来，怕因为破坏了农田而遭到督查局的查处。其实，从综合效益的角度衡量，这一利用方式不仅没有破坏农田，反而实现了较高的生态、经济和社会效益，是土地集约利用的一种途径。

第五，水稻收割后，秸秆留在田间，小龙虾大量摄食水稻秸秆，实行稻草还田，避免秸秆焚烧或进入水域污染环境，为秸秆利用找到了一条新途径，有利于保护生态环境。

3. 阻止重大传染疾病

"兴地灭螺"土地整理工程。血吸虫病是严重危害人民身体健康和生命安全、影响经济社会发展的重大传染病。因此，湖北省国土资源厅启动土地整理"兴地灭螺"工程，将土地开发整理与血吸虫病防治有机结合，通过高产农田建设的农田水利建设、土地平整等措施，建设抑螺灭螺设施，改变钉螺孳生环境，压缩疫区和钉螺面积，让"瘟神"远去。为贯彻落实省委、省政府关于血防工作的总体部署，确保实现全省血吸虫病疫情控制目标，顺应疫区群众对血防灭螺和基本农田土地整治的强烈要求，湖北省国土资源厅启动了土地整理"兴地灭螺"工程，制定了《土地整理"兴地灭螺"工程规划》，规划范围为全省 12 个血吸虫病重疫区：阳新县、蔡甸区、汉川市、赤壁市、仙桃市、潜江市、公安县、洪湖市、监利县、江陵县、沙市区、松滋市等。

土地整治之所以能在血防工作中发挥巨大作用，是因为通过工程、生物措施，按照抑螺灭螺要求进行土地整治。一是硬化有螺渠道。对钉螺密度高、危害重的有螺渠道进行灭螺处理，再进行硬化，确保渠道表面光滑、平整、无缝，以破坏钉螺的孳生和存活环境。二是建设沉螺池。在斗渠、农渠修建沉螺池，使沉螺池内水流速度减缓，便于钉螺在沉螺池中沉落。沉螺池工作段宽度与深度比重不大于 4.5，工作段底部高程低于上、下游渠道底部高程，高差不小于 0.5 米。三是建设坑塘。对钉螺孳生的坑塘进行填埋，铲除坑塘周围 15 厘米以上的有螺土，堆于坑塘底部，覆上 30 厘米以上的无螺土，坑塘填埋顶部高程达到最高无螺高程线，面层规则平整。

7.1.4　促进了矿区复垦与生态修复

矿产资源的开发利用在促进经济发展的同时，也造成了生态破坏和环境污染，成为制约湖北省经济、社会发展的重要因素。生态修缮和维护已经逐渐成为衡量社会经济发展的重要指标，而矿产资源开采区域的污染治理、土地复垦和生态修复是摆在全社会面前的重大课题。

随着矿山生态面积逐步扩大，要修复的不仅仅是自然生态系统，同时也要考虑到与之相匹配的经济、社会系统。现在的生态修复面积比较大，不能刻意追求特定的状态，要根据矿山破坏所处的区域、所处的位置、生态的适宜性来设定生态修复的目标，要考虑经济、社会目标，包括文化的功能、美学的功能和公众的感受等。为有效缓解矿区开采等各类生产建设活动对生态环境的破坏，解决资源枯竭型城市发展滞缓问题，"十二五"以来，湖北省全面开展工矿废弃地复垦及矿山复绿行动，历史遗留损毁土地复垦率达到50%以上。

采矿、乡镇企业搬迁、自然灾害等带来的工矿废弃地和灾毁地的存在，对农村的自然环境和人文环境都有较大影响，这一部分土地的复垦整理是生态环境建设和保护的重要组成部分。因此，应加强对这一部分废弃地和灾毁地的复垦，对于复垦出来的土地，按照因地制宜的原则，灵活确定其用途，尽可能减少建设对耕地的增量需求和增加农村土地的植被覆盖面积。

矿山废弃地有害元素含量超标、物理性状恶劣，土壤极端贫瘠，土地质量退化严重，需要进行土地复垦与生态修复。通过人工手段改善土壤、植被和水系条件，是进一步进行生物修复、水体治理及农林利用的前提条件。矿山废弃地复垦和生态恢复主要包括三个方面，即土壤重构、生物修复和废水控制与处理。其中，土壤重构技术主要包括物理、化学和工程措施，目标是重构适宜的土壤剖面和理化性质，重金属污染去除技术也是土壤重构的重要内容。生物修复可以划分为植物修复、土壤动物修复、土壤微生物修复以及菌根生物修复技术。矿山废水产生的污染包括重金属污染、酸碱污染、有机污染、油类污染和剧毒性氧化物污染，这些污染都能参与生态循环并能随地表径流扩散，对区域水质造成严重破坏，必须采取各种措施控制废水排放，减少废水对区域环境的污染。通过改进生产工艺，减少单位废水排放量；通过采用循环供水系统，实现废水重复利用；通过加强污水处理设备维护，防止废水泄漏（魏远等，2012）。

例如，大冶市按照"乡村型、生产型、增值型"要求，在茗山乡、殷祖镇、刘仁八镇沿线整合各方资金 1.9 亿元，采取土壤污染治理、植被恢复和复耕等生物工程技术措施，积极开展工矿废弃地复垦，既有效恢复了生态环境，又推进了生态农业发展。

武汉市积极开展矿山复绿行动，对"三区两线"（重要自然保护区、景观区、居民集中生活区；重要交通干线、河流湖泊直观可视范围线）可视范围内的54 座破损山体（破损面积约 893 公顷）实施集中整治。2013 年以来，通过争取国土资源部专项资金、市级财政投入以及引导社会资本参与等方式，累计投入资金近 6 亿元，已完成 40 座破损山体（面积约 583 公顷）[1]。整治修复工作，不仅有效治理了历史遗留的矿山迹地、消除了地质灾害隐患，还整理出一批绿化用地和建设用地，极大地改善了自然生态景观和空气质量（图 7-3 和图 7-4）。

---

[1] 资料来源于《武汉市矿山地质环境治理示范工程实施方案（大纲）》。

图 7-3　武汉光谷凤凰山矿区复垦项目（修复前）

资料来源：http://hb.sina.com.cn/news/sh/2012-10-21/080026353.html

图 7-4　武汉光谷凤凰山矿区复垦项目（修复后）

资料来源：http://hb.sina.com.cn/news/sh/2012-10-21/080026353.html

7.1.5　激励了城镇低效土地再开发

国土资源部发布《关于深入推进城镇低效用地再开发的指导意见（试行）》，为城镇低效用地的再开发利用提供指导性激励政策。从五个方面提出针对城镇低效用地的再开发鼓励措施，分别是：鼓励原国有土地使用权人自主或联合改造开发；积极引导城中村集体建设用地改造开发；鼓励产业转型升级优化用地结构；鼓励集中成片开发；加强公共设施和民生项目建设。湖北省结合产业升级、城镇更新等工业化、城市化发展目标，通过创新存量用地利用和管理制度，促进"三旧"等低效用地再开发，增加建设用地供给。湖北省将武汉、襄阳、宜昌作为试点城市，其中，武汉市主城区低效用地约213平方千米，占主城区建设用地的37%，可再开发面积约138平方千米；襄阳、宜昌低效用地再开发潜力分别为405平方千米和101平方千米（陈岩和洪艳华，2013）。通过试点，将布局散乱、利用粗放、用途不合理的存量建设用地盘活，增加城镇建设用地有效供给。

老河口市针对中心城区和各乡镇实际状况，从有利于土地利用方式的转变、促进节约集约用地和保护耕地、提升城镇化质量、盘活城镇低效用地、增加城镇建设用地有效供给、提高土地对经济社会发展的持续保障能力这六个方面考虑，选择了城镇中布局散乱、利用粗放、用途不合理的存量建设用地和部分插花地、边角用地作为试点对象。老河口市主要在用地结构上有所突破，积极探索用地途径，把握政策导向：一是根据《国土资源部关于印发开展城镇低效用地再开发试点指导意见的通知》（国土资发〔2013〕3号）规定，在符合土地利用总体规划的前提下，纳入试点涉及边角地、夹心地、插花地等新增建设用地，可纳入土地利用年度计划，依法办理手续或按照城乡建设用地增减挂钩政策处理，纳入土地利用计划的应直接办理用地报批手续；二是对于符合城乡总体规划但不符合土地利用总体规划纳入试点范围内的插花地问题，在做规划时视同符合土地利用总体规划，参照低丘规划模式报批用地。拟开发低效用地再开发试点涉及7个乡镇，总规模2 759.529 1公顷（安明文和张亚丽，2013）。

南漳县启动城镇低效用地再开发试点工作。针对辖区内城镇建设中布局散乱、利用粗放、用途不合理的各类存量建设用地，全面开展清查和建档工作。此次清查工作锁定"五大区域"，重点清查"四类用地"。"五大区域"即城市建成区、工业园区、城乡接合部；建制镇（区）、重点村所在地；独立工矿及单独选址项目、"退二进三"企业厂矿；土地存在历史遗留问题区域；"批而未供、供而未用、用而不优"地块。"四类用地"即国家产业政策规定的禁止类、淘汰类产业用地；不符合安全生产和环保要求的用地；"退二进三"产业用地；布局散乱、设施落后，规划确定改造的城镇、厂矿和城中村等。清查工作依据土地利用总体规划、城市（镇）建设总体规划及控制性详规、城区"两改两迁"等规划，利用第二次土地调查、年度变更调查、历年批次供地、土地卫片执法等图件和数据库，采取现场调查、图上标注、登记造册、在线备案的办法，全面摸清城镇低效用地的现状和开发潜力。并将产权明晰、界址清楚、面积准确、不存在争议和纠纷的土地纳入省、市城镇低效用地数据库，列为全县城镇低效用地再开发试点范围，通过实施"二次开发"，提升土地节约集约利用水平和城镇化发展质量（陈雄等，2013）。

7.2　宏观层面

7.2.1　树立了绿色生态发展理念

湖北省国土整治局"尊重自然、尊重现状、尊重民意"，牢固树立绿色生态理念，将现代农业发展、传统景观保护、民俗文化传承等适度融合于土地整治工程建设之中。在资源开发与节约中，坚持把节约放在优先位置，大幅度提高资源利用效率，推动资源节约循环高效利用，以最小的资源消耗支撑经济社会发展；在环境保护与发展中，坚持把保护放在优先位置，切实解决好大气、水、土壤污染等突出环境问题，不断提升环境质量，在发展中保护、在保护中发展；在生态建设与修复中，坚持人工修复生态与生态自然恢复相结合，以自然恢复为主，对于重点生态破坏地区，应尊重其生态环境的自然规律，采取科学的生态修复保护措施。

宜都市国土整治局遵循绿色发展的生态观，首创性提出了在土地整治中探索开展"五小"示范区建设的思路，树立了绿色生态发展理念。

1. 催热现代生态旅游农业，农民增收渠道不断拓宽

一是打造特色农业产业。大力推进一村一品小产业建设，采取土地流转、"公司+基地+农户"等多种方式，着力强化产业对接，集中连片调整种植结构，推动形成独具宜都特色的"2+5"农业特色产业，即"两大主产业"（沿江区域柑橘产业、后山区域茶叶产业）和"五朵小金花"（葡萄、冬枣、花椒、黄桃、无花果）。先后建成八卦山万亩精品橘园、古水坪万亩精品茶园等一大批特色产业基地，极大促进了现代农业的发展（图 7-5 和图 7-6）。二是拉动农民群众增收。特色产业的发展和壮大，吸引带动了社会资金对"三农"的投入，推动农业与第二产业有效对接，有效实现了农民"在家就业，在家创业"，拉动了农民群众增收。三是催热生态旅游农业。通过牵引带动财政、农业、交通、水利、扶贫等涉农项目资金，充分发挥资金的集聚作用和放大效应，建成潘聂王百里茶叶走廊示范园、红花套万亩柑橘休闲园、五峰山多彩葡萄采摘园等生态农业旅游观光园，呈现出产业规模化、环境园林化、设施标准化的现代观光生态农业新气象，昔日杂草丛生的荒坡荒地被改造为经济田园，变成产业大户、农业企业抢手的"香饽饽"，成为农民增收、农业增效的"聚宝盆"。高坝洲镇白洪溪村八卦山国家柑橘农业公园，成为一、二、三产业融合发展先导区（图 7-7 和图 7-8）。

图 7-5　宜都市"两大主产业"——沿江区域柑橘产业、后山区域茶叶产业

图 7-6　宜都市"五朵小金花"

图 7-7　宜都市高坝洲镇白洪溪村八卦山国家柑橘农业公园

图 7-8　宜都市高坝洲镇白洪溪村八卦山国家柑橘农业公园规划图

2. 加强农村生态景观建设，生态文明新村逐步形成

在项目建设中，在注重基础设施的建设、农业生产的同时，还统筹了生态文化建设，注入了大量的文化因素，着力打造了经济与文化齐头并进的生态文明新型农村。例如，围绕宜昌第一个共产党员胡敌、独臂将军贺炳炎、柑橘产业、茶叶产业、青林寺谜语村、杨守敬文化、土家文化、古树文化等地方特色文化，充分挖掘和利用当地民俗、自然、人文景观，修复或改造乡村人文小景观、生产生活小广场、人水和谐小流域，建成了一大批类似胡敌桥、九道河流域休闲运动基地、茶马故道笃睦桥遗址等极具乡土特色的生态人文景观（图 7-9~图 7-11）。

图 7-9　宜都市五眼泉镇茶叶产业

图 7-10 宜都市土地整治五小示范区建设

图 7-11 宜都市土地整治五小示范区花开蝶飞场景

当阳市树立绿色生态理念，对该区土地进行绿色开发。2013 年，当阳市对王店镇双莲村等三个村实施了高标准基本农田土地整治项目，第一标段实施的土地平整工程，面积 3 500 多亩，采取移土培肥和人工出渣方式组织施工，共计挖掘转运淤泥 10 000 多立方米，机械施肥（发酵鸡粪）10 000 多吨，使用人工出渣 7 000 多工日。2015 年，宜昌汇龙农业开发有限公司在该土地整治项目的基础上已完成三峡石榴园项目投资 1.67 亿元，其中流转土地总面积 10 361.08 亩（自建试点项目区

2 777.9 亩，项目区外 7 583.18 亩），共计投入 8 614.37 万元，工程建设、设备购置、管理人工费投入 7 650 万元。企业计划再投入 3.33 亿元，其中 2 亿元用于产品深加工、保鲜库建设；3 000 万元建设水肥一体化示范园 3 000 亩；3 000 万元建设设施农业 600 亩；2 300 万元用于种苗采购、种植管理费用；5 000 万元办理农业合作社；力争总投入达到 5 亿元。近年来，一座集生态旅游、观光、采摘、休闲等功能于一体的标准化、产业化三峡石榴园区已初具雏形（图 7-12~图 7-15）。

图 7-12　三峡石榴园土地整治项目现场

图 7-13　三峡石榴园项目区原貌

图 7-14　三峡石榴园项目区土地整治后利用现状（一）

图 7-15　三峡石榴园项目区土地整治后利用现状（二）

在对三峡石榴园实施建设时，除了对当地农民的田地进行流转承包，也对其周边的未利用林地进行了承包。这些未利用林地表面原先生长的多为灌木林，当因项目需要被承包后，为了将其开发建设成为适合石榴等作物生长的土地，先对其表层土进行了剥离，然后再覆盖上适合作物生长的土壤。从绿色发展的角度来看，将原有几乎不曾创造过经济价值的未开发利用的林地改造成用于经济作物生长的田地，从一定程度上来说，一是节约集约利用了土地；二是通过流转土地使用权充分释放出了土地市场的增值潜能；三是提高了农民的经济收入，进一步推动了农业现代化的发展。

7.2.2　促进了循环低碳农业发展

现代循环农业是以资源高效和循环利用为核心，以低消耗、低排放、高效率为基本特征的现代农业类型。其不仅具有现代农业的运作高效性，同时更具有循环农业的资源节约性，而且可以通过优化组合，实现优势充分叠加而产生综合性的集成效应。以低碳经济为核心理念的现代循环农业发展，十分强调优化集成与合理循环，尤其要获取立体增值效益，其高效种养模式应具有立体结构、生态功能、市场属性、综合效益。为此，要积极在实践基础上探索有益的发展模式。一是立足于适量投入、立体种养、高效利用、固碳减排，构建资源节约型复合生态系统的生产模式。二是立足于优化环节、合理循环、减少废弃、防控污染，构建环境友好型循环利用系统的生产模式。三是立足于农林复合、农牧配套、合理调控、促进碳中和，构建固碳增汇型优化调控系统的生产模式。四是立足于发挥功能、优势互补、统筹集成、和谐发展，构建生态文明型统筹协调系统的生产模式。五是立足于技术密集、高效循环、科技创新、产业升级，构建科技示范型高效循环农业的园区模式。湖北省充分发挥土地整治项目的平台、底盘作用，促进资金、资源整合和高效利用，推动现代农业和生态旅游发展，在促进农民增收致富、维护区域生态平衡、农业可持续发展方面，探索出了一条新路子。

十堰市科学规划土地整治项目，将原来高低不平、零星、低产的耕地整理成高标准农田，配套河堤、路、桥，种上紫薇、樱花、桃花、香樟、桂花、杜鹃、月季等花卉苗木，形成一条以自然生态为背景，融入人文风貌，域内青山蜿蜒、峡谷深幽、碧水流长、百花锦簇、乡风淳朴、民居独特的休闲观光现代农业走廊（陈新华等，2016）。图 7-16 为丹江口市土关垭镇武当花谷。

图 7-16　丹江口市土关垭镇武当花谷

襄阳市襄城区依托欧庙等两个镇南水北调汉江沿线土地开发整理重大工程，建成占地 1 000 公顷的专类植物园——中华紫薇园（图 7-17），形成以银杏园、林秀湖北、荷塘月色、薇香谷为主的四大组团精品区及以 20 多个专类植物园为辅的特色小园区，并打造现代科技农业基地，开展现代科技农业生产实验。此外，还建成紫薇慧谷、紫薇广场、紫薇水街、婚庆广场、农业采摘园、垂钓园、户外拓展园、阳光沙滩等多个休闲旅游场所，打造集旅游观光、生态娱乐、山林度假、休闲养生于一体的旅游胜地。

图 7-17　襄阳市襄城区中华紫薇园

随州市实施丁湾项目时主动与该村的农业产业化企业"农耕苑"对接，以绿色发展为主线，转变单纯追求大面积硬化等传统设计理念，重视农地的生态、生产、观赏综合功能，见图 7-18。首先从顶端入手，规划设计力图使生产、生活、生态与景观结合、与生态文明结合，在改善农业经营条件、改善生活环境的同时，将传统文化、自然风光、现代文明融入其中。其次是精细施工，顺其自然，尽量做到人性化。一是尽量减少挖填土方量，保持原有地形地貌，维护自然景观延续性及美感。二是保留扩大农地范围内的水塘，将其作为生态斑块并起到农田渍水净化作用，以降低污水治理成本，促进地表水循环利用，保护临近河道水质。三是在项目区内除主干道外尽量不做过多的硬化。四是通过采取生态砖护砌，设计水位以上采用草皮护坡，并在卡扣护坡砖上预留生态孔，预留生物通道；斗沟、农渠、水塘等采用框格衬砌代替传统预制板衬砌。图 7-19 为随州市丁湾项目区乡间石路，图 7-20 为项目区生态养殖堰塘，图7-21 为项目区概貌。

图 7-18 随州市丁湾项目区花海景观

图 7-19 随州市丁湾项目区乡间石路

图 7-20 随州市丁湾项目区生态养殖堰塘

图 7-21　随州市丁湾项目区概貌

7.2.3　降低了物耗能耗

湖北省通过土地集中整理，实现了规模化机械生产、集中化经营管理，节约了投资成本，减少了劳动力投入，达到了集约化农业生产。各地将多种现代农业产业机构有机结合，形成了农业产业化、生态观光农业、产研一体化等现代农业发展模式。在人力资源利用上，注重人才培养，鼓励创新和探索，提高了劳动生产率；在物质资源利用上，实行循环经济农业模式，不断降低物耗水平和产品成本；在财力资源利用上，实行集中和分级管理，提高资金投资收益率。

襄阳市南漳县通过土地整治，实施了土地平整、灌溉与排水、田间道路工程、农田防护与生态保持和美丽乡村建设工程等内容，将项目区建成"田成方、路成网、渠相通、旱能灌、涝能排"的高标准农田，农村交通等基础设施条件得到改善，耕地质量普遍提高，农业投入产出水平大幅提高，在产出水平不变的情况下，降低了有机肥、化肥、种子等农资和机械、人工等劳动的投入，降低了能耗，有利于绿色发展。例如，神农架通过土地整治，将分散零乱、产量不高的耕地，整治为连片优质农田，将形成较规整的田块，配套较完善的田间道路系统、农田灌排系统和农田防护系统，有力地促进了农业生产方式变革，为发展机械作业、推广现代农业奠定了基础，为土地流转，规模化、集约化经营提供了条件，使得产业化水平大幅提升。据测算，田间道路的修缮，提高了农户生产运输的效率，降低了能耗，实践表明，土地整治后平均每亩地降低油耗 3 升，节约成本 15 元。

根据 2014 年长沙县青山铺镇洪河村、青山村土地整治项目实验，该项目建设规模 379.8 公顷（5 697 亩），把原有方案替换为生态衬砌设计方案进行等量替换对比分析，见图 7-22。

	生态衬砌		传统衬砌		增减投资情况
灌溉与排水工程	687.38万元	▭	732.71万元	▤	−45.33万元
田间道路工程	95.86万元	▭	92.76万元	▤	3.1万元
合计	783.25万元	▭	825.47万元	▤	−42.22万元
亩均投资	1 736万元	▭	1 824万元	▤	−88万元

图 7-22　生态衬砌和传统衬砌等量替换对比

资料来源：周新平（2015）

仅生态衬砌可节省施工费 42.22 万元，占施工费比例的 5%。通过对施工工艺的改进和对新型材料的进一步研发与大批量预制，预计可节约 8%左右的投资。而对传统预制空心板衬砌方式与生态框格衬砌方式、传统预制空心板衬砌与波浪形卡扣生态砖护砌、传统的砂砾石田间道路面与泥结石路面单价进行对比分析，发现总体单价可以减少 4%左右。

就这个项目而言，生态水塘节约砼 81.35 立方米，农渠节约砼 623.70 立方米，卡扣砖、框格护砌节约砼 696.13 立方米，卡扣砖、框格护砌节约钢材 18.47 吨。这样总项目就减少水泥用量 417.55 吨，减少砂石用量 1 420.29 立方米，减少水用量 2 611.12 立方米，减少二氧化碳排放量约 273.78 吨（周新平，2015）。

7.2.4　促进了环境美化

随着工业化、城镇化、信息化和农业现代化的同步加快推进，特别是城市建成区的外延扩张和美丽乡村建设的深入开展，城乡建设用地规模持续增加，农业生产空间和生态保护空间受到严重挤压。党的十八大报告明确提出要促进实现"生产空间集约高效、生活空间宜居适度、生态空间山清水秀"目标，强调通过努力，"给自然留下更多修复空间，给农业留下更多良田，给子孙后代留下天蓝、地绿、水净的美好家园"[①]。按照上述要求，土地整治要从建设宜业、宜居、美好家园出发，在农村地区持续推进田、水、路、林、村综合整治，在城镇地区积极推进旧城镇、旧村庄、旧厂矿改造，特别是要统筹协调推进集中连片高标准基本农田建设和城乡建设用地整治联动，通过调整城乡土地利用结构布局，切实优化生产、生活、生态空间。

---

① 胡锦涛在中国共产党第十八次全国代表大会上的报告. http://cpc.people.com.cn/n/2012/1118/c64094-19612151-8.html.

随州市 2013 年省级土地整治项目区桃源村，秉持"风貌自然、功能现代、产业绿色、文明质朴"的理念，尊重自然、顺应自然，积极探索了如何保护农村优秀历史文化元素。在规划时，依托当地山体、水系、林地、生物物种等自然生态资源，通过桃源河护砌、景观式拦水坝、桥梁维修以及新建游步道、石板路、晒谷场、水沟等，突出生态适应性和自然环境的恢复、完善与维护，将桃源村打造成生态国土整治的范本。

神农架林区积极推动土地整治"绿色化"，大力促进土地整治生态文明建设，以土地整理、开发、复垦和城乡建设用地增减挂钩为平台，综合运用工程、生物、技术等措施，优化土地利用结构与布局。通过乡村道路建设解决了村民出门难、行路难；通过村庄整治及农田水利设施的建设，改善了农村人居环境，减少了山区坡耕地的水土流失；通过加强传统村落历史文化保护，注重保护具有历史价值的特色建筑，避免大规模拆建，发掘乡村文化特色元素，加大绿色开发空间和绿道建设，提高了绿色基础设施用地比例和质量。

枝江市在土地整治工程的建设中坚持利用与保护相结合、维护区域生态平衡的原则，寻求资源的可持续利用和农业永续发展模式。从整体来看，农田水利设施、农田防护工程建设，能使项目区的生态环境和农田小气候得到改善，使农田排涝能力与抗旱能力得到提高；对村庄内外环境的综合整治，能为农民创造一个环境优美、健康和谐的居住场所。在项目区内沿田间道建立起农田防护林体系，既能提高植被覆盖率，又能起到调节气温、净化空气、美化环境的作用，促进项目区内生态环境良性循环，形成路林网带和现代化新村格局。项目区内的土地整理是按照"田块平整规范化、农田耕作机械化、田间管理科学化"的目标实施建设的。土地整治项目建成后成为一道新的农田景观，为"观光农业"打下了良好的基础。同时，村庄整治工程对调节区域内光、热、水、土资源的合理利用具有显著效果，使原来的低效能生态呈现良性循环，建立了平衡的农业生态系统，见图 7-23。

7.2.5 促进了土地资源的高效利用

近几十年来，我国经济社会持续快速发展，但由于之前缺乏国土空间开发格局的总体考虑，经济社会总量与国土自然基础之间失衡的态势日趋严重，这不仅导致了区域资源环境普遍恶化，而且区域发展差距持续拉大。近年来，随着区域发展总体战略和主体功能区战略的相继实施，全国人口、产业空间集疏正在发生深刻变化，国土空间开发格局也在加速重构。为了加快形成人口、资源、环境相均衡的国土空间开发格局，急需重塑美丽国土。

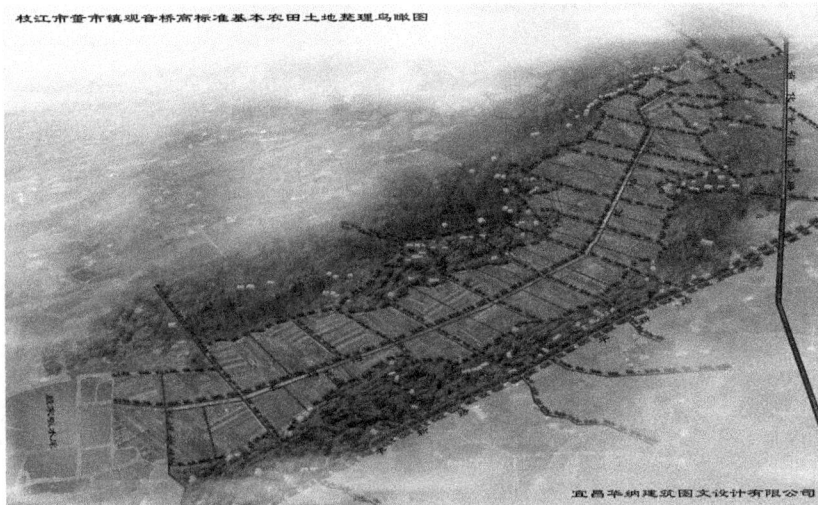

图 7-23 枝江市董市镇观音桥高标准基本农田土地整理鸟瞰图
资料来源：宜昌华纳建筑图文设计有限公司

决胜绿色发展，需要全面节约和合理利用土地资源，从源头上减少开发利用对生态环境的破坏与影响。一方面，要树立空间均衡的理念，把握人口、经济、资源环境的平衡点，使人口规模、产业结构、增长速度不超出当地水土资源承载能力和环境容量。另一方面，要逐步修复受损土地的功能、提升土地空间利用效率、优化土地空间结构，进一步改善人居环境。

例如，神农架林区在实施土地整治项目过程中，根据林区的实际情况，因地制宜，合理进行农林旅产业结合布局，坚持"宜林则林、宜农则农"的原则，统筹兼顾、合理布局，将土地整治项目建设与生态保护密切衔接，在水土流失严重的区域优先开展土地整治项目建设，通过一系列工程设施建设，防止了水土流失，保护了项目区的生态环境，对公路沿线和以旅游为主的乡镇，按照林区政府规划的"绿满荆楚"目标进行有机结合，在项目区合理布置了一些茶园、果园和药园等特色产业，使项目区的生态效益明显提高。

长阳县在土地整治项目的实施过程中，结合当地条件的适宜性及种植习惯，水田种植中稻，旱地种植玉米和烟草，园地种植茶叶。通过土地整治，项目区耕地面积有所增加、质量有所提高，建立了以高效、高产、优质作物为主导的农业种植结构，实施改造后，经济效益十分明显。同时，农田水利基础设施标准大大提高，水土保持、抗灾能力等农业生产条件大为改观，明显改善了耕地质量、生产条件，不仅降低了生产成本，还提高了粮食产量，增加了农户收益。

第8章 土地整治助推绿色发展的制约因素

"十二五"期间，湖北省委、省政府一直把土地整治作为确保国家粮食安全、促进全省经济社会科学发展的基础性工作来抓，围绕提高农业综合生产能力、推进社会主义美丽乡村建设和统筹城乡发展，统筹规划，完善机制，深入推进土地整治工作，土地整治助推绿色发展的成效有目共睹。但是"十三五"及今后经济社会对绿色发展提出了更高的要求，为了更好地开展土地整治工作，一要依据《全国土地整治规划（2016~2020 年）》提出的加强生态保护的原则，落实生态文明建设要求，实施山水林田湖综合整治，建立生态型土地整治的激励机制，加大对生态型土地整治项目的资金支持力度；二要结合 2017 年中央一号文件提出的"加快培育农业农村发展新动能"，允许将通过土地整治增加的耕地作为占补平衡补充耕地的指标在省域内调剂，按规定或合同约定取得指标调剂收益；三要借鉴现代国外的土地整治工程经验，把握好土地整治工程正朝着内容多样化、功能综合化、目标生态化、管理规范化和手段科技化方向发展的趋势。为此，本章对"十二五"期间土地整治助推绿色发展的制约因素进行分析。

8.1 理念层面的制约因素

从"十二五"期间土地整治助推绿色发展的实践看来，土地整治的理念需加以拓展，现有的理念体系导致顶层设计不够。表现在无论是从土地整治规划设计、规划实施过程，还是从土地整治项目的实施效果来看，都有改进之处。

8.1.1 顶层设计、同心合力受制于部门利益局限

"十二五"期间确立的土地综合整治宗旨是综合性的：以科学发展观为统领，紧紧围绕城乡融合发展和美丽乡村建设的总体要求，以打造粮食核心产区和示范区为重点，以土地整理复垦开发和城乡建设用地增减挂钩为平台，统筹规划，整合资源，创新机制，联动推进，努力增加耕地数量，提高耕地质量，优化土地利用结构，提高集约节约用地水平，改善农村生产生活条件，增加农民收入，提高农业现代化水平，推动城乡统筹协调发展。

但整合时各部门对具体土地整治项目容易从各自部门的角度去片面理解，导致各部门的行动与效果常常貌合神离——无论是组织制度建设、规划设计，还是资金筹措，基本都是由国土部门牵头，再加以临时拼凑、"拉郎配"式的整合各部门、专业人财物资源，导致土地整治规划设计不科学，实施过程不规范，整合效果不显著，资源容易重复浪费。

例如，水利部门为了消化本部门过剩资源，一心彰显本部门资源投入与实施的形象，可能会超出实际地对旱地项目不惜代价地建设冗余水利设施，有的甚至砸掉国土部门设置的项目竣工验收标示牌，将其换成水利部门的。例如，某县土地整治项目是南水北调汉江沿线土地开发整理重大工程项目的一部分，为了改善耕种条件，提高土地等级标准，国土部门对田、水、路、林、村等进行了综合治理，整治后的土地种植果树和药材，水利部门和农业综合开发部门盲目投资建设的喷灌设施或者其他设施，至今未用，浪费资金。另外，在调研中还发现，有些部门的项目属于后期补助项目，为了更好地彰显资金的使用效益，它们往往将国土整治的标牌换掉，贴上自己部门的标牌，为此造成了不必要的资金浪费（图 8-1 和图 8-2）。

图 8-1 园地里冗余的水利设施

图 8-2　土地整治标牌被替换成为其他部门标牌

因此，要加强顶层设计，把貌似整合、而里子仍旧坚持本位主义的根子挖出来，真正达成各部门同心、各力同向。既然是土地综合整治，就应该从宗旨贯彻、制度建设、规划设计、资金筹措、绩效评估等方面进行全方位顶层设计，从源头消除理念冲突、制度羁绊，令合力效果完全彰显，资源不再浪费重复。

8.1.2　认知评价受到传统狭隘意识束缚

土地整治的核心目标在于增加耕地数量、提高耕地质量、改善耕地生态。实践中，有许多项目实施以后，土地整治后的用途却发生了根本改变。对此应该如何评价，整治后的土地用途该如何把握，这就涉及如何评价土地整治整治绩效的问题。

第一，从市场层面讲，在中国特色社会主义市场经济环境下，市场应该对资源的配置起决定性作用。所以，除稳定水稻、小麦生产，确保口粮绝对安全外，其他粮食最终将主要由市场来配置，这是中国特色社会主义市场经济发展的终极目标，而现在农户种粮效益低，部分地区土地整治后再次撂荒，产生粮食安全隐忧，其原因值得深思。从理念层面讲，粮食是农民种出来的，从事任何一种职业，趋利避害是其背后的基本动因，如果不能给农民安身立命的经济收入保障，即使土地整治得再漂亮，农民最后还是会将其撂荒，土地整治的效果及其宗旨终究会付诸东流。

第二，如何使农民自愿选择种粮食？至少有两个途径，一是走"规模效益"之路，二是遵从"比较利益"法则。

"规模效益"，就是由单家独户耕种零打碎敲的有限几亩地，流转成几十上百亩，这个正好是土地整治能够发挥作用的地方，整好了马上就种植粮食，只需要配套好的流转制度，效益就会提高。例如，由于过去田块零碎、大小不一，田间道路、排灌设施不齐全，农业机械在一些地方根本派不上用场。土地整理项目虽然让小田改成了大田，但是没考虑土地流转，农户一家三五亩分散经营的弊端依然存在，农民感觉土地整治"没搔到痒处"。在广西壮族自治区贵港市桂平市石龙镇新村，当地农民和专业合作社联合起来，因地制宜开展水田"以小并大"土地整治。现在所有水田都能用机械耕作，耙田、插秧、收割全部由专业合作社去完成，一个人种五六十亩都不成问题。以前种地太辛苦，给钱都不愿种。如今种田真方便，大家争着留地自己种（陈国章等，2015）。在湖北省天门市石河镇2万亩土地整治试点项目中，采取的是先流转土地经营权再进行土地整理的方式，这样一户农民可以耕种几百亩农田，劳动生产率与土地生产率就会显著提高。

如果种植蔬菜、种植猕猴桃，比种粮食更赚钱，政府用行政命令让农民种粮，还是放任农民觉得种粮不赚钱，转而闲置撂荒？这个问题的最终解决需要关注"比较利益"，而不是把土地整治完了就自然而然能解决的。

第三，生态上有一个多元稳定原理。土地整治项目规模都比较大，大面积的单一种植是有生态隐忧的。稻菽千重浪是一种美景，五彩田园也是一种美景，并非只有满眼是秧苗麦穗才是粮食安全。粮桐间作，农茂粮丰；桑粮间粮，树上百斤茧，树下千金粮；树茶间作，少吃肥药产好茶，都是生态农业的实践。因此，多元种植有利于增产稳产、稳收，同时，还有利于保持和增进地力，多元稳定理念也可指导人们提升自然生态系统的稳定性和生态服务功能，达成可持续发展，达成真正的绿色发展。

第四，某些产业单一狭窄，一、二、三产业融合意识不足。例如，湖北省沙洋县虽然放活土地经营权，通过土地整治实行连片耕作，效果比以往大有改善。尽管有些村目前有部分农户在发展稻虾共育，部分农户也有在尝试种植再生水稻，但其农田综合效益仍不乐观，是否可以推进"村社合一"，通过土地规模经营，大力培育新型农业经营主体，推进一、二、三产业融合发展，从而使农民共同致富呢？

8.1.3　传统理念与绿色发展理念的背离

现有各地的土地整治实践，虽部分贯彻了绿色发展、生态文明的理念，但是有些是支离破碎的，有些是浅层拼凑的，甚至有些是陈旧的，有必要加以梳理、深化和完善。例如，理念上，与整治之后只提供单一种植使用的传统型土地整治相比（传统型土地整治，土地供单一种植使用，依赖化肥导致土壤最终越用越板结、依赖农药导致食品安全隐忧），绿色生态型土地整治考虑了种养结合，考虑用分解、还原、循环、再生以及生物链来缓解农药、化肥。这显然与传统型土整治助推绿色发展大相径庭。

在绿色整治方面，有些项目区没有采取绿色的设计理念，如沟渠已经全部硬化等。一是因为建设时间太早，没有这方面的意识；二是当地缺少水源，如果设计成绿色生态沟渠，就会大大降低水资源的利用效率。所以在整治过程中，不能盲目跟风，需因地制宜。

调查中发现，近些年，部分地区在土地整治工程实施中片面强调增加耕地面积，片面强调改善农业生产条件，对长期可持续的经济和生态环境效益重视不够，忽视了对土地质量的提高及生态环境的保护和改善。主要表现在：一是对生物多样性的影响。大部分实施的渠道、农沟、排水沟采用混凝土防渗，过度的硬化阻碍了土壤对水体的自然净化，使水质恶化，同时不利于鱼类、青蛙等水生生物的生存。二是对村貌景观多样性的影响。地形地貌的过度改变、过分追求沟渠、道路顺直、浆砌和硬化，以及居民点单一归并，使村貌景观多样性降低，造成农村村容村貌千篇一律。三是对水环境的影响。在土地整治活动中，农田灌溉工程以及梯田建设很容易对地表水系结构造成影响。例如，为了增加耕地面积，对原有河沟进行裁弯取直或缩窄断面，改变河流原来的流量流速，不利于水生生物的栖息与繁衍。

所以，期待能真正体现与落实项目设计先导，生态理念的运用要深化、完善，整治不能只着眼于直接使用者，"头痛医头、脚痛医脚的土地整治"不能叫"绿色土地整治"。我们要科学合理利用耕地资源，促进种地养地相结合，就必须统筹考虑种养规模和环境消纳能力，积极开展种养结合循环农业试点示范。既要使农业综合生产能力提高，也要体现出农业生产结构逐渐改善，使生物多样性、水源涵养能力及生态系统服务功能不断完善，提高土地生态系统的抗干扰能力和自我修复能力，切实提升国土生态安全水平。

8.1.4　大拆大建式整治与乡土文化保护的冲突

调查发现，部分地区在土地整治与新农村建村过程中，一是大拆大建大手笔，不顾地方财力和物力实际；二是乡村建设城镇化，移民建镇集中化，材料钢筋水泥化，房屋联排筒子楼；三是穿衣戴帽，白面黛瓦马头墙，一片徽派建筑，只为浮云遮望眼。这些都与绿色土地整治不相符。村庄整治，要切实纠正"大拆大建"和"把装修当文化，把造价当原则，把规模当成绩，把工艺当装饰，把更新当开发"的错误理念，防止对乡村环境造成破坏。绿色土地整治与新村建设，应切实注重文化打造。要从各地的特色出发，深入挖掘每个村庄的历史遗迹、风土人情、风俗习惯等人文元素，展示个性化乡土文化，通过文化创意、农宅改造、村庄环境整治等，"让居民望得见山、看得见水、记得住乡愁"，打造"风貌自然、功能现代、产业绿色、文明质朴"的现代新农村。

8.2　制度层面的制约因素

8.2.1　牵头部门地位局限性导致相应责权不够

1. 目标多元综合性与责权利规范性难匹配

"十二五"期间，湖北省创新土地整治工作，坚持"政府主导、国土搭台、部门联动、资金聚合、整体推进"的工作机制，土地整治助推绿色发展取得的成效是巨大的。不过由于"十三五"及今后经济社会与生态文明的新发展，相应地就会对土地综合整治工作责权利的规范性提出更高要求。

土地综合整治项目作为各方整合平台，最理想的状态是围绕城乡融合发展和美丽乡村建设的总体要求，系统规划，整合资源，推动城乡协调发展。通过实施土地综合整治，努力增加耕地数量，提高耕地质量，优化土地利用结构，提高集约节约用地水平，完善农村路网、供水、通电、通信、广播电视以及生活垃圾、污水收集和处理等基础设施，健全教育、医疗卫生、文化娱乐、社会养老、商业网点等公共服务设施，推广清洁能源，改变农村"脏、乱、差"状况，实现农村布局优化、道路硬化、村庄绿化、环境净化。具体说来，在某个土地整治项目中，最理想的是协调好田、水、路、林、村综合整治，但土地整治涉及多个职能部门，需要相互之间的有效配合，由于土地整治项目主要由国土部门牵头搭台，而在政策上与实践中，缺乏针对这种多元综合性项目进行高位统筹协调的政策，处于同级地位的国土部门并没有被赋予并形成足够完善的配套责权利规范，导致各职能部门之间的沟通与衔接不足，往往造成国土部门单打独斗，项目实施中的一些问题难以及时解决，而非常态的联席会议制度等形式的效能有待提升。俗话说，不在其位，难谋其政，由于没有相应处于高位的体制化统筹协调依据，土地整治工作的正常开展常常面临不小的困难。

2. 部门行业纵向管理与资源横向整合的梗阻

财政、交通、水利、农业、国土等各行业部门，原本各部门按自我行业专业要求纵向自我管理，如今需要在土地整治项目上实行横向整合，需要在项目规划实施管理上、资金筹划运用监管上、项目的评估验收考核上，谋求协调与整合一致，且搭建平台的牵头组织者是平级的国土部门，因此极易发生资源横向整合的梗阻问题。当然，要想完全理顺并且重新构造项目资金整合的新管理体制，则超出了国土部门可操作的范围，但是国土部门应在土地综合整治上有建议权与资源综合责任。

8.2.2 "多规不一"导致整合效能不理想

由于以前各行业、各部门为了实现各自的目标都会出台各自的规划、方案和办法等。为保障土地资源的可持续利用，促进经济和社会的可持续发展，应该根据土地生态系统原理，结合土地利用现状，统筹协调、制定"多规合一"式绿色土地整治综合规划，真正避免盲目建设、重复建设，特别是要避免"伪生态建设""伪绿色建设"，这在湖北省"仙洪"新农村建设试验区有了体现。该试验区共做了五个层次的规划，即总体规划纲要、八个单体规划、三个片区规划、22个部门规划以及乡村规划。总体规划指导具体规划，具体规划体现总体规划，充分发挥总体规划的龙头作用，从而避免了盲目建设。

8.2.3 统筹不足的绿色发展遭遇价值认同机制的困局

受经济发展与消费需求的阶段性限制，"十二五"及以前，人们主要是解决"有没有吃的"和"能不能吃饱"等问题，在消费者的认知度中还没有绿色、有机食品的发展需求。但在"十三五"期间，经济发展与消费需求得以满足，广大人民对小农经济形态下的农产品品质信心不足，特别是在对制假售假现象尚心有余悸的背景下，需求侧已出现对绿色、有机食品越来越高的呼唤。2017年中央一号文件要求加快培育农业农村发展新动能，深入贯彻习近平总书记系列重要讲话精神和治国理政新理念、新思想、新战略，坚持新发展理念，协调推进农业现代化与新型城镇化，以推进农业供给侧结构性改革为主线，围绕农业增效、农民增收、农村增绿，加强科技创新引领，加快结构调整步伐，加大农村改革力度，提高农业综合效益和竞争力[①]。但如果土地整治没有全程统筹，整治后，仍还归于千家万户的小农经济，由于绿色、有机产品认证费动辄上万、上十万元以及常态监管要求严格、费时费工、产量也不高，若要人愿意生产，就必须在价格上高于一般农产品，一般农户没有意识申请，也无法打开市场，而消费者也不会对无法甄别品质的农产品下订单。所以，在"十三五"时期，应该把项目实施与产业结构调整相结合，着眼于统筹配套，借机绿色发展，做大做强龙头企业，以利于发挥其带动和示范作用，绿色发展在社会上才能真正大行其道。

---

① 聚焦农业供给侧结构性改革 2017年中央一号文件发布. http://www.farmer.com.cn/zt2017/qyh/?winzoom=1.

8.2.4　土地整治的前期建设与后期管护脱节

土地整治工程竣工后，其后期管护上仍存在许多问题，需及时改善。例如，在农作物灌溉设施建设竣工后，一旦遭遇损坏如何维护？后期的管护按照有关规定，项目承包单位与项目所在地的乡镇办、村签订了管护协议，明确了责任要求，但乡镇办和村无专人、无管护资金，沟、渠、路、生态防护林等实际上没有管护，特别是生态防护林工程还未验收，所剩的资金已寥寥无几，又缺乏长效管理机制，土地重新抛荒或改变用途现象多有出现，土地的经济效益没有得到有效发挥。《全国土地整治规划（2016~2020 年）》明确提出要加强经整治耕地的后期管护。建立健全土地整治项目建成后的日常管护制度，明确管护主体，落实管护责任；建立奖补机制，引导和激励农户、村集体经济组织和农民专业合作社参与管护；结合实际积极筹措和安排管护资金，提高资金使用效率，确保经整治耕地高效可持续利用。

8.2.5　土地整治公众参与度低导致设计难合理

抽样问卷调查表明，土地整治公众参与度低，许多整治区域中的农户对整治目的、方向、权属调整方案等都缺乏了解。在实地调研中，某镇农户提出桥洞、桥体设计不合理等现象。汛期洪水大，拦水坝（图 8-3）和农桥（桥涵过水断面小）（图 8-4）会妨碍洪水下泄，导致洪水外溢冲毁周边农田。当问及农民为什么当时不提出来，农民说根本不知道。因此，项目在规划施工过程中还应多参考民众意愿及实践经验，以便土地整治项目真正产生效果。

图 8-3　某土地整治项目设计的拦水坝

图 8-4 某土地整治项目设计的拦水坝和农桥

8.3 技术层面的制约因素

我国现阶段的土地整治涵盖了前期进行的土地开发、土地整理、土地复垦、土地治理等内容，但又不等同于这些内容的简单叠加，更不是简单地对某一地块采取单项的物理或者生物措施，而是根据土地生态系统平衡的原理，结合土地利用现状，按照规划所确定的目标和用途，采取行政、经济、法律、生物、工程技术等手段和措施，对低效利用、不合理利用和未利用的土地进行科学开发利用、建设调整、改良改造和综合治理，对生产建设破坏和自然灾害损毁的土地进行恢复利用，提高土地节约集约利用率和产出率，改善生产、生活条件和生态环境，技术要求更高。因此，土地整治常常通过两个途径来进行：一是从自然条件着手，人为改造土地条件，使地形、土壤、水、植被、热量等自然因素处于较好的组合状况；二是从人类活动自身着手，采取有利于保护土地的开发利用技术和方法。

8.3.1 生态景观规划设计技术的瓶颈制约

土地整治是一项复杂的系统工程，它涉及农业工程、林业工程、环境工程、机械土方工程、建筑工程、农田水利工程、道路桥梁工程、农业设施工程等众多分项工程，具有跨行业、多学科和多技术的特点。与国外土地整治内容和工程技术相比，我国"十二五"期间土地整治在生态景观建设上缺乏详细的生态景观工程技术指导，项目规划设计则缺乏详细的生态景观建设内容。然而，当前国土资源管理部门缺乏通晓土地整治规划设计的工程技术人员，专业技术人才配备与土地整治工作的规范要求尚有较大差距。专题规划由于缺乏详细的技术指导，在绿色基础设施多功能性分析评价、确定土地整治项目空间布局方面，定量化分析不足。所以，要实施绿色土地整治，地域乡土知识、生态景观化的乡土工程技术、生态景观规划设计技术等是一个瓶颈。

8.3.2 非粮化与"藏粮于地、藏粮于技"的困局

调查发现，除竹溪县中峰镇双竹贡米、谷城县茨河镇贡米、当阳市蔬菜基地等土地整治项目，因为附加值高、收益比较可观，继续从事粮食与蔬菜生产外，部分土地整治项目非粮化现象明显增加，整治后的农田变成了果林或经济林作物，主要原因在于农田作物比较经济效益低，整理后农户不得不改变其用途。然而，发展林果产业是否违背土地整治的初衷？《中华人民共和国土地管理法》第36条规定：非农业建设必须节约使用土地，可以利用荒地的，不得占用耕地；可以利用劣地的，不得占用好地。禁止占用耕地建窑、建坟或者擅自在耕地上建房、挖砂、采石、采矿、取土等。禁止占用基本农田发展林果业和挖塘养鱼。目前部分村在整治后的高标准农田中发展苗木产业的做法，无疑与国家粮食安全保障政策和基本农田保护法律条例存在冲突。这种"土地整治+林果业发展"的模式是否值得认可、借鉴或推广呢？

土地整治，特别是农地整治的根本目标是提高耕地质量，增加有效耕地面积，改善农业生产和生态条件。因此，对于整治之后的耕地利用，应该参照《中华人民共和国土地管理法》和《基本农田保护条例》的规定，禁止土地用途的转变。然而，在当前社会经济发展转型的大背景下，城市扩张占用大量优质耕地，同时，农业结构调整和退耕还林也使得耕作面积减少，现在的耕地保护重心，越来越从耕地数量转向耕地质量和耕地产能，各地的耕地利用方式也不再拘泥于粮食种植，而是朝着多样化、特色化、高附加值的方向发展。为抑制农地改变用途，除政府引导规划外，还应想办法提高农地价值，增加种植农作物收入。笔者认为，只要耕地的生产能力和耕作条件得到了提升，就是土地整治有成效的表现；只要耕地的生产能力不下降，就说明后续的利用方式是可持续的。至于如何破解土地整治后发展林果业的困局，只要技术上能保障土地地力、土地生产能力尚不被破坏、不至于减退到失去返回种植粮食的状态，就属于"藏粮于地、藏粮于技"。"藏粮于地、藏粮于技"是中央对确保粮食产能的新思路，是国家"十三五"规划的新途径，在土地整治中需要认真贯彻。这意味着我们将不再一味追求粮食产量的连续递增，而是通过增加粮食产能，保护生态环境，促进粮食生产能力建设与可持续增长（郭俊奎，2016）。

8.3.3 矿区土地复垦保护与恢复的技术制约

根据我们对矿区复垦土地的调查发现，矿区土地复垦方面缺乏绿色技术。对于露天采矿企业来说，亟待加强对生物多样性的认识，在土地复垦和生态恢复中加强生物多样性管理。矿山土地复垦不是简单的修修补补的"外科手术"，而是从内到外的"内外科"兼顾的综合治理。有些地区仅仅是进行简单的造地和绿化，尤其是前期尚未从生物多样性保护角度作先导设计，而生物多样性保护与恢复是矿业可持续发展的必要条件，复垦过程中贯彻生物多样性保护与恢复措施，能够确保矿区乃至所在区域生态环境恶化之症不再复发（图8-5和图8-6）。

图8-5　某镇矿山开垦后土地利用现状

图8-6　某镇工矿用地复垦后土地利用情景

8.4　资金层面的制约因素

由于我国实行的是土地整治专项资金制度，土地整治资金来源单一，地方财政紧张导致土地整治举步维艰，因此土地整治资金是以政府投入为主，通过各类优惠政策来吸引单位和个人资金投入，构建起多元化融资渠道，但目前 PPP 整治和企业整治仍占很少份额。

在资金方面，"十二五"期间湖北省土地整治已逐步建立多元化融资渠道，积极协调聚合国土、交通、水利、环保、农业、林业等部门的涉农资金，对田、水、路、林、村进行整体综合整治，充分发挥资金聚集效应和放大效应，打破地域、行业和所有制界限，各个行业、各个部门通过"连片试验"这个平台，实行资金"捆绑使用"，项目跨行政区划，建立"渠道不变、管理不变、各投其资、各记其功"的投入机制和"各炒一盘菜，共办一桌席"的理念，充分发挥资金聚集效应和放大效应，实现土地综合整治目标。但是，"十三五"期间土地整治资金层面的工作还有很大改进空间。

8.4.1　不同渠道资金难整合

由于土地整治协调统筹有限、具体部门目标利益分化各自为政，缺乏全局整体性、前瞻性规划设计，资金使用分散和投入交叉重复现象较为普遍，这导致各个整治项目难以实现彼此布局和功能上的对接联系。

在整合涉农资金、推进高标准农田建设方面部门定额不同，编制单位的资质不同，预决算不同，如何整合资金、编制规划、实施验收项目？正如湖北垄上频道赵承卫所指出的，该问题涉及体制改革，项目整合难：地方政府难协调，部门各自为政（申报、实施），权力、利益不愿放手（审批、招标、验收、拨款），整的一桌席，各炒各的菜，炒得怎么样，政府无手段。

对于"渠道不变、管理不变、各投其资、各记其功"的投入机制，不要打擦边球。特别要避免喧宾夺主、功能过分等问题。例如，为打造"交通翻新样板""水利提升典型"，特别将资源倾斜甚至不必要地超过了该部门自有、应有比例，如有的农地整治项目资金较多用于水利、沟渠等建设。

8.4.2　绿色土地整治投资低难实施

根据湖北省国土整治局的相关规定，要求市（州）国土资源局严格控制项目规模和亩均投资标准土地整理项目的投资标准，地貌为平原的不得超过 1 500 元/亩，地貌为丘陵的不得超过 2 500 元/亩。预算编制采用《财政部 国土资源部关于印发土地开发整理项目预算定额标准的通知》（财综〔2011〕128 号）规定的新的定额标准，项目投资估算不得超过省厅下达的计划控制数。然而，在土地整治项目投资标准偏低的情况下，要真正实现山水林田湖生态保护和修复，实施绿色土地整治，的确难以进行。据调查测算，相关单位在地貌为平原的地区实施绿色土地整治的亩均投资就已经达到了 4 000 元/亩。即使根据《全国土地整治规划（2016~2020 年）》的文件精神，亩均投资 1 800 元，距离绿色整治投资仍有很大资金缺口。因此，绿色土地整治资金投入往往会突破项目投资标准和亩均投资规范，难以获得相关部门的批准立项和实施。

第9章 国内外土地整治助推绿色发展的经验借鉴

9.1 荷兰土地整治经验借鉴

9.1.1 荷兰土地整治概况

荷兰是开展土地整治较早的国家之一，20世纪初，荷兰就开始进行了较大规模的土地整治，其土地整治贯穿了20世纪荷兰农业的发展历史。其发展历程从最初的适应规模经营和机械化到土地整治作为农业结构调整和扩大农用地面积的手段，直至转向农村土地多元化利用——生态、保护和景观，这为我国土地整治提供了典型的参考案例。

在政策方面，一是荷兰制定了全面规范的权属调整政策，且通过建立相应的法律法规来处理土地整理过程中出现的权属分配、权属纠纷等问题。二是通过立法的方式保护生态环境，如荷兰在《土地整理条例》中制定了相关的法律法规并明确要求在土地整治过程中必须采取一定的方式进行生态保护，将土地整治与土地生态保护、土地景观建设相结合。在制度方面，首先，荷兰建立了完善的法律体系和合理的组织机构，如荷兰相继颁布了《土地整理法》《空间设计规划法案》《农村发展的布局安排》《农村地区土地开发法》等，为土地整治项目提供了法律依据，同时在土地整治过程中各个土地整理机构分工明确、相互配合，包括土地整理委员会、土地整理局、土地资源管理局、土地管理基金。其次，建立了监督管理机制，有效减少了地方政府在土地整理过程中的"寻租"行为。最后，建立了公众参与制度，公众的参与程度和支持力度对土地整治目标的实现有着重要的影响，荷兰土地整治项目的提出，需要拥有项目区内25%以上土地面积的居民同意才能被中央土地整理委员会受理；项目区内的居民有权对土地整治项目的初步规划进行审查，并提出自己的各种需要，这些意见必须由规划人员加以解释，并反映在以后的土地整治详细规划之中；土地整治项目实施前需要通过项目区内所有居民的投票决定，只有拥有项目区内 50%以上土地面积的人们投了赞成票，项目才能开始实施。在技术方面，荷兰在土地整治过程中运用了科学规范的整理技术，包括信息采集技术、环境评价技术、地产评估技术以及景观再造与保护技术，荷兰土地整治中的各项技术已经比较科学、规范，而且适应了土地整治内容与目标的要求；在资金方面，荷兰建立了多元化的融资渠道，荷兰政府每年用于土地整治项目的资金全部划拨给土地开垦整理局统一管理使用，资金总额占全部土地整治项目投资的 70%。此外，荷兰农村还出现了农民合作金融制度——"农民合作银行"。

可见，在将近一个世纪里，荷兰土地整治的发展具有以下特征：一是土地整治重点从初期的扩大农用地面积为目的，演化为实现农村地区更加有效的土地多重利用的手段；二是土地整治项目由项目区的居民代表组成的土地整理委员会编制土地整理项目设计最终方案，方案实施必须获得项目区大多数土地所有者和使用者的赞成，将当地的个人和团体作为决定土地整治项目启动、规划和实施的最为重要的力量；三是不同时期的目标任务和各个环节都有明确的法律条文作保障；四是将土地整治与土地景观建设、自然资源保护以及户外休闲娱乐紧密结合。

9.1.2　荷兰土地生态整治的经验借鉴

从荷兰土地整治演变的历史中看到：土地整治从最初的单纯以农业为目的，发展成为以生态环境为重点的综合社区发展的手段，并成为荷兰政府在农村地区进行开发的重要工具。这些都促使我们去思考我国土地整治的发展方向。我国的土地整治在注重农地数量增加和质量提高的同时，应该进一步把目光放在土地整治实施的综合效益上，把土地整治作为农村地区综合发展的一种重要手段和途径，具体有以下几点建议。

1. 政策方面

一是建立完善的法律法规保障体系，制定与土地整治相关的法律条例，为土地整治提供法律支撑，提高土地整治效益与效率。二是规范土地权属管理，利用《农用地分等规程》和《农用地定级规程》中制定的方法，或利用已经完成的分等定级工作成果，进行土地开发整理前后的土地质量考核。通过地籍管理，积极开展土地整治中的权属登记工作。

2. 制度方面

进一步完善土地整治的组织机构，保证当地政府与林业、农业、建设业等部门的紧密结合，提高土地整治运作成效。同时建立和完善公众参与制度和公众监督制度，在农村地区开展的土地整治关系到广大农民群众的利益，必须提高民众参与程度，实现政府与民众之间公平的利益分配，同时监督机制的设立将减少徇私舞弊的行为，实现土地整治的效率与公平。

3. 技术方面

荷兰特别重视土地整治规划和实施技术研究，现在莱利斯塔德（Lelystad）市修建了拦海造地博物馆（图 9-1）、保留着拦海造地时的机械设备（图 9-2），还矗立着拦海大坝的设计师莱利博士（Cornellis Lely）雕像（图 9-3）。土地整治后的资料更广泛应用于国民经济的各个领域，并在硬件、软件、技术标准等方面都有长足的发展。电子速测仪、高精度全球定位系统（global positioning system，GPS）等设备已广泛应用于基层测量局，作为土地整理过程中信息采集的手段，实现了重要资料数字化。在软件建设方面，建立了土地整理信息系统，对各种图形、属性数据实现了一体化管理，同时实现了行政管理办公自动化，并通过专线网络传输各种数据，实现了土地整理完成后各种数据的及时更新和不同部门之间的资源共享。

图 9-1　荷兰莱利斯塔德拦海造地博物馆

图 9-2　荷兰莱利斯塔德拦海造地时机械设备

图 9-3　拦海大坝的设计师莱利博士雕像

4. 资金方面

我国实行的是土地整治专项资金制度，土地整治资金来源单一，一旦地方财政紧张，土地整治就会举步维艰，因此土地整治资金应以政府投入为主，通过各类优惠政策来吸引单位和个人资金，引进外资，构建多元化的融资渠道。

5. 生态方面

加强土地生态环境保护及土地生态景观建设，土地整治应全面贯彻保护生态环境和资源的科学发展观，在土地总体规划的基础上，结合生态建设规划开展土地整治。在村庄改造方面，应体现乡村特色和区域差异，保护农村生态景观，实现美丽乡村的建设，见图 9-4。

图 9-4 荷兰美丽乡村建设的生态呵护的案例

9.2 德国土地整治经验借鉴

德国是世界上城镇化发展较快、城镇化率较高的国家之一，其在推进城镇化过程中特别注重大中城市和小城镇均衡发展，形成了一种城乡统筹、分布合理、均衡发展的独特模式。德国既是开展土地整治较早的国家之一，也是土地整治开展得比较好的国家之一，在土地整治制度建设、理论与技术创新等方面都卓有成效，积累了丰富的经验。其中，土地整治在促进农村发展、实现城乡一体化过程中发挥了重要作用。德国的土地整治目标随着经济的发展不断更新并且与农村经济社会发展相结合，从以增加产量为主要目标发展到区域内生态环境保护和农村全面协调发展，注重兴修水利、整修道路、改良土壤、维护乡村景观、优化村民居住和生活条件、继承保护民族历史文化遗产，实现社会经济发展与自然环境保护的统一。无论是百万人口的大城市还是几千人口的小城镇，或是城区边缘的村庄，都有着优美的环境、便捷的交通、完善的基础设施，城乡几乎无差别，真正做到了城与乡同样美。

德国土地整治历史悠久，发展至今已形成有政策扶持、法律保障、规划管控、自主申请、多方参与的稳定发展格局。基层根据需求，可选择适合自身条件的土地整治项目类型，申请政府支持。开展土地整治并不急于求成，也不追求一步到位，而是按照整体规划、分期实施的方式，逐年推进、务求实效、注重长期效益和可持续利用。

9.2.1　德国土地利用的主要特点

1. 土地整治政策法制化

法律法规能够保障土地整治的公平、秩序、安全、自由和效益。德国土地整治非常重视相关法律制度的建立健全，不断推进土地整治政策的法制化进程。1886年巴伐利亚州颁布了德国第一部土地整治法。1953年，《德国联邦土地整治法》颁布，并多次进行补充修订。经过多年积累与发展，德国土地整治法律体系已经比较完备。

2. 严格的规划制度和良好的公众参与制度

德国土地整治是实施空间规划的重要措施，空间规划一般会编制控制性详规和更具体的建设规划。德国各级政府都设有专管规划的机构，全国、各州都分区域、分层次进行规划，以城市为中心划分规划区。根据中心城市的作用和影响，分成不同层次的规划区，不同层次规划有不同的内容和粗细程度，这样就形成了全联邦的规划体系。制定规划要充分考虑人民基本生活需要，考虑保持自然景观。就一个乡镇来说，空间规划的内容包括农地规划、林地规划、景观规划、村镇改造规划、小区建设规划等，各项规划都有各自的具体内容。规划一经批准实施，就具有法律效应，所有单位和个人必须严格执行。除非特殊情况，一般不作规划调整，这保证了规划的严肃性和各项建设活动依规建设的延续性。德国对公众参与制度有明确的规定和法律保障，良好的公共参与制度是德国土地整治取得成就的重要保障。

3. 土地整治技术信息化

土地整治工程需要处理大量的数据和信息，技术要求也非常严格，因此需要很强的理论和信息技术作为支撑。德国土地整治过程中，成功地应用了各种有效的技术手段，大大提高了土地整治的效率和准确性。运用先进的电子测速仪和 3S 技术[1]，将信息数字化，便于资料采集和处理。通过土地整治信息系统和专线网络传输，将数据和图形等相关信息传递到各个部门，便于资源共享和自动化办公。信息处理技术，简化了土地整治工作的程序，提高了各个部门的工作效率，也提高了数据的准确性，便于后期信息的重复性使用，使得土地整治工作高效运转。

4. 注重土地的权属调整

在德国，《土地整理法》中许多章节都提到土地整理过程中的权属问题。土地整理立项决定中的权属管理包括明确地产所有者的权益和责任，确定土地整理范围以及其中地产的临时限制，确定土地整理区的土地权利人，拟定土地整理计划中的权属规定。而在土地整理期间，权属调整包括地产交易、地产的重新归整、地产评估、土地重新分配等。

5. 翔实资料打牢基石

德国土地管理和土地整治的基础资料管理集中体现在地籍簿的建设和管理上。全国每一宗土地的土地类型、土地利用类型、质量状况、地上建筑物状况、权属状况、抵押情况和空间属性等在地籍簿上都有详细记录。地籍簿由财政部和法院共同管理，体现了土地的财产属性和法律保护私有财产的意志。地籍簿上通用的信息向社会公开，公众可免费随时查询，涉及单位和个人隐私的信息需申请批准后才能查阅。地籍簿一般定期更新，但有重大变化的，如土地整治项目完成后，要随时更新，以保持地籍资料的时效性。德国每年对全国的土地进行一次航拍，航拍录入地籍簿，作为全社会开展土地利用活动的依据和基础。

6. 土地整治注重保护自然生态环境

德国土地整治目标已从改善农民生产生活条件、提高农业生产能力、降低生产成本向建设农田生态景观、保护生物多样性、促进美丽乡村建设和城乡生活等值化等多目标转变，并开始关注和研究土地整治对气候变化的影响。德国

---

[1] 3S 技术是遥感技术（remote sensing，RS）、地理信息系统（geographical information system，GIS）、全球定位系统的统称。

土地整治建设尽可能减少对自然生态环境的负面影响。例如，修建沟渠、道路的建筑材料多以石材为主，尽可能少使用混凝土，沟渠护坡采用石头嵌入土壤的方式，以便植被自然生长，保持沟渠的生态功能和区域生态系统的整体功能，见图 9-5。沟渠均为土沟，生产路或部分田间道路面为素土、砂砾石，主干道才使用混凝土路面。同时，道路与耕地之间建设隔离带，以便生物栖息，保护生物多样性。

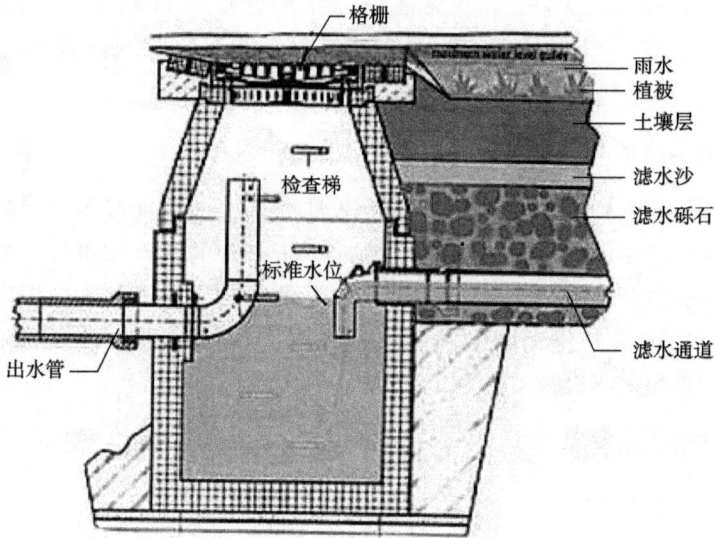

图 9-5　德国汉诺威市 Kronsberg 生态城区排水系统剖面图
资料来源：许健（2007）

7. 注重多方融资的作用

德国土地整治项目投资分为两个部分，一是公共设施的修建工程，一般由国家资助75%~80%（其中联邦投资占60%，州投资占40%）；二是土地整治参加者自筹20%~25%。根据《欧盟土地整理指导手册》以及德国各级政府配套出台的相关指导条例，政府具体资助比例根据项目建设内容来确定，具有明确的导向。例如，新颁布的《欧盟土地整理指导手册（2014-2020 年）》提出，在 2014~2020年，欧盟将重点针对六方面的项目措施给予资金支持：振兴农村地区、保护农村传统，促进农村地区经济多样化；缩小城乡地区差距，减少农村地区贫困现象；支持年轻农民；加强农民在农业食品供应链中的作用；促进绿色增长，应对气候变化；科研与创新 。

9.2.2　德国土地生态整治的经验借鉴

1. 多部门共同规划

据介绍，德国的土地整治往往与村庄更新联系在一起，其最终目标要达到地块的整合、道路的串联、水资源的管理、土壤质量的改善、水土的保持、自然风貌的保护、村庄的更新、休养产业的扶持等，涉及部门众多，诸如国土规划、农业、水利、经济、民政、交通、文物保护、村庄发展管理、自然资源与景观保护等部门，共同为农村的综合发展、土地整理项目规划服务。

2. 注重公众参与的作用

德国特别重视土地整治过程中的公众参与，认为公众的积极参与和广泛支持是土地整治目标能够最终得以实现的关键。因此联邦《土地整理法》对公众参与做了明确的规定。公众参与具有以下几个特点：第一，参与群体广。土地整治的执行单位是参加者联合会，它由土地整治区域内的全部地产所有者和土地整治期间的全部合法建屋权人共同组成。此外，农业、环保、水利等其他政府部门、乡镇政府和环保协会、农业协会、农村发展协会等各种公共利益的代表结构也有权利和义务参与土地整治。第二，贯穿土地整治活动的全过程。在土地整治过程中产生的任何一个重要决定，如土地整治立项决定、土地估价成果、权属调整方案、土地整治方案等，都要向社会公告征求参加者和相关部门的意见，参加者可以自始至终参与决策并把自己的愿望纳入决策中。第三，具有法律保障。联邦《土地整理法》明确规定了公众参与土地整治的组织设置、参与规模、参与形式、参与步骤，以此保证土地整治公众参与的合理性和合法性，使土地整治活动真正达到公平、公正的要求。

3. 提高土地整治工程质量

一是全面修订土地整治有关技术标准。明确各类基础设施和耕地建设质量标准和选用材料要求，减少项目的随意性，确保建设质量。二是全面加强土地整治工程建设质量管理。从设计、施工、监理、验收等环节，加强质量控制，确保土地整治建设质量符合有关标准。三是建立质量终身责任追究机制。制定土地整治工程建设质量责任追究机制，确保项目实施单位和责任人重视工程质量，严格按照有关技术规范实施。四是落实项目后期管护责任与资金。改革项目设施管护制度，实行"谁使用谁管护"的原则，推进项目设施资产化管理，为后期管护提供资金来源，确保土地整治工程设施持续发挥效益。

4. 因地制宜保护原生态环境

德国土地整治一直非常注重对生态景观的保护，尊重自然、顺应自然、保护自然的理念和要求贯穿土地整治始终，特别引人关注的是土地整治需遵循的生态占补平衡原则。与我们中国国情不同，德国土地规划和整治中特别注重对原有林地、草地、水系和村庄的保护，实行村庄更新，提倡对旧建筑的维修保护而不是大规模的改造、重建，实施土地整理复垦而不强调要整理出多少耕地，真正做到了"宜农则农、宜水则水、宜林则林、宜居则居"。

5. 土地整治促进城乡发展一体化

土地整治在改善农业生产条件的同时，要进行村庄基础设施和生态景观的规划建设。德国将土地整治与村庄改造相结合，有力地推动了农村地区的发展。中国已相继开展了一系列土地整治工作，但实施成效尚不理想。土地整治不能单纯定位于经济的发展，要将土地整治和社会主义美丽乡村建设、新型城镇化特别是小城镇建设等相结合。城乡建设用地增减挂钩政策的出台，为土地整治成为衔接城乡一体化建设的直接载体提供了政策可能。在此背景下，土地整治必将迎来更大的发展契机与空间。土地整治涉及多方面的利益，要改变以往片面追求耕地数量而忽视多目标综合发展的做法，要做到统筹兼顾。土地整治工作要逐步成为中国统筹农业现代化、新型城镇化和社会主义美丽乡村建设等的重要载体和推动力量。

9.3　日本土地整治经验借鉴

9.3.1　日本土地整治概况

日本是典型的人多地少、耕地资源稀缺、人均土地资源相当短缺的国家，这与中国人多地少的基本国情有相似之处。日本针对人多地少的矛盾，特别是城市化和工业化导致优质农地被占用、耕地污染严重等问题，进行了一系列保护农地、填海造陆、开源与节流相配合的土地整治。在工业化和城市化快速发展时期，日本的农业也有很大的发展，与通过工业反哺农业、大力推进土地整治，特别是通过对山区进行技术改造和开发以及围海造田等途径来增加耕地和工业用地密切相关。日本土地整治分为农业农村整治和城市土地整治，具体土地整治实施过程如表 9-1 所示。

表 9-1　日本土地整治发展阶段

时间	整治内容	整治目标
20 世纪 50 年代~60 年代中期	兴建水田排灌设施和开垦农田	增加耕地面积和增加粮食产量
20 世纪 60 年代中期~70 年代中期	开展农田水利设施建设，实行水改旱和土地平整	解决农地的细碎化问题，扩大农户经营规模和调整农业生产结构，实行农业机械化
20 世纪 70 年代中期~80 年代末期	综合建设农村基础设施和生活环境，整治村庄	解决耕地撂荒问题，改善农村环境，缩小城乡差距
20 世纪 90 年代以后	实现区域核心城市的发展	使国土形态与 21 世纪的时代潮流相适应，建设可持续发展的日本

在土地整治过程中，为缓解经济高速增长引起的用地紧张局面，日本政府推出了一系列法律措施来促进农用地保护和建设用地节约集约利用。其颁布的相关法律有《国土综合开发法》《农业基本法》《地方开发促进法》《山区振兴法》《国土利用计划法》等，为实现城市化快速发展但又防止耕地过度流失，日本在城市化快速发展时期加强耕地整理和町村合并，要求对町村合并腾退的土地进行整理、对整理出的土地进行复垦和重耕，在一定程度上缓解了城市化占地对耕地安全造成的巨大压力，为此日本政府专门颁发了《耕地整理法》，并经四次较大修改，为全面实施土地整治提供了法律保障。为解决耕地细碎化问题，日本制定了相应的权属调整政策，同时进行地块置换，使农地流向专业大户，但耕地所有权依旧属于农民，促进了农地规模化经营。在公众参与这方面，日本土地整治工作需通过委员会（由土地整治区域中各村的村民代表和指导人员组成）三分之二以上的人员同意才能开展，这种做法不仅减少了土地整治工作展开过程中的阻力问题，同时也提高了民众的参与程度。在工程质量方面，日本土地整治工程能够健康运行 60 年，有赖于科技的保障，日本农田灌溉工程基本实现了管道化，田间排水工程也有较大比例是管道化的，并采用机器人进行管道工程的检查，采取有针对性的工程维护，降低了工程维护成本。在生态环境保护方面，日本在区域土地整理规划编制过程中，既重视路、沟、渠工程布局，又重视田、村布局；注重整治区水土重构技术、防护工程与景观生态再造技术、土地整理高效施工技术和生物-理化联合改良工程技术，重视农田防护、水土保持与景观空间单元组合等景观生态效应的发挥，通过土地整治有力地促进了日本生态高效农业的发展。日本土地整治工程总的要求是把保护优质自然资源、耕地资源放在优先位置。

9.3.2　日本土地生态整治的经验借鉴

尽管我国国土资源行政管理部门每年筹集近千亿元的资金开展农村土地整治工作，通过土地整治增加耕地面积，同时兴建农田水利设施，提高了农地综合生产能力，但是在土地整治过程中也出现了诸如重耕地数量增加、轻质量提高和生态环境保护、公众参与不足、工程质量不高、土地整治法律法规制度不健全、整治目标单一等问题，这些问题都亟待解决。因此提出以下几点建议。

1. 健全法律法规体系

土地整理涉及国家、土地所有权人、土地使用者的切身利益。当前我国土地整治相关的法律不够完善，对土地整治中相关的权属纠纷等问题没有明确说明，必须不断完善法律制度，促进土地整治的规范化、制度化，使土地整治开发过程更加科学规范。

2. 重视土地整治权属调整

具备完整的、明晰的产权是实现资源优化配置的前提条件。通过土地整治，对农地承包经营权进行调整，改善耕地细碎化现象，促进农地经营规模，实现农地机械化运作，提高农地综合生产效益。

3. 建立综合整治目标

土地整治正朝着内容多样化、功能综合化、目标生态化、管理规范化和手段科技化的方向发展。在内容上，土地整治从最初的土地平整到农村地区土地整治并向农村和城市土地全面整治发展；在功能上，土地整治在优化土地利用布局、村庄和城镇改造、实施空间发展计划等方面发挥着越来越重要的作用；在目标上，从改善农业生产条件向重视景观和生态的保护发展，土地整治越来越体现出生态化的特点，强调土地整治要与自然生态环境和社会经济发展水平相适应，尽量减少对动植物生存环境的不利影响，防止对景观的持久改变和破坏，并在此基础上采取积极的措施，形成更加合理、功能更强的景观生态环境，以利于生态的稳定和环境的美化。

4. 坚持规划优先

听取各方意见，合理科学地设计土地整治规划方案，有计划、有步骤、有重点地开展整治，同时严格把控好工程质量，设置监督机制，进一步推进土地整治的展开，实现土地整治的长远效益，实现土地整治在优化土地利用布局、村庄和城镇改造、实施空间发展计划等方面发挥越来越重要的作用。

5. 积极推动土地整治的公众参与

公众参与土地整理的提出是为了保护、尊重公众利益和有效限制行政部门过多的权力，从而体现项目决策的合理性，通过公众参与提出意见，在项目运作中完善可行性研究，提高规划方案的科学和合理性。土地整理项目拥有广泛的群众基础，可避免项目准备和实施的阻力，提高农民参与土地整理项目的自觉性。

6. 强化土地生态环境保护

由于土地整治项目需要借助一系列生物工程措施，对田、水、路、林、村进行综合整治，不可避免地会对项目区及其背景区域的水资源环境、土壤、植被等环境要素产生直接、间接、有利或有害的影响。因此，土地整治应遵循生态优先原则，整治的重点应转向以土地为核心的生态保护，实现提高农地永久持续生产能力、优化农地生态结构、保护生物的多样性及生态平衡的目标。国外土地整治的实践对我们的启示和可借鉴之处如下。

1）有较完备的法律法规政策

联邦德国于1953年颁布了第一部《土地整理法》，1976年修改和颁布了《土地整理法》。1990年苏联颁布了《苏联和各加盟共和国土地基本法》，1993年俄罗斯颁布了《俄罗斯土地基本法》。荷兰早在1924年就出台了第一部有关法案，1985年颁布实施了《荷兰土地整理条例》。这些法律法规明确地规定了土地整理的目的、要求、任务和方法，并为各国土地整理管理部门确定指导思想和顺利开展工作提供了有力依据和保障。

2）注重土地的权属调整

在德国，《土地整理法》中许多章节都提到土地整理过程中的权属问题。土地整理立项决定中的权属管理包括明确地产所有者的权益和责任，确定土地整理范围以及其中地产的临时限制，确定土地整理区的土地权利人，拟定土地整理计划中的权属规定。而在土地整理期间，权属调整包括地产交易、地产的重新归整、地产评估、土地重新分配等。

3）重视生态环境的保护和建设

不以牺牲森林土地的面积来增加农地的面积，十分注重对河流沿岸的土地进行用途调整或征为国有，并在河流沿岸的土地上种植树木，形成沿河生态保护系统。土地整理部门还要与当地的自然保护主管机关、农业部门、水利部门等合作，提出土地整理过程中要兼顾自然保护、景观保护和生态环境等方面需求的基本原则和要求。明确要求在土地整治规划中，采取必要的措施保护土地景观。土地整治委员会在制定规划的过程中，也必须征求国家科学委员会关于自然和景观保护的建议。

4）公众的积极参与和广泛支持

公众的积极参与和广泛支持是土地整治目标能够最终得以实现的关键。荷兰土地整治项目提出，需要拥有项目区内 25%以上土地面积的居民同意才能被中央土地整理委员会受理；项目区内的居民有权对土地整理项目的初步规划进行审查，并提出自己的各种需要，这些意见必须由规划人员加以解释，并反映在以后的土地整理详细规划之中；土地整理项目实施前需要通过项目区内所有居民的投票决定，只有拥有项目区内 50%以上土地面积的人们投了赞成票，项目才能开始实施。这种做法使土地整理项目拥有广泛的群众基础，避免了项目准备和实施的阻力，提高了农民参与土地整理项目的自觉性。

5）重视融资研究

在德国，土地整治融资机制由联邦政府、州政府、土地所有者和其他团体共同承担；在融资模式方面，有常规性土地整治融资、简化的土地整治融资、项目土地整理融资、快速土地合并融资、自愿调换土地融资等多种模式。在城市，土地整理（包括征购、储备）的费用来源包括以各城市为股东的股份合作制城市银行的贷款、中央政府的贷款、商业机构的贷款和政府的财政收入；在农村，有发展农民合作金融制度。

6）重视信息技术的应用

土地整治后的资料更广泛地应用于国民经济的各个领域，并在硬件、软件、技术标准等方面都有长足的发展。电子速测仪、高精度全球定位系统等设备已广泛应用于基层测量局，作为土地整理过程中信息采集的手段，实现了重要资料数字化。在软件建设方面，建立了土地整理信息系统，对各种图形、属性数据实现了一体化管理，同时实现了行政管理办公自动化，并通过专线网络传输各种数据，实现了土地整理完成后各种数据的及时更新和不同部门之间的资源共享。

7）目标多样化、功能综合化

现代国外土地整治正朝着内容多样化、功能综合化、目标生态化、管理规范化和手段科技化的方向发展。在内容上，土地整治从最初的土地平整到农村地区土地整治并向农村和城市土地全面整治发展。在功能上，土地整治在优化土地利用布局、村庄和城镇改造、实施空间发展计划等方面发挥着越来越重要的作用。在目标上，从改善农业生产条件向重视景观和生态的保护发展，土地整治越来越体现出生态化的特点，强调土地整治要与自然生态环境和社会经济发展水平相适应，尽量减少对动植物生存环境的不利影响，防止对景观的持久改变和破坏，并在此基础上采取积极的措施，形成更加合理、功能更强的景观生态环境，以利于生态的稳定和环境的美化。在管理上，通过不断完善法律制度，促进土地整治的规范化、制度化，有关土地整治的目的、任务和方法、组织机构及其职能、参加者的权利与义务、土地整理费用、土地估价、权属调整及成果验收等内容，都建立完善的制度。在手段上，越来越注重现代科学技术的运用，充分利用生物技术、工程技术和通信技术为土地整治提供科技支撑，同时推广环境评价技术、地产评估技术、景观塑造与保护技术，通过建立一套比较完善的技术支撑体系，提高土地整治的科技含量。

9.4 中国台湾土地整治经验借鉴

为了解决耕地破碎化、灌排水和机械作业的不方便、农业规模小、无法促进农业生产、助推经济发展的问题，台湾地区先后开展了三次农地制度改革，进行了四次大规模的土地整治，有效解决了"耕者有其田"、"地尽其利，地利共享"以及"三农"问题，打破了"大地主，小佃户"的局面。

9.4.1 台湾土地整治的特点

1. 土地政策法制化的保驾护航

台湾针对不同时期的整治目标制定了不同的法律和政策。1930 年国民政府颁布的《土地法》设专章对农地重划做了一般性的规定。1946 年，国民政府颁布《土地重划办法》，进一步明确了农地重划的具体做法。台湾在 1982 年制定了"农地重划条例"和"农地重划实施细则"，为农地重划提供了基本依据。

2. 财政资金扶持是实施农地重划的客观需要

农地制度改革既是调适生产关系的制度性变革，也是培育和发展生产力的产业建设，需要大量的资金投入。在这方面，台湾地区也有过深刻的教训，台湾当局既是农地改革的领导者，也是农地制度建设成本的主要承担者。第二次农地改革所采取的农地重划、共同经营、合作经营、专业化、机械化等措施，实际上在 20 世纪 70 年代初把"以农补工"策略调整为"以工补农"策略时就推行了，由于当时受强烈的"重化工业"激情所冲击，农业投入不足，当局承担农地重划费用限于 1/3，农民分担 2/3，其结果是农地重划因资金问题而裹足不前，直到第二次农地改革，重划费用改由当局承担 2/3，农民以长期贷款形式分担费用的 1/3，才使农地重划得以顺利开展。围绕农地改革，台湾还设立各种农业专案贷款，如农业机械化贷款、农民购地贷款、扩大农业经营规模贷款、稻田转作贷款、共同运销贷款等，并建立农业信用保证基金制度，帮助无力担保的农民办理贷款并提供担保。

3. 有效率的管理组织体系

台湾农地重划实行的是三级管理组织体系，将农地重划划归为台湾内政主管部门负责，并在其下设立"土地重划工程局"，在县（市）、乡（镇）两级分别设立农地重划委员会和农地重划协进会。台湾内政主管部门是农地重划主管机关，主要负责策略和规定的研究，并配合行政主管部门农委会研究制订农建计划及提供工程技术上的指导，按照计划分年办理。"农地重划委员会"主要负责实际执行工作，主要负责协助行政管理部门推进农地重划业务。

4. 注重多功能开发

台湾地区在"富丽农村"的建设过程中，注重合理开发当地农业资源，拓展延伸农村生态、文化、旅游和休闲等多功能效益，通过大力发展乡村休闲旅游业，转变农业增长方式，将第一产业与第三产业有效结合，创造了农业产业、生态环境与游客消费三赢的效果。

9.4.2 台湾地区土地生态整治的经验借鉴

1. 积极动员公众参与

祖国大陆的土地整理更多是地方政府与土地整理公司或土地整理个体户之间的事，而农户只是被动的受益者，农户的积极性、主动性并没有发挥出来。有时还会出现因政府所实施的土地整理计划不能满足农户的耕作要求而导致农户不配合的情况。甚至有些地方政府为了获得上级的土地整理项目资金，不顾农户的意愿，采取强制手段实施土地整理。

2. 土地整治强调多部门协调运作

在祖国大陆，土地整理实际上是从两个方面展开的，一方面是农业部门力推的土地规模经营，另一方面是国土管理部门主导的土地整理，大陆的土地整理涉及国土、农业、财政、工程建设等多个部门，需要多部门配合、协调运作，需要建立从中央到地方，一直到乡镇一级的管理组织体系。

3. 制定科学土地产权调整政策

为了达到土地整理的效果，在实施过程中，难免会打破土地原有的权属界限，进行统一规划。这就会涉及各村集体之间（特别是村小组之间）土地所有权的调整、各农户之间土地承包经营权的调整、土地流转户之间的权益调整，但是大陆缺乏相关的政策，因此，在土地整理的实践中，就会产生许多矛盾和纠纷，甚至还会出现侵害农户土地权益的情况。

4. 完善资金和技术的使用

在台湾地区，资金和技术支持的重点是被划入农地重划区的农户；而在大陆，资金和技术支持的重点是工程项目，中央及省级资金的支持重点是地方政府。虽然近年来大陆对农地整理的资金投入并不少，但与台湾地区相比，其效果相差较大，特别是改善农户生产条件的效果并不突出。台湾第一次土地改革时把恢复和发展农会组织摆在重要位置，依托农会组织生产、推广技术、销售产品。第二次农地改革期间，台湾除强化农会推广、运销、信用、保险四大功能外，还通过推广共同经营、合作农场和"代耕中心""育秧中心"等多种形式的农民合作组织，把农地重划与合作经营结合起来。第三次农地改革期间，台湾通过辅导农业企业化、集团化经营，组建"农业策略联盟"和"农业中心卫星体系"，这使农业经营方式发生了根本性转变。

5. 突出绿色生态保护理念

农地重划主要追求粮食生产增加，而对生态保护不够重视，以致将许多野生动植物的栖息地和沼泽地都重划为耕地。进入 20 世纪 90 年代，在世界环保压力和台湾城市气、水、尘、声、光、电等污染压力下，台湾民众强烈要求当局改变只重生产、忽视生态和生活的农地重划，要求生产、生活和生态一起抓，重建乡土之美、田园之乐。台湾当局在 1992 年度至 1997 年度，为维护生态体系稳定和防止破坏野生珍稀动植物的栖息地遭到破坏，划定了自然保护区 18 处，总面积 63.243 公顷；野生动物保护区 9 处，总面积 4 299 公顷；森林保护区有 24 处（共 35 处，其中有 11 处属自然保护区），总面积 89.723 公顷。另外还修建了 6 个公园，总面积 322 845 公顷，森林覆盖率到 1995 年已达到 58.53%，这些保护区不许再重划为耕地。图 9-6 和图 9-7 分别是土地生态整治渠道和排水沟。

图 9-6　台湾土地生态整治渠道

图 9-7　台湾土地生态整治排水沟

9.5　中国大陆绿色土地整治的经验借鉴

9.5.1　陕西榆林砒砂岩与沙成土技术经验借鉴

陕西省榆林市榆阳区的小纪汗乡大纪汗村地处毛乌素沙漠东南部边缘，特殊的地理位置使得榆林地区大部分土地只能长草不能长农作物，长期以来，榆林地区的人民遭受着"沙进人退"的窘况，流传已久的"榆林三迁"就是对这种窘况最好的印证。为了解决这种窘境，增加榆林地区的耕地储备，提高土地资源的利用，陕西省国土系统突破传统式、被动式的沙漠改造方式，从本质上出发，通过分析沙漠表面土壤的成分，将素有"土地癌症"之称的砒砂岩与沙按照合理的比例混合，使得"沙漠变良田"得以实现。

1. 榆林土地整治的特点

沙漠治理的技术创新："砒砂岩+沙"模式；传统的沙漠改造通常是在外延种树、种草，这种方法虽然能取得一定的成效，但是所需成本较高，且不能在本质上改变因沙漠问题而造成的重复治理不断现象。许多专家立足于内涵研究，突破了传统的方式，将砒砂岩与沙子按照一定的比例混合，取两者之长，补两者之短，既解决了砒砂岩易风化、易起尘、易松散、易流失的缺陷，又解决了沙子结构松散、漏水漏肥、不能形成土壤团粒结构的不足，将棘手的两"害"变为适合农作物生长的"宝"。当然，简单地将砒砂岩与沙混合还不能使广袤的沙漠变成良田，还必须运用"毛乌素沙地砒砂岩与沙复配成土核心技术"和"毛乌素沙地砒砂岩固沙造田技术、田间配置技术、规划设计技术、规模化技术和快速造田技术"（图 9-8），经过多方的努力，这种方法在试验田取得傲人的成绩，实验田种植的马铃薯平均亩产值超过 5 000 斤，玉米的平均年产值超过 1 600 斤，这些简单的数据证明了沙漠改造变良田的成功。

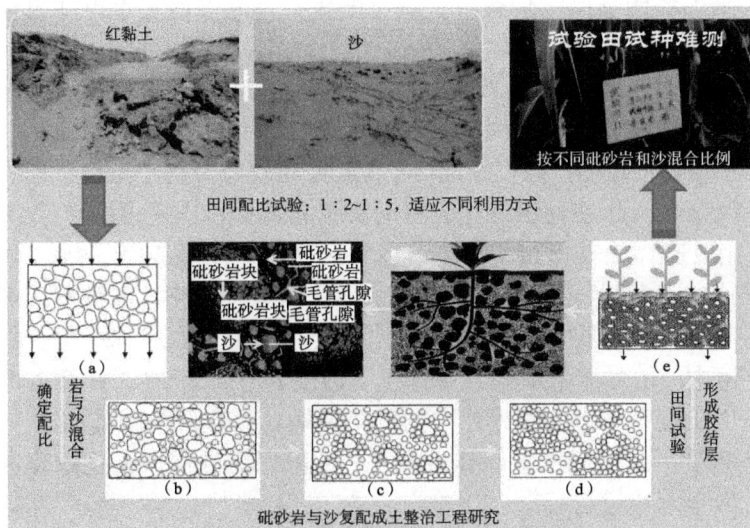

图 9-8　砒砂岩与沙复配成土整治工程示意图

资料来源：刘彦随（2015）

因地制宜，科学治沙。针对沙化土地不同立地类型区，榆林还走出一条不断升级的科学治沙之路。一代代治沙人采取乔、灌、草相结合，人工、飞播、封育相结合，植治、水治、土治相结合，一改（改良土地）、三化（林网化、水利化、园林化）、八配套（田、渠、水、林、路、电、排、技）等一系列综合治理措施，推广樟子松"六位一体"等造林治沙实用技术，提高了治理水平，保证了治理成效。全市初步走上沙漠治理产业化、产业发展促治沙的治沙良性循环之路，建立起以种植业、养殖业、加工业、旅游业、新能源等为主的沙产业体系，以林草为保障，沙区成为榆林市粮食主产区和全省畜牧业基地、新食品长柄扁桃油原料基地。

有深入人心的治沙战略任务和政策。榆林市地处毛乌素沙地南缘和黄土高原过渡地带，沙漠化危害严重，是国家林业局确定的全国防沙治沙综合示范区。中华人民共和国成立以来，榆林历届党委、政府坚持"班子换、事不变，一任接着一任干，一张蓝图绘到底"，始终把防沙治沙作为一项重要战略任务常抓不懈，力求解决榆林地区的沙漠化。

政府、企业、农民的多方融资渠道。土地整治是一项综合、复杂且耗资巨大的工程，土地整治资金是土地整治工作顺利开展的瓶颈，为了解决这一瓶颈问题，榆林市实行了政府、企业、农民等多方融资渠道，政府投资是资金的主要来源，许多企业和当地的农民也纷纷投资，在这里种植有机农产品。

注重绿化活动的实施。榆林在"三年大植绿"的基础上，又启动了新一轮的五年绿化大行动。2012 年，榆林市开始实施三年植绿大行动。在之后的 3 年时间里，先后实施了环榆林城防护林带、城市绿化、飞播治沙、千里绿色长廊建设、能源开采企业绿化、千村万户绿化、河流水系绿化、林业产业化建设等 8 大林业重点工程，累计完成造林 303 万亩。截至目前，全市现有林业用地面积 3 941 万亩，占土地总面积的 60.3%，其中森林面积 2 157 万亩。森林覆盖率由 2011 年的 30.7%提高到 33%，北部沙区仅存的 50 万亩流动沙地得到了全面治理。在此基础上，榆林市又出台《生态建设绿化大行动实施方案》，决定再用 5 年时间，投资 108 亿元，完成造林 250 万亩，使全市造林保存面积在 2020 年达到 2 400 万亩，林木覆盖率达到 36%以上。重点实施城市绿化、绿色长廊、沙地治理提升、千村万户绿化、林木资源保护、河流水系绿化、资源开采企业造林绿化、林业产业化建设、退耕还林 9 大林业工程，并推进百万亩樟子松基地、百万亩长柄扁桃基地、百万亩优质红枣基地、百万亩"两杏"基地、百万亩沙棘基地这 5 个"百万亩造林基地建设"，实现"南部林果飘香、北部绿染沙漠、矿区绿化美化、城乡翠绿环绕"的生态建设目标。

2. 榆林沙漠治理的经验

我国幅员辽阔，但是可利用地却很有限，土地沙漠化严重。榆林毛乌素沙漠 7 万亩沙地变良田的创新之路，为其他地区的沙地乃至国外的沙地治理提供了宝贵的经验。

建立良好的公众、企业、政府互动机制。沙地整治是一项利国利民的重大项目，生活在沙地周边的居民长期饱受沙进人退的窘况，当地的人民渴望这种窘况得到改变，所以当地的人民对沙地整治的积极性较高。政府通过整治沙地，可以增加耕地面积，也可以改善当地的生活环境。企业可以投资新开发的土地进行相关的建设，带动当地的经济发展，也可以为土地整治提供一定的资金来源，建立这三者的良性合作，以此大大提高土地整治的效率和成效。

因地制宜，探索创新之路。毛乌素沙地整治的成功给其他沙漠地区的整治提供了宝贵的经验。毛乌素沙地的主要成分是砒砂岩和沙子，专家通过多次试验将砒砂岩和沙子按照一定的比例混合，配成了利于作物生长的"土皮"，这都是根据榆林地区毛乌素沙漠的特点走出的创新之路。我国有很多沙漠地区，但是具体成分、特点、情况却不相同，其他沙漠地区的整治显然不能完全照搬榆林的配方，而是要在借鉴榆林的模式的基础上，根据当地的具体情况进行整治，走出一条适合当地情况的整治之路。

综合运用科学技术，保证整治的顺利进行。通过运用毛乌素沙地砒砂岩与沙复配成土核心技术和毛乌素沙地砒砂岩固沙造田技术、田间配置技术、规划设计技术、规模化技术和快速造田技术，保证了沙地整治的顺利进行，通过运用美国的大型喷灌机组和引进土豆新品种，大大提高了作物的产量，见图9-9。

图 9-9　榆林大纪汗土地开发项目完工后引入设施农业

资料来源：http://news.hexun.com/2011-09-08/133218281.html

科学规划，有效管理。通过科学编制土地利用总体规划，确保各项用地指标，优化用地结构和布局，完成林地、湿地调查摸底和红线划定工作，科学合理规划农业发展和生态安全用地，保障土地整治的实施效果。

走绿色生态型土地整治道路。在党的十八大提出"要把生态文明建设放在突出的地位""给自然留下更多的修复空间，给农业留下更多良田，给子孙后代留下天蓝、地绿、水净的美好家园"[①]的绿色发展理念的背景下，榆林大力推进生态文明建设，在三年绿植的基础上又开启了五年绿化大行动，力求实现"绿染沙漠"的远景。

9.5.2　陕西延安治沟造地经验借鉴

1. 延安土地整治概况

历史上，陕北人民主要有两种造地方法。一种是建淤地坝，通过拦截雨水从

---

① 胡锦涛在中国共产党第十八次全国代表大会上的报告. http://cpc.people.com.cn/n/2012/1118/c64094-19612
151-8.html.

山上冲刷下来的泥土的方式造就坝地。但是由于施工标准低、人力资源趋紧、后期投入不足等原因，目前多数淤地坝损毁严重。另一种是在山坡上修筑梯田。但工程量大、投入高，特别是水的问题无法解决，群众耕种不便。治沟造地则从技术上解决了上述两种造地方式的不足：利用现代工程机械，依山势，取坡土，通过打坝闸沟、填土造地、新修沟台、修复水毁淤地坝等措施新增或恢复造地；同时以植被护坡并高标准建设配套排洪渠，整流域推进，连片区开发。"治沟造地"分为新建性和恢复性两类情况。新建性治沟造地包括闸沟造地、沟台地、河滩造地、新建中小型淤地坝等，恢复性治沟造地包括水毁河滩地修复和盐碱、荒芜、破损的中小型淤地坝修复等。

延安治沟造地将生态建设、耕地保护、粮食生产、农民增收、移民搬迁相结合，同时进行土地平整、兴建水利设施、建设防护林和田间道路修建，坚持田、坝、路、林、渠、排水、退耕、产业配套，新增面积清楚、工程量清楚、投资额清楚。保证一次规划到位、资金到位、技术监督到位和后期管理到位，形成多赢的综合效应。

2. 延安土地整治经验借鉴

延安以生态文明理念为引领，积极进取、科学发展的实践为今后的土地整治提供了经验，总结如下。

因地制宜，注重生态建设，实现人与自然的和谐发展。土地整治工程应围绕生态建设，因地制宜，从各个方面理性、科学地推进土地整治。在治沟造地过程中，延安按照"宜乔则乔、宜灌则灌、宜草则草、乔灌草结合"的原则，结合工程和生物措施，对沟道边坡植被进行恢复，见图9-10。

图 9-10　延安"治沟造地"土地整治工程

资料来源：http://www.sxdaily.com.cn/n/2014/0901/c324-5504345-6.html

积极探索土地开发利用模式，实现政府、企业、农户的多方共赢，提高土地整治的综合效益。在土地整治过程中，将土地整理复垦开发和美丽乡村建设结合起来，以村为单位，通过实施村庄合并、新村建设和土地流转，促进农民居住向中心村镇集中、农业向规模经营集中、工业向园区集中，实现农村社区化、环境生态化、农地规模化。同时实现区域多产并举，开发以区域特色优势产业为补充的绿色产业新格局。

加强政策、资金、技术等统筹和支持。国土资源部需在重大土地整治项目安排上，对土地整治工程给予土地整治项目和资金支持。同时，加强督导，要求地方将土地整治工程纳入土地整治项目管理，明确由国土资源部门牵头实施，会同水利、财政、林业等部门联合进行项目报批、进度检查、工程验收等工作。另外对土地整治工程应给予技术指导，对一些关键问题（如防洪、植被破坏等）提出有针对性的解决措施，指导地方提高工程的规划及建设标准。

调动广大农民的积极性，提高公众参与度。各级政府、组织要选准重点，搞好示范，让广大农民从示范工程建设中看到产生的高效益，从而激发他们治沟造地的热情，提升他们参与其中的积极性，从而为土地整治工作提供充足的、源源不断的民力。

结合土地整治，发展生态农业。通过土地整治提高耕地质量，集中连片的耕地更便于机械化耕作、规模化经营，为土地流转创造有利条件。通过农业现代园区示范引领，带动产业基地的形成，促进特色产业提质增效，坚持体制机制创新、鼓励多元主体参与，推动农业生产经营向集约化、专业化、组织化、社会化的现代农业转变，健全农业支持保护和服务体系，实现农村经济、社会、生态协调发展，努力探索在治沟造地后的土地上建设现代农业的实践创新模式，见图 9-11。

图 9-11　土地生态整治后的延安南泥湾水稻田

资料来源：http://www.sxdaily.com.cn/n/2014/0901/c324-5504345-6.html

9.5.3　湖南长沙土地生态整治经验借鉴

地处中部的长沙县是同时拥有两块金字招牌的地区，也是中西部唯一的县域经济十强县和全省唯一的国家生态县。随着党的十八大提出"要把生态文明建设放在突出的地位""给自然留下更多的修复空间，给农业留下更多良田，给子孙后代留下天蓝、地绿、水净的美好家园"①的绿色发展理念，湖南省长沙市辖的长沙县始终坚持"绿水青山就是金山银山"的绿色发展理念，大力推进生态文明建设，率先实施生态保护型的土地整治试点工作。为了改变现有的土地整治的缺陷，顺应绿色发展的要求，长沙县政府坚持改革创新，以绿色发展为理念、低碳生产为目标，实施了生态保护型土地整治。

1. 土地整治的主要做法

第一，创新生态工程技术。应用生态沟渠技术将传统坚硬的混凝土衬砌的沟渠和硬化的田间道路改成了生态型沟渠、生态田间道路、农田渍水净化系统、生态护堤、生物通道等。生态沟渠在内壁上设置了合理的"生态孔"，为水生动植物留下了栖息的空间，渠内还设有专门的横向生态带，将封闭的水渠和田间打通，给水中的小动物们留出逃生通道，生态渠道每隔约50米，渠道旁还设置了方便青蛙蹦上蹦下的小斜坡和供其休息的生物池，专家们形象地称之为"青蛙宾馆"，将土地整治和生态保护相结合，大大减少了砂石水泥等建材用量，降低了碳排放和能源消耗，同时保留了生物多样性，最大限度地保护了生态平衡。农田渍水净化系统又叫生态池：农田的渍水汇集后排至生态沟，经铺设了鹅卵石和中砂的生态沟第一次净化后排入生态池，经过沉淀和池里的千屈菜、芦苇、石菖蒲等具有生态净化能力的水生植物净化吸收，渍水中的氨、氮、磷的含量降低，农药和其他残留的有毒物质被降解，经过层层"洗礼"后的渍水变身生态水，排入金井河。表土剥离技术的应用：随着我国"占补平衡"政策的出台，许多地区都通过开垦新的土地来弥补占用的耕地，但是新开垦的土地往往质量不高，难以种植出高产量的作物，为了解决新开垦土地的质量问题，湖南长沙县干杉镇突破思维禁锢，将被建设用地占用的优质耕地的表层剥离出来，运到贫瘠的土地上或新开垦的土地上，有效保证耕地质量和数量，真正意义上做到"占一补一"。耕作层是耕地的精华，不仅土质较厚，而且含有丰富的矿物质、有机物、微生物等作物最喜欢的"营养品"，覆盖后马上就可以种植，新开垦耕地在短时间内便具有

----

① 胡锦涛在中国共产党第十八次全国代表大会上的报告. http://cpc.people.com.cn/n/2012/1118/c64094-19612151-8.html.

作物生长所需的肥力，从而实现了生产成本大幅度降低和作物产量的增加。

第二，完备的政策确保了实施的可行性。为保证生态型土地整治工程的实施，湖南省提出《湖南省农村土地整治项目建设标准》和《高标准基本农田建设》，为土地整治项目提供了基本的依据和实施的依据，确保了其可行性。通过高标准基本农田建设和对生态环境的有效保护，达到发展农村经济、低碳生态环保的目的。根据南北区域的特点，制定出南北功能分区政策，为长沙县的生态保护和经济腾飞提供了政策保障。

第三，充裕的资金保证。湖南长沙县的资金主要是政府投入，当地的企业也进行相关的投资，当地政府对生态型土地整治相当重视，对整治项目的资金投入相当充裕。具体的生态工程建设主要是通过公开招标的形式进行，由适合的公司或企业具体建设，当地的生态型沟渠工程和净化池工程大大减少了施工的原料、降低了建造的成本，也大大减少了二氧化碳的排放量。

第四，严格的项目监管制度。从项目立项开始，市局分管领导和土地整治中心主任每半个月进行督查，县级分管领导每周一调度，从项目的设计到项目的现场管理，都要进行监督，确保工程的实施到位，保证工程的实施质量。

2. 湖南长沙县土地生态整治经验借鉴

因地制宜、科学规划。湖南长沙县根据南北地区的特点，进行"南工北农"功能分区，重点发展农业和工业，长沙县通过"南工北农"政策保护北部农村的土地和开展土壤治理，为生态农业发展留下了沃土。功能分区，长沙县按照各个区域现有的产业比较优势和发展前景进行科学规划分类，打破乡村行政分割的壁垒，将整个长沙县整合规划为现代制造产业区、临空经济区、黄兴会展区、松雅湖商务和现代农业区，实现工业和农业发展的双飞模式。

践行绿色生态发展理念。长沙县为践行绿色生态发展理念，将绿色生态理念融入项目建设当中，大力创新生态工程技术。严格按照"没有生产的生态和没有生态的生产都无法提高人类生活的福祉"的理念，通过生态现状调查和创新生态工程技术，努力寻找工程建设与生态保护的平衡点。

将"招商引资"变为"招商选资"。长沙县制定了《长沙县招商引资项目操作规程》，严格设立并执行项目准入和用地供应制度，变"招商引资"为"招商选资"。明确规定：用地面积小于200亩、总建筑面积小于30万平方米的工业地产项目原则上不单独供地；单独供地项目容积率控制在2.0~7.0，建设密度不低于35%，绿地率不高于15%，标准厂房单体面积不少于5 000平方米，保障社会企业的质量，为土地整治的成效提供保障，实现土地的集约可持续发展。

土壤保护为生态农业留下沃土。长沙县干杉镇石弓湾村开展的"表土剥离，改良耕地，保护生态"的工作新机制，"原汁原味"地保留了耕作层，使项目区土地利用率和产出率大幅度提高，缓解了当地人多地少的突出矛盾，成为土地整治、增加有效耕地的范本。

注重生态保护，走低碳发展道路。在中央大力倡导绿色低碳、生态文明发展方式的大环境下，研究如何通过改变土地利用类型、调整土地利用结构和创新土地利用技术来实现节能减排，是中国土地利用管理和发展的大势所趋。一直以来，农村基础设施不足、灌排设施简陋，历年采用沟、渠全断面混凝土衬砌、田间道路硬化的施工方法，此举虽在一定程度上方便了农民的生产生活，但片面强调混凝土衬砌、硬化，则在无形中破坏了生物链和农田生态环境；反之，合理的生态设计，则有利于农田生态环境的改善（图9-12~图9-15）。

图 9-12 传统预制空心板衬砌沟渠
资料来源：周新平（2015）

图 9-13 生态衬砌沟渠
资料来源：周新平（2015）

图 9-14　湿地与农田渍水净化系统平面图
资料来源：周新平（2015）

图 9-15　湿地与农田渍水净化系统现状图
资料来源：周新平（2015）

9.5.4　山东省青州土地整治经验借鉴

1. 青州南张楼土地整治概况

随着中国改革开放的不断深入，农民大量涌入城市务工导致耕地撂荒的现象严重。1988 年 11 月 23 日，时任山东省青州南张楼村党总支书记袁祥生和联邦德国巴伐利亚州代表签署了南张楼村中德合作土地整理和村庄革新项目。该项目作为山东省和德国巴伐利亚州的一个合作项目，由德国赛德尔基金会提供援助。南张楼村也因此成为中国第一个利用外资开展土地整理工作的村庄。

巴伐利亚实验区的土地整治模式主要是对村庄进行四大功能区的划分与建设，包括大田区、教育区、工业区和公共设施区，其划分总的原则是：同类的功能要连片，然后进行土地整合、修路和发展教育。在巴伐利亚实验项目制定规划过程中，德方广泛听取村民意见，提高农民参与积极性，在项目实施过程中，德国对学生的素质教育非常重视，同时对农民进行技术培训，提高农民综合素质。德国在南张楼村的实践实现了农民增收、生活环境改善、生产生活方式转变的目标，为中国新农村的建设和发展提供了一个非常有价值的案例。

2. 土地整治经验借鉴

坚持规划先行，集思广益，制定好切实可行的发展规划。土地整治是一项系统性的工程，应坚持规划先行，广泛听取各方意见，提高农民参与的积极性，充分结合当地的实际情况，制订详细的实施计划，才能保障土地整治工作的顺利开展。南张楼村的十多年的经验证明了正是德国专家和村民充分结合当地实际，集思广益、对南张楼村进行四大功能区的划分，南张楼村才有了今天的发展。

坚持工业反哺农业，发展农村经济。实现工农业之间的良性循环，推进农业的工业化和产业化，以工业的发展方式来发展农业，实现工农业的良性循环，发展高效农业，壮大农村经济，提高农民收入和改善农村生活环境。

必须注重农村的生态环境保护，走绿色整治道路。坚持生态优先，加强农村生态文明建设，大力开展农村植树造林，实现农村生态屏障的保护和修复。突出乡村特色和地域文化风格，注重农村文化传承。

拓宽融资渠道，充分利用内外资。土地整治是一项涉及面广、工作量大的系统工程，需要大量的资金投入，资金合理投入是开展土地整治的关键。在土地整治过程中，鼓励企业参与土地整治，实行村企联合的方式，拓宽融资渠道，同时充分利用内外资，建立监督机制，加强项目资金的监督与管理。

9.5.5　上海郊野公园土地整治经验借鉴

1. 上海"土地整治+"概况

传统的土地整治，多以土地复垦、整理为主。随着认识与实践变化，土地整治以城乡建设用地增减挂钩为载体，融合了田、水、路、林、村整治改造。上海的"土地整治+"在丰富内涵、扩展外延和整治模式上都有所创新。上海创造了"土地整治+文化""土地整治+运动""土地整治+郊野单元"等新模式。

在我国很多大城市乃至特大城市的郊区，土地资源利用效率还远远达不到城市发展进步的水平，农用耕地分散，建设用地低效，生态开放空间被污染，导致城市建设无法带动乡野，农村的生态资源也无法惠及城市。"土地整治+郊野单元"模式成为富了郊区农民、连接都市文明的重要纽带。截至 2017 年 8 月，上海一共规划了 21 座这样的"郊野公园"，有 7 座正在进行试点。郊野公园不同于一般意义上的城市公园，郊野公园是以郊区的基本生态人文资源为基础、以土地综合整治为平台、以建设用地减量化为抓手，统筹涉农政策资金，建设的具有一定规模、拥有良好田园风光、提供都市休闲游憩的郊野开放空间。郊野公园不改变原有的农业生产、林水涵养功能，不改变原有的自然生态格局和景观风貌，而是通过拆除区域内的污染企业，对田、水、路、林、村进行综合整治，梳理、恢复自然生态功能。

上海建设郊野公园的目标是以郊区基本农田、生态片林、水系湿地等现有的生态人文资源为基础，统筹和整合土地整治、"198"地块（规划产业区外、规划集中建设区以外的现状工业用地）内工业企业拆除复垦、农民宅基地置换、村庄改造、美丽乡村和高标准基本农田建设、生态林建设等相关工作，聚焦并创新土地规划、农业农村、生态环境等各领域政策资源，在上海市郊区建设一批拥有良好的田园风光、郊野植被及自然景观的郊野公园，实现了改善生态环境、增加游憩空间、促进农业生产等多重成效（图 9-16 和图 9-17）。

图 9-16　航拍漕廊公路南侧的特色农家田园风光

资料来源：http://sh.xinhuanet.com/2016-10/10/c_135742437_3.htm

图 9-17 航拍漕廊公路金山廊下郊野公园草莓采摘基地
资料来源：http://sh.xinhuanet.com/2016-10/10/c_135742437_3.htm

2. 土地整治经验借鉴

切实以"创新、协调、绿色、开放、共享"发展理念为统领，立足城市总体规划，将生态环境保护和地区民生改善作为首要任务，细化环境保护的主要目标、具体指标，放眼长远，高起点、高标准谋划，加强统筹协调，把生态优势转化为发展优势，走生态环境一流、区域经济社会长足发展的转型新道路。

坚持高标准规划产业布局和集约节约用地，提高产业准入门槛，着力吸引环境友好型企业和高端人才。面对环境承载力、建设用地减量等约束性指标，要不断深化认识，转变发展理念，避免走重复低水平开发的老路，要更加注重区域可持续发展。进一步扩大开放，加快引入国内外一流市场主体，整合各方资源，创新合作模式，提高开发建设管理水平。

开展景观生态型土地综合整治，要深入研究并重点把握技术的应用。主要包括多功能农田生态景观建设技术、生态修复和污染控制技术、多层次植被建设技术、乡村景观特征提升技术、生态廊道和绿道建设技术、应对气候变化的防灾避险技术。按照上海市绿色生态空间体系，开展区域化、特征化土地整治，促进农田、林地和水系景观格局优化，构建城乡一体化的多功能绿色基础设施；加强生态景观化工程技术应用，提高土地整治工程的生态弹性和景观价值，推进土地的生态管护。

坚持以人为本、以用户为中心，准确理解土地整治中各用户的需求，明确土地整治的工作方向。一是准确把握土地整治服务对象。随着经济社会的发展，市民对自然、休闲、野趣的郊野空间、田园美景的需求越来越强烈，城市周边郊区成为市民短途旅游的首选目的地。近郊区乡村在承担当地农业生产、农民生活功能的基础上，逐渐成为广大市民感受自然、体验农耕文化的生态休闲空间。土地整治要结合项目区位、自然生态现状等情况，充分考虑广大市民的休闲游憩需求，充分发掘乡村生态、景观和自然教育等价值。二是主动适应用户参与、体验的需求。充分利用用户对食品安全的关切心理，对大地艺术、乡村特色体育活动、特色农事活动、自然教育的新奇感，以土地整治工程为基础，以特色活动策划为手段，以互动参与为目的，培育吸纳各类专业服务团队推进土地整治。通过专业队伍的创新，人才资源从城市流入乡村，增加乡村活力，丰富土地整治特色活动，这使得乡村成为充满活力的创新空间，为广大市民提供了丰富多样的互动方式，让他们全方位参与土地整治，增强参与感。

灵活运用 PPP 模式。据已批复的郊野单元规划测算，郊野单元规划中城乡建设用地增减挂钩专项规划对资金的测算需求达 500 亿元。按照传统经验，土地整治资金主要来源于新增建设用地有偿使用费、耕地开垦费等财政资金，集中建设区外低效建设用地的搬迁补偿则多来源于区镇自筹，最终也多数来源于财政收入。受财政收入和地方债务收紧限制，仅靠地方财力和传统发债已不能满足郊野单元土地整治的需要，因此，灵活引入社会资本，转变资金来源显得尤为重要。

PPP 模式成为目前社会资本参与基础设施建设的重要投融资方式，它是指政府与社会资本之间，为了合作建设城市基础设施项目或者为了提供某种公共物品和服务，双方共同设计开发，共同承担风险，全过程合作，期满后将公共服务项目移交给政府的建设模式。其具有三大特征，即伙伴关系、利益共享、风险共担。近年来，该模式已经在市政道路桥梁、供水、公益性基础设施、农地流转等方面被广泛试点运用，取得了较好效果。PPP 模式适用于规模较大、周期较长、行业变化速度缓慢的项目，而郊野单元采取的是整域推进的模式，项目规模大、涉及的建设内容较多、建设周期长，按照上海实施的土地利用方式转变倒逼发展方式转型战略，对集建区外建设用地减量这项政策在相当长一段时间内相对稳定。从收益性、规模性、周期性和稳定性来说，上海以郊野单元规划为载体、以土地综合整治为平台推进新型城镇化的过程中，采取 PPP 模式引入社会资本具有可行性。

9.5.6　四川省成都"小组微生"土地整治经验借鉴

1. 成都"小组微生"土地整治概述

成都市委、市政府提出，在新村建设中遵循"宜聚则聚、宜散则散"原则，坚持业态、形态、文态、生态"四态合一"理念，创建"小规模、组团式、微田园、生态化"新村模式，努力要让田园风貌得保持、农民生产更便利、乡村生活更幸福（图 9-18）。"小规模、组团式、微田园、生态化"具体内涵如下（李立光，2015）。

图 9-18 成都"小组微生"新农村综合体面貌
资料来源：李立光（2015）

小规模：本着宜聚则聚、宜散则散和尊重农民意愿、方便农民生产生活的原则，合理控制建设规模，新村规模一般为 100 户至 300 户；内部每个小组团包括 20~30 户，一般不超过 50 户（图 9-19）。

图 9-19 成都郫县安德镇安龙村"小组微生"新农村综合体
资料来源：李立光（2015）

组团式：充分利用林盘、水系、山林及农田，形成自然有机的组团布局形态。新村既适当组合集中，又各自相对独立。每个新村均建有不少于 400 平方米的标准化公共服务中心。

微田园：对相对集中的民居，规划出前庭后院，形成"小菜园""小果园"，保持"房前屋后、瓜果梨桃、鸟语花香"的田园风光和农村风貌。

生态化：正确处理山、水、田、林、路与民居的关系，让居民"望得见山、看得见水、记得住乡愁"。

2. "小组微生"土地整治经验借鉴

1）"小组微生"将绿色生态理念贯穿土地整治的始终

"小组微生"土地整治不搞大规模村庄撤并，不改变乡村景观，因地制宜，将绿色生态理念贯穿其中，沟渠侧壁用的是空心砖，可以长草、长青苔，生态、环保，田块之间留下"生态岛"，为的是打农药时给小动物们留下逃生之地，这些都是生态化的设计。"小组微生"体现的是土地整治理念的升级换代，走的是一条生态化的绿色土地整治之路。

2）"多规合一"是"小组微生"土地整治成功的关键

成都市是全国首批 5 个增减挂钩试点地区之一，又得益于灾后重建增减挂钩政策，实行了"三规合一"，这些政策的集成为土地整治打通了政策路径。

在政府做好规划管控的基础上，尊重农民意愿，让农民当家作主，贯穿着成都市"小组微生"新村建设的全过程。从规划选址、民宅设计，到项目建设、运行管理，农民全程实实在在地自主、自愿、自治。

3）"小组微生"土地整治成为统筹城乡发展的载体

"小组微生"成型的基础就是包括整理、复垦、开发在内的土地综合整治。"小组微生"模式，通过坚持统筹规划、产村相融、设施标配、市场运作、群众自主，幸福美丽新村既留住了乡愁、富裕了乡亲，广大农民也真正享受到了改革创新带来的幸福感和获得感。

"小组微生"土地整治作为统筹城乡发展的载体，在成都实现了效益最大化。从最初的单纯追求指标，发展到今天追求节约集约、资产盘活、生态保护、文化传承、民生保障的多元综合效益，做强了土地本底，优化了土地格局，补上了农村发展短板，让农村一、二、三产业融合发展成为可能。"小组微生"土地综合整治，打通了农村"资源变资本、投入得产出"的良性循环路径，促进形成了资金向农村流动的态势，破解了"三农"之困。

4）"小组微生"土地整治解决了美丽乡村建设的资金难题

"小组微生"仍然体现了一定的聚集要求。从散到聚，为土地节约提供了可能。成都通过农村产权制度改革，在基本完成各类农村产权确权颁证的基础上，鼓励和引导农户运用产权改革的成果，以市场化方式解决"小组微生"建设中"钱从哪里来"的问题。

9.5.7　湖北省库区"移土培肥"工程经验借鉴

1. "移土培肥"土地整治工程概述

2006 年 4 月，温家宝总理在三峡库区考察时作出重要批示，库区要科学论证，实施"移土培肥"工程，把沃土移到山上肥田。6月1日，国土资源部和财政部联合下发《三峡库区土地开发整理"移土培肥工程"项目实施指导意见》，依据三峡工程蓄水进度和时间，这项工程在湖北分为两期：一期工程是在2007年汛期前完成了 139~156 米水位线淹没地耕作层的剥离、搬迁、覆土；二期工程是在2009 年汛期前完成了 156~175 米水位线淹没地耕作层的剥离、搬迁、覆土、"坡改梯"任务。

2011 年 9 月，国土资源部、财政部批复，原则上同意将丹江口库区"移土培肥"工程列为国家土地整治重大工程。丹江口水库蓄水后，库区土层肥厚、产出率高的良田被淹没，人均耕地锐减。为防止移民自发地对库周进行过度开发，破坏生态环境，相关部门应对库区土地进行综合整治。因此，实施"坡改梯"和"移土培肥"工程意义重大。中国国土资源报记者任旭琴（2014）在湖北省郧西县河夹镇东寺村"移土培肥"坡改梯工地采访时听到歌谣："沙地石多土层薄，种粮栽菜难成活，产出少来投入多，庄稼人心里不快活。如今坡地变梯田，移来活土又培肥，旱涝保收有保障，小康生活有盼头，咱的日子有盼头……"

2014 年，全国耕地耕作层土壤剥离利用现场会在吉林省吉林市成功召开，耕地耕作层土壤剥离利用工作取得实质性进展，2015 年中央一号文件要求及全国国土资源工作会议部署，在全国全面推进建设占用耕地剥离耕作层土壤再利用工作。近年来，湖北、重庆、吉林、贵州、甘肃、广西等地都在加快推动这一工程。

2. "移土培肥"经验借鉴

"移土培肥"就是耕地耕作层土壤剥离再利用，是近年来我国耕地保护、土地管理、农业发展领域的一项新事物。

表土是指地表最上层部位的土壤，薄厚因土壤类型而异，一般厚 20~30 厘米。土壤的表土层，为植物根系密集而有机质丰富的土层，是有机物活动的主要场所，含有大量的有机物质和微生物，以及植物生长所需的更高水平的营养物质。表土层又可分为耕作层和犁底层，也叫腐殖质和淋溶层，是熟化土壤的耕作层。数据显示，依靠自然风化，形成 1 厘米的表土层，需要 400 年。也就是说，普通土壤30 厘米高的耕作层，需要超过 1.2 万年的时间来"养"成。

"移土培肥"工程就是在移民搬迁、拆迁建设、农地征用时，把农田肥土层剥离出来，把老农田表层肥土转移至原来较贫瘠的生土上，保护资源、改良土壤、种植作物（图9-20）。实施"移土培肥"工程，总的原则是不搞耕地开发，严禁搞土地开发，严禁对 25 度以上的坡耕地进行新的"坡改梯"，按照生态建设的要求，确须退的一定要退耕还林，不扩大现有耕地面积，要在符合库区生态环境的要求下，提高耕地质量，改善耕作条件，建设高产稳产，保土、保水、保肥的"三保田"，提高库区的农业生产和生活能力，实现工程建设和生态建设的双赢。

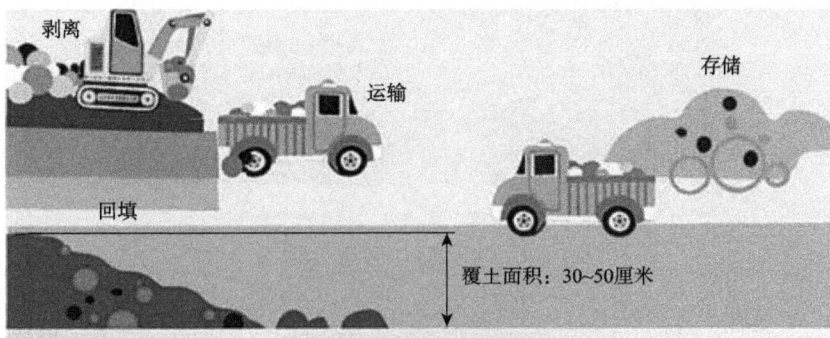

图 9-20 表土剥离与回填示意图

资料来源：赵翰露（2015）

通过"移土培肥"工程，可以在人多地少且大多为山地、土地贫瘠且坡度极大的三跑地（"跑水、跑土、跑肥"）上实施坡改梯及移土培肥项目。通过平整土地、砌石坎、水系配套和修建田间道，把淹没区以下的肥沃活土层运输覆盖到贫瘠的梯田上（图9-21），平均覆土25厘米以上，做到旱可灌、涝可排，将低产田变成中高产田（图 9-22）。通过移土培肥工程，不但缓解了山区农民人均耕地大幅度减少的趋势，也保障了库区内安置移民的饭碗田，还有利于防止水土流失对水源的污染。

图 9-21 三峡库区"移土培肥"——湖北省秭归县银杏沱村农民在背土上山

资料来源：杜华举（2006）

图 9-22 三峡库区"移土培肥"工程湖北省秭归县现场

资料来源：湖北省国土整治局（2015）

第 10 章 "十三五"时期土地整治助推绿色发展的建议

"十三五"时期，国家实施促进中部地区全面崛起、"一带一路"、"长江经济带"、"长江中游城市群"等发展策略，湖北省发展正逢黄金机遇期。但在经济发展进入新常态的形势下，资源在发展大局中的地位和作用、资源环境约束趋紧的总体态势都没有变。因此，必须深刻认识战略机遇期的内涵变化，顺势而为、主动作为，在生态优先、绿色发展的前提下，严格保护耕地红线，加快供给侧结构性改革，以土地整治助推绿色发展，进一步增强人民群众对国土资源惠民利民成果的获得感，为实现"率先进位升级奠基"总体目标提供坚实的国土资源服务和保障。

10.1 理 念 层 面

10.1.1 厚植绿色发展理念

绿色发展，需要进一步厚植绿色发展理念。"十二五"时期正式提出了"绿色发展"的理念。但短时间内，人们还无法对绿色发展的内涵有深入全面的了解。为了有效地推进绿色发展的实施，提高人们对绿色发展的认识水平，"十三五"期间可以通过广播、电视、网络等方式向人们普及绿色发展知识，宣传土地整治在推动绿色发展中的引领作用和重要意义，让人们意识到绿色发展的必要性。深化对山水林田湖是一个生命共同体的认识[①]，大力倡导生态型设计，坚持

---

① 习近平提出，山水林田湖是一个生命共同体。人的命脉在田，田的命脉在水，水的命脉在山，山的命脉在土，土的命脉在树。摘自于《关于〈中共中央关于全面深化改革若干重大问题的决定〉的说明》（2013 年 11 月 9 日）。公开发表于 2013 年 11 月 16 日《人民日报》。

耕地数量、质量、生态并重原则，以水土保持为重点，因地制宜推进小流域综合治理，修复和改善退化的土地生态系统，提高土地生态系统的抗干扰能力和自我修复能力，保护生物多样性，建设生态良田，修复土地生态，提升土地生态修复与涵养功能，促进土地利用可持续发展。

10.1.2 加强生态理念的教育引导

1. 加大宣传力度，提高耕地保护意识

积极开展耕地保护法律法规宣传，引导干部群众坚守耕地红线，牢固树立节约用地、依法用地、科学用地理念。加大对《中华人民共和国土地管理法》、土地整治相关政策的宣传，增强干部群众的积极性、参与性和主动性，为土地整治工作创造良好环境和条件。加大土地动态巡查力度，及时发现和制止拆除、破坏耕地及违法占地行为，扭转企业随意占地、圈地及村民建新房占旧宅的局面，加大违法用地反面典型事例的报道力度，加强撂荒地管理，提高全民耕地保护意识。

2. 加强生态理念教育引导，增强社会公众的生态意识

充分利用"4·22"世界地球日、"6·25"全国土地日、"12·4"法制宣传日，向社会公众宣传生态文明发展理念，倡导生态文明方式，通过宣传、教育、引导和创建等方式，让人与自然和谐共处的理念深入人心，让社会大众都积极主动参与到生态土地综合整治活动中来，汲取他们的智慧，挖掘生态内涵，从而使公众真切地感受到生态在土地综合整治中的突出位置和发挥出的实实在在的作用。

10.1.3 倡导绿色生活方式

通过土地整治项目的实施，形成一批具有观光休闲功能的特色农业示范区，让人们在工作闲暇之余享受绿色农业的乐趣，同时通过加强绿色发展教育，培养公众的绿色发展观念，进而影响人们的生活方式，帮助人们树立绿色、理性的生活理念。此外，绿色服务和公共物品的提供也能引导人们形成低碳、环保的绿色生活方式，最终在全社会形成绿色生活的氛围。

10.1.4 重构土地绿色生命体

土地整治工程的核心是生态系统重构。关键要构建适宜的生态系统结构，更好地服务于土地所承载的有机生命体，包括植物、动物、微生物和人类。有些地区的

土地整治之所以暴露出"一年整、二年荒、三年回到老模样"的特点，其原因在于这些整治项目多注重田面的平整、设施的配套、景观的美化，却忽视或弱化了土地工程应具备的土地生态系统（刘彦随，2016）。通过土地整治，构建健康、可持续的生态系统，筑牢生态安全屏障，采用低碳型工程技术措施对田、水、路、林、村进行综合整治，切实降低排水沟建成全混凝土沟的比例，减少碳排放量。建设生态道路、沟渠、林网以及农田渍水净化系统，实现农田生态系统低碳循环。

10.1.5　实现一、二、三产业融合发展

土地整治采用一、二、三产业融合的发展理念，做优生态链，延长产业链，做强价值链，共享利益链。以农牧（农林、农渔）结合、循环发展为导向，以土地整治为平台，发展优质高效绿色农业，实行产加销一体化运作模式，延长农业产业链，推进农村一、二、三产业融合发展，让农民分享二、三产业增值收益。推进农业与旅游、教育、文化、健康养老等产业深度融合，提升农业价值链。将现代科技、生产方式和经营理念引入农业，提高农业质量效益和竞争力，发展新产业、新业态、新模式，激活各类城乡生产资源要素，促进农民就业增收。

因此，经过生态整治的土地，应最大化地发挥其生态功能，营造生态品牌，体现其生态价值，增加绿色产品附加值。在调研中，我们欣喜地看到，经过生态型土地整治，湖北省谷城县茨河镇推出高产农田种植的承恩贡米（图 10-1），沙洋县推出高产农田种植的虾香稻米（图 10-2）。此外，竹溪县种植双竹贡米，京山县种植国宝桥米，孝昌县种植太子米，江汉平原种植虾香稻米，等等。

图 10-1　生态型整治后谷城县茨河镇高产农田种植的承恩贡米

图 10-2　生产型整治后沙洋县高产农田种植的虾香稻米

10.2　制　度　层　面

绿色发展是多种因素共同作用的结果，地方政府在政策制定和实施的过程中要充分发挥其职能，注重经济、社会和环境的均衡发展。通过完善相关法规，鼓励环境保护；通过完善绿色发展的行政问责制度，建立全方位的绿色发展考核制度；通过推进绿色信贷机制，鼓励节能减排相关产业的发展；建立针对绿色发展的管理体系。

10.2.1　因地制宜地精准施策

由于区域自然和经济社会条件在客观上存在着区域差异，土地利用方式和结构受自然和社会经济条件的影响，也具有区域差异性。因此，在土地利用结果上，不同区域存在不同的问题，土地整治的重点方向也存在差别。要注重分析区域差别化，以提高区域土地整治效果。

1. 因地制宜，精准施策

土地整治因地制宜、安全优先、精准施策。针对不同区域的发展定位，设计差别化的土地整治制度政策,促进区域城乡协调发展。土地整治应该优先安排平原、丘陵地区,保障粮食安全,山区整治的重点在于保护地质、水土安全。对特殊困难地区,应适当提高亩均投资标准,从解决人民群众最关心、最直接、最现实的问题入手,助力山区精准扶贫,提高农业基础设施和农村公共服务水平,促进农村均衡发展。科学划定土地整治区域,如枣阳市依据实际情况,将全区域划分为四个土地整治区:经济技术开发区土地整治区,该区域地势较平坦,工业园区比较集中,基础设施比较完善;中部和西北部高产农田建设土地整治区,该区地势相对平坦,耕地质量高,农业生产条件好,是全市的粮食主产区;西部低丘岗地改造土地整治区,该区地势略有起伏,耕地质量总体较高,农业基础设施较为薄弱,也是全市的粮食主产区;全市全方位土地复垦(开发)区,对全市农用进行清理,对各废弃地进行复垦,使之达到耕种需求,对符合开发条件、不影响生态环境的未利用地,经市政府批准后进行适度开发。

2. 重整治,慎开发

对不同的地区进行有特色的土地整治,要根据当地的具体实情采取相应的措施。例如,大别山区的生态环境比较脆弱(图 10-3 和图 10-4),因此土地整治的重点是对生态环境进行修复和保护,将农田与生态景观的功能相结合。在进行土地整治时,应该要加强对城市边缘区土地的利用,除了加强保障人们生活的功能之外,还应该加强土地的其他功能,如热岛效应、雨洪管理、休闲娱乐等;在远离城市的区域,则要考虑到土地的水土保持、生态多样性、乡村旅游休闲等,而且不同的地区要结合当地的特色进行土地整治。例如,对于利用型的城市,要加强土地的旅游休闲功能的开发,对于以农业为主的地区,要加强对土地农业价值的开发,多种植农作物。

图 10-3 某镇山区开垦茶园卫片图

图 10-4　某镇山区开垦茶园现场图

10.2.2　注重土地整治管理方式创新

1. 推行土地整治第三方服务模式

由政府向社会购买服务，土地整治项目相关服务由政府向社会统一购买，将其交由一个机构承担，提升服务质量；各级行政管理部门将精力和工作重点放在土地整治制度建设和实施监管方面，各级土地整治机构负责技术指导。

2. 推进土地整治由政府主导向需求导向转变

充分调动农村集体经济组织和现代农业经营主体的积极性，由地方自主申报、自主实施、自主利用和自主管理，政府给予资金补助。

3. 健全土地整治公众全程全面参与机制

切实解决我国土地整治公众参与机制不完善、制度不健全、参与渠道不通畅等问题，完善公众参与制度，充分吸收各方面的意见和智慧，优化设计方案，确保项目顺利实施，保障农民利益。

10.2.3　"多规合一"契合产业融合规划

1. 加强顶层设计，注重统筹规划

由于土地整治涉及整治项目区和城市建设区的协调、规划设计与片区产业规划的协调等，并非一个部门就能够承担项目实施监管以及后期管理的工作，因此,建议省级及以上部门建立起有关工作机制,发挥政府主导作用,联合多部门如农业、水利、交通等部门共同参与土地整治项目管理,并明确各部门职能职责,按照"统一规划、集中成片、分块实施"的原则,加快推进土地整治整体规划,做好与农业发展、城乡建设、产业布局、基础设施建设、生态环境保护等相关规划的"多规合一"、协调衔接,统筹推进。因地制宜制订土地整治方案,充分考虑群众生产生活需要,使项目规划设计整体做到科学合理、实际、实用、实效,并合理安排工程实施时间,加快工程建设进度,做到不误农时。提高土地整治覆盖率,有效解决整治项目规划布局不均衡的问题。

2. 做好整治规划布局

妥善处理土地整治与保护耕地、改善环境的关系,认真落实最严格的耕地保护制度和节约用地制度。通过开展土地整治,确保耕地、基本农田和标准田总量不减少、质量有提高,坚决防止因片面追求用地指标、违背自然规律而搞过度整治开发的行为。要以建设环境优美、节能环保、质量可靠的新型农村社区为核心,结合生态文明乡村建设,加快推进农村住房建设和危房改造,进一步改善村容村貌和生态环境,实现保护耕地、村庄改造与新型农村社区建设同步推进,节约集约用地与促进城乡融合发展相互支持,从而推动农民居住向城镇和社区集中、工业向园区集中、土地向规模化经营集中、基础设施向农村延伸、公共服务向农村覆盖,加快城乡一体化发展进程。

3. 土地整治规划要契合产业融合规划

从政策层面构建由政府主导、整合实施各类涉农项目的大框架。以需求引导供给,防止千篇一律、产业趋同、重复建设,促进区域经济发展与产业结构相协调。将土地整治与产业结合起来,先规划产业,再进行整治,做到有的放矢,不走回头路。例如,房县药材基地整治规划中深入推进农业标准化生产和产业化经营,采取"公司+基地+农户"模式;红安县的"先引进企业再整治",走出一条"小规模、大群体、低投入、高收益、广覆盖、可持续"的农业特色产业增收之路。

10.2.4 权属调整便利于现代化耕作

高起点、高标准地实施土地开发整理,必然要涉及田块重整、村庄合并、重新确权和利益再分配等问题以及项目区内土地产权人和承包者切身利益的问题。因此,要抓好土地开发整理权属调整,依法确认调整和规定土地的所有权、使用权和承包经营权,保障土地所有者和使用者的合法权益,进一步调动社会各方面的积极性，确保社会稳定，加大高产农田建设和土地开发整理力度，营造一个良好的土地开发整理环境。

整理后的农用地分配，坚持参与整理各方土地总面积不变和集中连片、便于利用的原则，参照土地综合评价结果，按项目区内各组织的原有土地比例，以典型田块为基本单元，根据路、渠等线状地物重新调整权属界线，确认边界四至，以利于农户进行现代化耕作。再根据土地分配结果进行权属调整，完成权属变更登记与核发土地证书。

10.2.5　土地整治与土地流转有机结合

土地综合整治的主要目标是增加有效耕地面积，提高土地利用率和产出率，促进耕地规模经营、人口集中居住、产业集聚发展，改善生态环境。发展现代农业，促进农业增效、农民增收成为农村土地综合整治的主要目标之一。农村土地流转是实现此目标的重要保障措施。农村土地流转一方面能够使土地资源向农村种养能手、农村专业合作社和农业企业集中，形成连片专业规模经营，有效引导农户和市场接轨，使农业融入社会化大生产体系中，建立三次产业联动的发展机制；另一方面能够吸引城市工业资金、技术、信息等生产要素向农村流动，按市场规律高效配置组合，最大限度地发挥效用，提升农村土地综合整治的效益。因此，需加大土地流转力度，引导农业龙头企业参与土地整治项目的自建，在具体的整治过程中处理好土地与其他资源之间的关系，从而避免土地撂荒。

10.3　技术层面

10.3.1　提高土地整治工程质量

1. 出台生态土地整治相关技术标准

土地整治技术发展的总体趋势是工程技术化、技术工程化和工程技术与标准的深入融合，由单一技术向多目标综合技术发展，分地域分类别细化土地整治对象，注重新装备、新材料、新工艺等现代装备技术的研发与应用。建议国土资源部或省国土资源厅出台相应的技术标准，明确各类基础设施和耕地建设质量标准和选用材料要求，减少项目的随意性，确保建设质量。

2. 全面加强土地整治工程建设质量管理

从设计、施工、监理、验收等环节，加强质量控制，确保土地整治建设质量符合有关标准。

10.3.2 因地制宜，分类整治

一方面，土地整治要结合地形地貌、山体水系等自然环境条件，尽量使用当地材料和工艺，充分利用闲置土地、现有建筑及设施等，合理保护与修复自然景观和田园风光，不占基本农田，慎用山坡地；稳妥推进农村建设用地整治，尽可能在原有村庄形态上改善居民生活条件，避免大拆大建对古村风貌造成不利影响，加强农耕文化、民俗风情的挖掘展示和传承保护。另一方面，土地整治应围绕完善农村地区治理体系和推进治理能力现代化，从激励农民深度参与、推动形成文明乡风等方面，促进农村基层民主政治建设和农民思想观念的深刻变化，加快构建符合国情、规范有序、充满活力的乡村治理机制（张晓燕，2015）。

1. 土地平整

山区地块高差相对较大，土地平整往往采取石材护砌的方式，这样既增加了工程的造价，也与环境不协调，采石还会破坏生态。在规划设计时，建议在护坡中间设计一个平台，在平台上栽种一些灌木，坡道上可以人工植草，也可以让草木自然生长；在土地平整时挖出的石块等杂物，可以集中填埋，既优化了环境，也节约了耕地；在扩堰增容时，可以将挖出的堰塘淤泥覆盖到平整的田块上；在缺水地区，应结合塘坝建设一些人工湿地，有利于两栖生物及鸟类等繁衍生息。

2. 灌溉与排水

对底部宽度大于 1 米的渠道尽量不要硬化，因为每条渠道都是一个相对完善的生态系统，采用非硬化的渠底有利于保护小鱼小虾及微生物的生存环境；底宽在 1 米以内的硬化渠道，每隔 100 米左右应该设计一个集水坑，有利于小动物平日饮水和天气骤变时藏匿，也方便在天气干旱时农民汲水浇灌；在沟渠、河道衬砌时，可以因地制宜地选用卵石，采用生态网格施工，既能防止水土流失，又不破坏自然环境；采用硬化护坡的大沟大渠，应当每隔 100 米左右设计一个坡道和踏步，以方便人畜饮水和小动物活动；倒虹吸的进出水口应设计不低于 1∶1 的坡道，以便小动物在渠道不放水时能够顺利通行。

3. 田间路桥

田间道路每间隔一定的距离应设计错车道，以方便农用车错车使用，而不至于增加路宽浪费土地；对于机动车通行较少的机耕道，应选用泥结石与工业废渣铺筑路面；对于人行道，可以采用砖铺、石铺或混合材料铺筑。为了便于小生物能够穿过道路和冬季藏匿，应在道路下部每间隔一定距离埋设涵管或预留通道。

4. 生态防护和水土保持

护坡尽量不要全部采用毛石和混凝土护砌，应尽量采用混凝土花格防护，这样既可以防止水土流失，又可以种草植树美化环境。

5. 村庄整治

要扩大公众参与范围，改进公众参与方式，拓展公众参与渠道，充分体现地方特色，尊重风土人情、尊重自然环境、尊重村庄肌理和群众意愿，将文化传承、历史记忆、生态保护、旅游观光、休闲度假、美丽乡村有机结合起来，避免"克隆乡村"。

10.3.3　杜绝全部平整，注重表土剥离回填

在进行农田平整规划设计时，杜绝全面平整方案，做好细致的规划设计，同时要注重对表土的剥离回填，注重对已熟化的耕作土的保护。在"梯改坡"的工程设计中，避免对护坡的过度硬化，要因地制宜，多采用当地石材等原材料，注重对当地原始植被的保护、对生物和景观多样性的保护，营造良好的农田生态环境。修筑生态沟渠路，注重作物的多样性，因地制宜地推广生态农业整治项目。

10.3.4　注重生态技术的应用

传统的土地整治工程对生态环境的保护和改善重视不够，影响了野生动植物的繁衍生息，影响了农村自然人文景观传承。

一是绿色土地整治需要运用现代工程技术成果，一方面，要打造"山水林田湖生命共同体"，要求在各类土地整治项目总体空间布局中，研究"沟路林渠田""山水林田村""山水林田湖"等不同土地（景观）的综合体格局与水土气流动、生物迁移、污染物迁移、天敌-害虫调控、授粉等生态过程的相互关系。另一方面，通过土地利用、景观格局、基础设施布局优化，对不同类型景观要素

进行重建、修复和提升,加速、延缓、阻断、过滤水土气生物生态过程,提高生物多样性、授粉、害虫控制、水质净化、水土涵养、土壤保持和养分循环等土地生态服务功能,确保水土气生态环境安全。此外,"山水林田湖生命共同体"建设要求在工程技术措施设计和建设中,通过大力开展生物生境修复,恢复和提升工程技术的生态景观服务功能(宇振荣,2017)。

二是深化对山水林田湖生命共同体的认识,加快对生态土地整治规划设计理论的研究,科学实施山水林田湖生态保护和修复工程,构建生态廊道和生物多样性保护网络,提升自然生态系统稳定性和生态服务功能。重构农用地、建设用地、生态用地整体格局,针对水土流失、土地沙化、土地盐碱化、土壤污染和土地生态衰退严重的区域,坚持保护优先、自然恢复为主,结合退耕还林、退牧还草,治理水土流失,在宏观层面提高退化土地生态系统的自我修复能力,遏制土地生态环境恶化趋势(王亮,2016)。

三是修订土地整治规划设计技术规范和预算编制定额标准,加快对施工新技术、新工艺和新材料的研究应用。采用低碳型工程技术,建设生态道路、沟渠、林网等农田渍水净化系统,保证土地整治既能服务农业生产,又能保护生态环境,在微观层面上为项目实施提供技术支撑。

1. 生态路面技术

田间道路工程采用泥结石路面。一般整治项目道路采用砂砾石路面,但砂砾石缺乏黏性,碾压后容易产生松散破坏等现象。泥结碎石路面是以碎石作为骨料、泥土作为填充料和黏结料,经压实修筑成的一种结构,在使用过程中由于行车荷载的反复作用,石料会被压碎而向密实级配转化。与传统整治项目中的混凝土路面和砂砾石路面相比,泥结石路面采用灌浆碾压处理方式,有利于碎石的相互嵌挤作用,也有利于黏土的黏结作用,使碎石缝隙内的泥浆能与路面上所撒的石屑黏成一个坚实的整体,除方便生产外,还能为生活在不同区域环境的动物和微生物提供栖息和通行的廊道。

2. 沟、渠、池塘生态护砌

在土地整治项目区,通过恢复溪、渠、塘生态系统功能,建设生态岛屿及设置人工鸟巢;沟渠采用生态衬砌方式,在生态护坡上预留生态孔,衬砌至设计水位,设计水位以上采用草皮护坡,相比于传统的预制空心板衬砌方式,减少了混凝土的使用,降低了碳的排放和能源的消耗,更有利于水生动植物的生长,有效保护了生物多样性。同时,砖孔内的植物还能对农田渍水起到一定的净化作用,减少对下游河道的水污染;在引水灌溉工程修建过程中,预留生态廊道,利用本地植物进行景观和系统的恢复,部分设计图如图 10-5~图 10-8 所示。

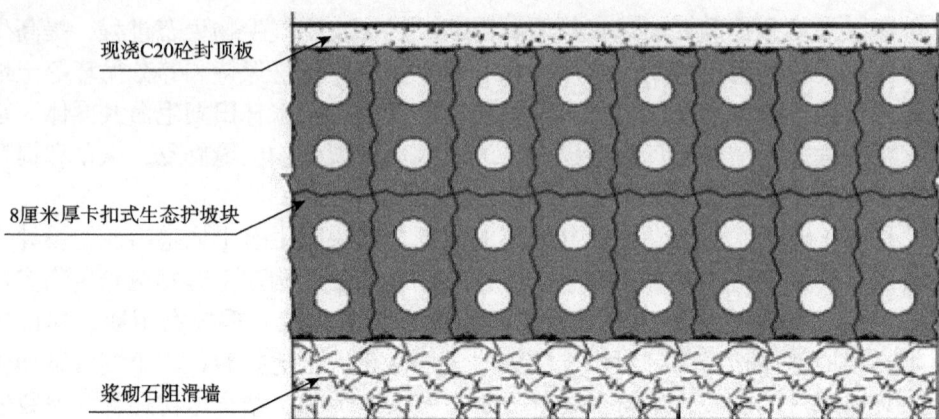

现浇C20砼封顶板

8厘米厚卡扣式生态护坡块

浆砌石阻滑墙

比例：1∶50

图 10-5　卡扣式生态护坡块平面图

资料来源：周新平（2015）

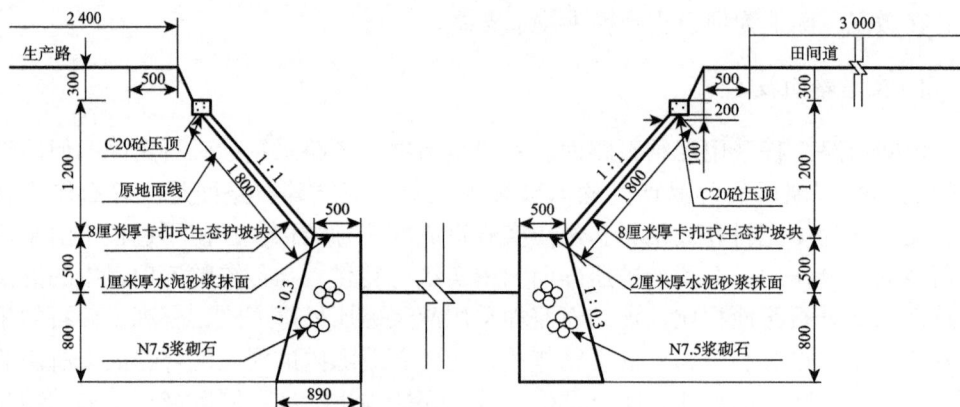

图 10-6　生态渠剖面图

资料来源：周新平（2015）

3. 水土流失防治技术

在表岩裸露严重等自然条件较为恶劣地区的土地整治项目中，由于有效耕作土层薄弱，可以对耕地中的裸岩进行清理并取石建坎，坡改梯后减缓水土流失，结合城市建设表土剥离利用，增厚耕地土层，提高耕地质量的同时有效治理水土流失。通过坡改梯等基础工程，梯田能够减缓原坡地坡度，缩短坡长，分层拦蓄，强化入渗，消除坡度因素对水土流失的影响。

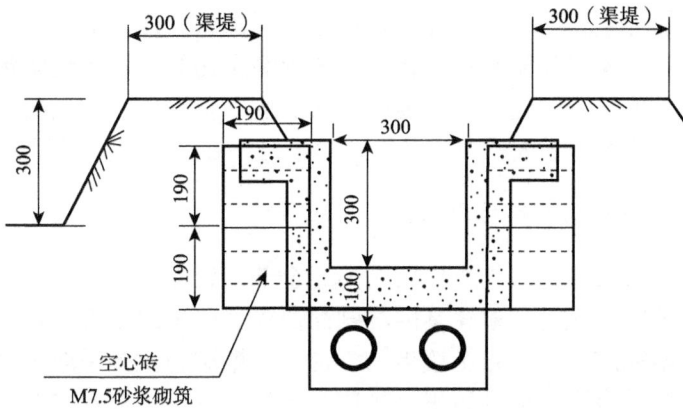

图 10-7　生物池剖面图

资料来源：周新平（2015）

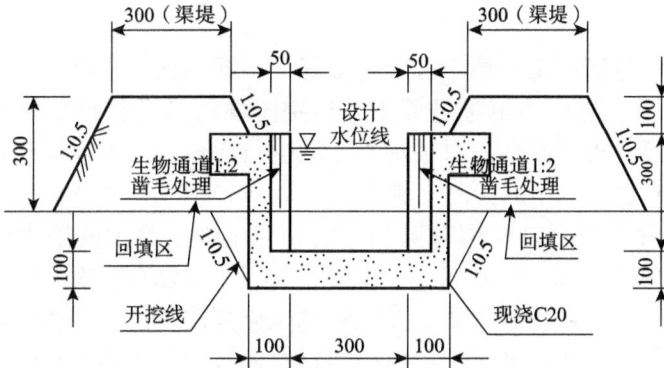

图 10-8　农渠生物通道横断面图（0.3 米×0.4 米）

资料来源：周新平（2015）

4. 农田污染源的截控集成技术

农田污染源的截控集成技术，其中最典型的就是灌溉沟渠生态控制技术，即将人工湿地处理农田灌溉水污染的修复技术融入灌排水工程的建设之中。该技术既可在灌溉沟渠的开挖清淤或生态护坡的建设中阻隔污染源，防止污水进入农田；又可利用现有或新建的灌排水工程构筑物，设计建造适合处理农田灌溉水污染的修复单元。例如，在农田灌溉水的入口处开展人工湿地生态系统重建工作，使污水依次经过配水区、初沉净化区、水生植物净化区和出水导流区，通过各类生物的代谢活动及相伴随的物理、化学和生物过程，污水中的有机污染物、营养元素和其他污染物质进行多级转换、降解和去除，实现污水的无害化、资源化，从而达到控制农田污染源的目的。利用灌溉沟渠生态控制技术，将农田灌溉水的污染防治技术融入土地整治的灌排水工程之中，最大限度地适应了工程区的地形地貌特征和自然环境资源,在保障农业用水、增加粮食产量的同时,净化了农田灌溉水,控制了污染的加剧和扩散,进一步提高了污染农田土地整治的经济、社会和环境效益。但该技术也存在占地面积大、水力负荷小、须及时清理湿地内植物、系统运行受气候影响大及卫生条件差等不足,在今后运用时须加以注意。

5. 农田耕作层剥离与回填以及生态培肥技术

土地平整应将农田的表土耕作层剥离,全部加以收集,储存于土地整理区周围,必要时用塑料布掩盖,避免其因淋刷而流失,待土地平整后再将表土耕作层原状回填,平整完成后,防止土壤板结、提高土壤肥力主要采取机械深松、增施农家肥、发展冬季绿肥、秸秆还田、推广测土配方等施肥技术措施,提升土壤的质量和微生物的多样性。

6. 农田土壤污染的整治集成技术

该技术主要包括:①挖填土方混合稀释法,即在田块平整、削高垫低、表土剥离、基层处理、耕层回填等过程中,运用土壤污染理化修复技术中的客土换土、深耕翻土等物理修复方法对被污染土壤进行治理。②农业生产调整法,即将土壤污染农业修复技术中的控制土壤水分、调节土壤 pH 和 Eh 值、改变耕作制度、调整作物种类及合理施用有机肥等措施与土地平整中的地力保持工程相融合,根据污染物的来源、性质和污染程度,选用科学合理的农业生产方式,在常规农事操作中完成土壤污染修复。③植物原位修复改良法,即将植物固定、植物萃取、植物挥发和根系过滤等土壤污染植物修复技术与土地平整中的地力保持工程相融合。在地力保持工程中,通过种植筛选植物,发挥其自身特有机制,同时完成增加土壤肥力、改善土壤理化性状和钝化、降低污染物含量,治理污染的双重任务(王岩和王楠,2016)。

7. 生态景观建设

在生态环境比较脆弱的地区,土地整治的重点是对生态环境进行修复和保护,将农田与生态景观的功能相结合。在土地整治项目中,可以采用固土植物、木桩网石笼等生态型材料修建生态河堤、沟渠,在增强农田防洪能力的同时,又保持了当地优美的自然风光。

10.3.5 加强土地整治信息化建设

土地整治作为统筹城乡土地利用结构、改善"三生"空间布局平台的地位逐步得到社会认可，其不仅是改善生态环境质量、提高农民生活水平的有效措施，而且将是政府加强治理实践、助力推进精准扶贫的重要手段。土地整治信息化建设应用获取和管理的海量土地资源利用数据，将为政府管理部门在挖掘资源结构潜力、优化空间布局、提升资源利用效率、统筹协调城乡利益分配等方面发挥积极作用。

利用信息化进行土地整治。在土地整治过程中，要树立信息化管理的观念，利用各种先进的信息化的手段进行各种资料的收集，建立相关的数据库，提高土地整治的效率，把土地整治项目与增减挂钩相结合，有效避免乱占滥用土地的现象。

1. 全面推进土地整治规划设计信息化

要求土地整治规划设计应以国土资源遥感监测"一张图"为底图，对山水林田湖进行统一规划设计和评审，避免对自然景观和关键元素的损毁；强调土地整治统一修复，着力提升生态修复与景观建设效果。

2. 全面推进土地整治监管工作信息化

完善土地整治监测监管信息系统，实行及时动态备案，发挥监测监管系统的自动预警功能，及时发现实施中存在的问题，提高监管质量和水平，确保土地整治项目规范有序实施。

10.4　资　金　层　面

10.4.1　摈弃"撒胡椒面"式投资

1. 整合资金，提倡多部门综合整治

建议相关部门结合各专项项目资金管理办法，制定全省相对统一的项目申报、组织实施、资金拨付、竣工验收的综合管理办法。把项目区作为专项资金投入载体，多部门整合资金，最大限度发挥资金效益。各相关部门加强协调合作，变自主择项、自主投入、自主建设为统筹立项、整合资金、集中建设。生态土地整治涉及多个部门，每个部门都有自己单独的规划，如果在编制规划时缺乏沟通，就会导致项目区要么重复建设，要么闲置不管，这对项目区的整体建设不利，所以，生态土地整治应注重发挥整合功能，实行多部门联合治理，调动多方力量，打造项目区完善的内部系统。

2. 提高投资标准，突出土地整治的综合效益

土地整治助推绿色发展主要是建设生态工程，采用绿色土地整治技术和环保材料，对资金和技术要求都会更高。现有的投资标准已经与生态土地整治的要求不相适应，亟待提高土地整治项目亩均投资标准，同时应当拓宽资金整合和融资渠道，引入社会资金，提高整治质量和综合效益。目前的土地整治项目是受投资控制的建设项目，其投入多少不是按项目建设需要来确定的，而是按投入的资金来确定工程建设任务，执行的项目建设投资标准为平原 1 500 元/亩、丘陵 2 500 元/亩。这样的标准局限性较大，项目面积大，投资标准低，导致整治效果欠佳。要想土地综合整治实现最佳的社会效益、经济效益、生态效益，提高项目投资标准势在必行；同时，土地综合整治是一项系统工程，涉及农业、水利、交通、林业、旅游等部门，且各相关部门都有自身的项目，项目资金分散、标准不统一，在一定程度上影响了综合效益的发挥。

10.4.2　土地整治防止"包打天下"式投资

1. 统筹安排，合理引导资金投向

土地整治是一项综合性、系统性、政策性很强的工作，涉及面广，范围大。一个项目可同时申报国土资源、水利、农业、财政、交通、林业等各方面的涉农资金。土地整理资金相对其他支农资金来说，支农力度较大，一些地方存在"挪用或侵占"的现象。造成此类现象的重要原因是重复投资、规划设计漏洞、任意修改规划和监管不到位等。在实地调研中，部分地区错误理解土地整治的意义，把农田整治的大部分资金用于修筑主干沟、农村村村通道路和美丽乡村建设了。土地整治项目要严格按照土地利用总体规划的要求，充分考虑水资源和生态环境等影响因素来制定规划，资金的安排使用要符合规划的要求。

2. 严格控制资金支出范围

土地整治项目在实施过程中要严格按照土地整治相关资金的支出范围规范使用资金，严禁挤占、挪用和擅自扩大支出范围。在实地调研中，发现有因修建拦截大的河流堤坝导致洪水期大量农田及居民房屋被冲毁的现象，这无疑是对整治资金的极大浪费。国土资源部门应及时完善土地整治相关资金分配使用管理办法，确保土地整治相关资金的有效使用。

10.4.3 土地整治切忌"叠罗汉"式投资

1. 专项资金专项用途

土地整治是加快美丽乡村建设、推进城乡融合发展的重要抓手和新的平台，是解决建设用地指标的有效途径，是一项"政府得民心、投入得利润、农民得实惠"的民生工程。目前，土地整治呈现内容多元化、形式多样化等特点。但在现实中也容易出现本末倒置的问题。例如，在实地调研中的"挂羊头，卖狗肉"现象，高产农田建设项目整治后没有被作为农田使用；耕地整治项目，整治后变成了园地、林地和草地等，一方面整治投入的大量人力、物力、财力体现不出价值，另一方面对我国粮食安全造成隐患。

2. 合理规划，避免重复投资

国土整治的项目、小型农田水利工程等项目切忌"叠罗汉"式投资，弄成贴牌整治。小型农田水利工程以县级农田水利规划为依据，以小型农田水利工程建设补助专项资金为引导，以重点县建设为平台，以提高资金使用效益为目标，按照"渠道不乱、用途不变、优势互补、各记其功、形成合力"的原则，在不改变资金性质和用途的前提下，积极整合各项涉及农田水利建设的资金，统筹安排、集中使用，切忌"叠罗汉"式的重复投资。

10.4.4 完善后期管护资金投入机制

土地整治项目竣工验收后交付给了乡镇和村集体组织，在后期管护方面出现了一系列问题，在部分地区形成了"一年新，二年旧，三年变得不管用"的现象，如灌排沟渠清淤无人管理、沟渠损毁后无人维修，部分地方甚至出现了人为损坏建设好的农业生产设施（田间道、灌排设施、砂石生产路）等情况，因缺乏长效管理机制，土地重新抛荒或改变用途现象多有出现，土地的经济效益没有得到有效发挥。

从实际情况看，要做好土地整治项目的后期管护，选好管护主体是关键，但后期管护费用是核心，需要跳出"钱无人出，工无人派，损坏无人管"的怪圈。

目前项目预算时，没有工程后期管护费用，作为受益方，当地村组没有筹集工程管护资金的能力。现有的管护协议都未明确规定管护资金的来源问题。村民小组也好，农户也罢，投工投劳是很自然的，但不可能不涉及资金。管护任务小，好解决，倘若工程损毁严重，如沟渠、道路、涵管、水池、桥涵遭自然灾害损毁，修复资金不是小数，不要说承担管护任务的农户，就是村民小组也毫无办法。倘若此种情况出现，谁来解决，如不及时修复，就不能发挥其惠民作用①。我们在全省各地调研时，大家一致认为，不要说绿色土地整治项目了，就是一般性土地整治项目，也应该注重后期管护，俗谚道，"三分建设、七分管理"，这是大家反映最强烈的问题。因此，必须尽快建立后期管护的专项资金。

国土资源部调控和监测司在《关于从政策上支持土地整治项目后期管护经费的建议复文摘要》中指出，财政部、国土资源部印发的《新增建设用地土地有偿使用费资金使用管理办法》（财建〔2012〕151 号）明确规定了新增建设用地土地有偿使用费（以下简称"新增费"）的使用范围，其中，土地整治项目竣工后的后续管护经费可以通过新增费列支。考虑到后续管护是一项长期工作，管护经费如果在项目预算中列支，不利于项目按时决算、验收和及时收口，因此，后期管护费用不宜列入项目预算，作为耕地保护责任主体的地方政府可以通过新增费单独安排经费，做好后续管护工作。关于项目结余经费的使用，财建〔2012〕151 号文件也做出了明确规定。近期，国务院办公厅和财政部分别印发了《国务院办公厅关于进一步做好盘活财政存量资金工作的通知》（国办发〔2014〕70号）和《财政部关于推进地方盘活财政存量资金有关事项的通知》（财预〔2015〕15 号），地方政府可根据上述文件规定和要求，在不违反相关政策和财经制度的前提下，盘活财政资金使用，确保土地整治项目的成效。

财政部网站上刊文《加强土地治理项目后期管护 保证项目可持续应用》②，提出适当提高管护费计提比例，设立自然灾害损毁补助，探索建立公益工程质量保证金使用机制等建议；2015 年 1 月 5 日，山东省国土资源厅、财政厅印发《山东省土地整治项目工程后期管护暂行办法》，提出管护资金可从土地整治项目决算及竣工验收后的结余资金以及可用作项目工程后期管护的其他土地资金中安排，这些方法都有借鉴意义。尽管《湖北省土地整治项目工程交付使用后期管护办法》也提出后期管护资金的四大来源，但治标不治本。希望湖北省级与各级国土整治主管部门在"十三五"土地整治规划中增加土地整治项目后期管护资金投入机制等内容。

---

① 关于加强农村土地整治项目后期管护工作的建议. http://www.ybzx.gov.cn/weiyuantian/2016-06-17/2790.html.

② 加强土地治理项目后期管护 保证项目可持续应用. http://www.mof.gov.cn/mofhome/shandong/lanmudaohang/dcyj/201511/t20151102_1536670.html.

参 考 文 献

安明文，张亚丽. 2013-08-20. 湖北老河口积极推进城镇低效用地开发试点工作. http://www.gtzyb.com/2013/0820/46912.shtml.

陈国章，黄尚宁，李倩. 2015-02-05. 广西贵港市土地整治"小田并大田". http://www.gtzyb.com/difanglianbo/20150205_81036.shtml.

陈新华，吴鹏，谢晓鸣，等. 2016. 土地整治助推湖北绿色发展//国土资源部土地整治中心. 土地整治蓝皮书：中国土地整治发展研究报告No.3. 北京：社会科学文献出版社：237-244.

陈雄，丁启保，吴银涛. 2013-06-09. 南漳县盘点城镇低效存量建设用地. http://www.xf.gov.cn/resources/auto3176/auto3252/201306/t20130613_407750.shtml.

陈岩，洪艳华. 2013-03-27. 破解城镇化"地囧"难题——湖北省试点城镇低效用地再开发. 湖北日报.

杜华举. 2006-09-07. 三峡库区"移土培肥"一期工程接近完成（2）. http://news.sina.com.cn/s/p/2006-09-07/211410949941.shtml.

高洁，廖长林，等. 2016-10-27. 新形势下湖北土地管理制度创新研究. http://xnc.hbue.edu.cn/d8/1b/c4713a120859/page.htm.

高云才. 2016. 陕西毛乌素万亩沙地变良田. 西部大开发，（5）：50-51.

郭贯成. 2015. 土地整治推进城乡统筹的国内外探索. 中国土地，（7）：24-25.

郭俊奎. 2016-03-09. 习近平"藏粮于地、藏粮于技"传递啥新理念？http://opinion.people.com.cn/GB/n1/2016/0309/c1003-28184747.html.

贺春雄. 2013. 延安在治沟造地基础上如何发展现代农业. 延安大学学报（社会科学版），35（3）：60-63.

胡益虎，李军，邱杰. 2015-06-25. 寸土何止生"寸金". 长沙晚报.

胡志喜. 2013-11-21. 湖北：21个乡镇试点"四化同步". http://www.gtzyb.com/yaowen/20131121_53242.shtml.

湖北省国土整治局. 2015-02-03. 秭归县三峡库区移土培肥工程. http://www.hbgtzzb.org/zdzl/yxgczq/55616.htm.

贾文涛，张中帆. 2005. 德国土地整理借鉴. 资源与产业，7（2）：77-79.

贾文涛，桑玲玲，周同. 2016-04-09. 与自然共处让生态更美. 中国国土资源报.

李立光. 2015-05-27. 成都"小组生微"新农村建设受到中农办肯定. http://cd.wenming.cn/wmbb/
201505/t20150527_1748364.shtml.

李运梅. 2014. 浅谈道真土地整治的"四个"结合. 新农村（黑龙江），（6）：60.

利维 J M. 2003. 现代城市规划. 第五版. 张景秋译. 北京：中国人民大学出版社.

林东升，吴诗雨，苏晓娟，等. 2016. 土地整治与新农村建设互动关系研究. 农业与技术，
36（9）：120-128.

林宪德. 2007. 城乡生态. 台北：詹氏书局.

刘彦随. 2015-12-20. 现代土地资源前沿及工程技术. https://wenku.baidu.com/view/3391fc374693
daef5ef73dfa.html.

刘彦随. 2016-04-15. 陕西地建推进土地重构研究——再现土地"健康态". 人民日报.

刘彦随，朱琳，李玉恒. 2012. 转型期农村土地整治的基础理论与模式探析. 地理科学进展，
31（6）：777-782.

刘洋. 2015-12-21. 异域"桃花源"植根乡土情——德国土地整治和村庄革新经验的中国式思考.
中国国土资源报.

龙花楼. 2013. 论土地整治与乡村空间重构. 地理学报，68（8）：1019-1028.

罗明，郭义强，曹湘潭. 2015. 低碳土地整治：打造生态文明建设新平台——以湖南省长沙县低
碳土地整治示范项目为例. 中国土地，（4）：6-9.

罗明，高世昌，任君杰. 2016. 土地整治转型升级中的绿色发展理念——基于芬兰、德国低碳
土地整治的调查研究. 中国土地，（8）：37-40.

吕云涛，张为娟. 2015. 德国土地整治的特点及对中国的启示. 世界农业，（6）：49-52.

毛志红. 2015-09-28. 国际视野下的土地整治与农村发展. http://www.gtzyb.com/guojizaixian/
20150928_89556.shtml.

毛志红，薛剑，孙春蕾. 2016-07-21. 供给侧改革，土地整治转型提档. http://www.gtzyb.com/
lilunyanjiu/20160721_98396.shtml.

乔庆伟，许庆福，王增如. 2012. 国外土地整治管理的经验与借鉴. 山东国土资源，（10）：
68-72.

曲福田. 2007. 典型国家和地区土地整理的经验及启示. 资源与人居环境，（20）：12-17.

任旭琴. 2014-06-16. 湖北省郧西县河夹镇移土培肥项目现场见闻. http://www.gtzyb.com/difang
lianbo/20140616_66515.shtml.

单玉丽. 2007. 中国台湾的"新农业运动". 世界农业，（8）：11-14.

单玉丽. 2010. 台湾三次农地改革：动因、措施、成效与启迪. 台湾研究集刊，（3）：56-63.

汤鹏主. 2013. 土地流转与农业产业化协同发展研究. 管理现代化，（5）：14-16.

陶丹丹，卢丽红. 2014. 经济社会发展对土地整治的推动作用——以八里店镇为例. 价值工程，
（18）：294-296.

田玉福. 2013. 城与乡同样美——德国土地整治经验与启示. 资源导刊, （9）: 48-49.

田玉福. 2014. 德国土地整理经验及其对我国土地整治发展的启示. 国土资源科技管理, 31（1）: 110-114.

王大威. 2012. 长沙市土地整治建设标准及投资标准研究. 湖南师范大学硕士学位论文.

王建. 2013-04-26. 统筹城乡发展　推进"四化同步". 经济日报.

王亮. 2016-08-20. 精准锁定绿色发展　坚守根植生态理念. http://www.yl1001.com/article/2411 471677497460.htm.

王岩, 王楠. 2016. 浅议污染农田的土地整治模式. 中国土地, （6）: 42-43.

魏远, 顾红波, 薛亮, 等. 2012. 矿山废弃地土地复垦与生态恢复研究进展. 中国水土保持科学, 10（2）: 107-114.

吴文娟, 张进. 2013-07-26. 刘兆麟: 为全省"四化同步"发展趟路. 湖北日报.

吴泽平, 陈玉明. 2013. 新时代的"愚公移山". 中国老区建设, （7）: 32-35.

萧承勇. 2001. 台湾地区的农地重划及其社会经济效益. 农业工程学报, （5）: 172-176.

谢德体. 2007. 国外土地整理实践及启示. 国土资源, （9）: 32.

许健. 2007-07-21. 德国汉诺威市 Kronsberg 生态城区. http://design.cila.cn/news883.html.

严金明, 夏方舟, 马梅. 2016. 中国土地整治转型发展战略导向研究. 中国土地科学, 30（2）: 3-10.

杨玉红. 2016. 绿色土地整治　上海宣言. 上海土地, （4）: 48.

余述琼, 冯培丽. 2012-05-24. 山沟沟里怎么建"粮仓". 中国国土资源报.

余星涤, 彭向荣, 王春虎, 等. 2016-12-05. 长江春潮涨小池——国土资源管理助力湖北省黄梅县小池镇"四化同步"纪实. 中国国土资源报.

宇振荣. 2017-03-24. 土地整治转型　建设生态国土. 中国国土资源报.

袁中友, 杜继丰, 王枫. 2012. 日本土地整治经验及其对中国的启示. 国土资源情报, （3）: 15-19.

郧文聚. 2011. 鸟瞰日本土地整治. 中国土地, （3）: 55-57.

郧文聚. 2016-02-16. 绿色发展需要怎样的土地整治？中国国土资源报.

郧文聚, 杨红. 2010. 农村土地整治新思考. 中国土地, （z1）: 69-71.

张骥. 2015-09-06. 荆州市国土资源局创新方式助推"四化同步"示范乡镇试点建设. http://www.hblr.gov.cn/wzlm/zwdt/sxdt/55637.htm.

张青松, 彭向荣. 2015-10-14. 国土部门全力支持服务小池发展. 黄冈日报.

张晓燕. 2015. 土地整治如何融入美丽乡村建设. 中国土地, （7）: 21-23.

赵翰露. 2015-03-22. 表土剥离: 保存珍稀的土壤资源. 解放日报.

郑百龙. 2008. 2007 年台湾"新农业运动"政策要点与执行成效. 台湾农业探索, （2）: 76-80.

周怀龙. 2016-10-24. 土地整治助力扶贫攻坚成效显著. 中国国土资源报.

周新平. 2015-09-25. 生态型土地整治项目规划设计讲座. https://wenku.baidu.com/view/66e93544

5022aaea998f0ff4.html.

朱勋兵，阳利永. 2011. 农村土地整治与社会主义新农村建设的结合点及对策. 安徽农业科学，
39（29）：18224-18225，18264.